A P O M N E M O N E U M A T A

소크라테스 회상록

제1판 1쇄 2018년 1월 25일
제1판 2쇄 2024년 8월 30일

–

지은이–크세노폰
옮긴이–천병희
펴낸이–강규순

–

펴낸곳–도서출판 숲
등록–2004년 3월 4일 제2014–000045호
주소–경기도 파주시 돌곶이길 108–14
전화–(031)944–3139 팩스–(031)944–3039
E–mail–book_soop@naver.com

–

ISBN 978–89–91290–81–5 93100
값 25,000원

–

디자인–씨디자인

–

–

이 도서의 국립중앙도서관 출판시도서목록(CIP)은 서지정보유통지원시스템 홈페이지(http://seoji.nl.go.kr)와 국가자료공동목록시스템(http://www.nl.go.kr/kolisnet)에서 이용하실 수 있습니다. (CIP제어번호: 2018000449)

APOMNEMONEUMATA
SYMPOSION
APOLOGIA SOKRATOUS

Xenophon

소크라테스 회상록

크세노폰 지음 | 천병희 옮김

크세노폰이 되살린 소크라테스

/

옮긴이 서문

크세노폰(기원전 428년경~354년경)은 아테나이(Athenai)의 부유한 집안에서 태어나 기원전 401년 아테나이를 떠나기 전까지 소크라테스(Sokrates)의 추종자들과 어울려 다녔다. 펠로폰네소스(Peloponnesos)전쟁(기원전 431~404년)이 끝나고 스파르테(Sparte)인들이 아테나이에 세운 과두제 정부인 이른바 '30인 참주' 시기에 그는 기병대장으로 근무하며 민주정체 지지자에 맞서 싸우는 편에 섰다. 아테나이에 민주제 정부가 다시 들어서고 나서 크세노폰은 사면을 받기는 했으나 마음놓고 살 수 없게 된다.

기원전 401년 크세노폰은 보이오티아(Boiotia) 지방에 사는 친구 프로크세노스(Proxenos)의 제의를 받고 소(小)퀴로스(Kyros)의 찬탈 원정에 참가한다. 소퀴로스가 전사한 후 그가 일만(一萬) 명의 그리스인 용병대를 이끌고 고립무원의 적지에서 퇴각하면서 겪었던 일은 그의 저서 『페르시아 원정기』(*Kyrou anabasis*)에 상세히 기술되어 있다.

크세노폰은 그리스인 용병대를 일단 흑해 서안 지방으로 퇴각시켰으나 기원전 396년 스파르테 왕 아게실라오스(Agesilaos) 휘하에서 페르시아인 태수(太守) 파르나바조스(Pharnabazos)에 맞서 싸운다. 아게실라오스가 그리스 본토의 사정 때문에 본국으로 소환되자 크세노폰도 그와 동행하여 기원전 394년 코로네이아(Koroneia) 전투에서 아테나이와 보이오티아 연합군에 맞서 스파르테 편에서 싸운다. 이 일로 인하여, (어쩌면 그전에 이미) 크세노폰은 아테나이에서 추방되고 재산도 몰수된다. 스파르테인들은 크세노폰에게 올륌피아(Olympia) 근처 스킬루스(Skillous) 마을에 영지(領地)를 주었고, 크세노폰은 스파르테의 '현지인 영사'(proxenos) 노릇을 하며 올륌피아를 찾는 스파르테인들을 접대한다. 그곳에서 크세노폰은 그 뒤 20년 동안 시골 생활을 즐기며 저술 활동에 전념한다.

기원전 371년 엘리스(Elis)인들이 스킬루스의 영유권을 주장하자 크세노폰은 코린토스(Korinthos)로 옮겨 간다. 기원전 368년경에는 아테나이가 크세노폰에게 내린 추방 명령도 철회된다. 기원전 366년 아테나이인들이 코린토스에서 추방되었을 때 크세노폰도 아테나이로 돌아간 것 같다. 그의 두 아들은 기원전 362년 만티네이아(Mantineia) 전투에서 기병으로서 아테나이군과 함께 테바이 편에서 싸웠는데, 이때 장남 그륄로스(Gryllos)가 전사한다.

크세노폰은 여러 주제에 관해 많은 글을 남겼고 그가 쓴 것으로 알려진 것은 지금 모두 남아 있다. 그중 『가정경제론』(*Oikonomikos*)은 가정생활에서 얻은 경험에서, 『페르시아 원정기』와 『퀴로스의 교육』(*Kyrou paideia*)은 페르시아에서 겪은 경험에서, 『기병대장』(*Hipparchikos*) 『승마술』(*Peri hippikes*) 『사냥술』(*Kynegetikos*)은 군대 생활과 스포츠 활동을 통해 얻은 경험에서 나왔다. 『그리스 역사』(*Hellenika*) 『아게실라오스』(*Agesilaos*) 『라케다이몬인들의 정체(政體)』(*Lakedaimonion politeia*) 『히에론』(*Hieron*)과 『재원』(*Poroi*)은 여러 나라의 국정에 관한 지식에 바탕하고 있으며, 『아테나이인들의 정체』(*Athenaion politeia*)는 그의 저술이 아닌 것으로 밝혀졌다.

그 밖에도 크세노폰은 스승이었던 소크라테스에 관해 쓴 『소크라테스 회상록』 『향연』 『소크라테스의 변론』을 남겼는데, 이들 저술을 통해 다른 텍스트에는 없는 많은 일화를 전해준다. 『향연』과 『소크라테스의 변론』은 함께 소크라테스의 제자였으며 같은 시대를 살다 간 플라톤(Platon 기원전 427~347년)이 남긴 작품명이기도 하다. 그래서 두 사람은 서로 비교되기도 한다. 그가 그리는 소크라테스는 플라톤이 그리는 소크라테스보다 현실적이며, 그래서 실제 소크라테스에 더 가깝다는 평을 받기도 한다. 19세기 독일에서 니체(Nietzsche)와 빌라모비츠 묄렌도르프(Wilamowitz-Moellendorf) 같은 고전학자 등이 철학자로는 플라톤에 비해, 역사가로는 투퀴디데스(Thoukydides)에 비해 가볍고 깊이가 없다고 크세노폰을 폄하했는데, 이런 평가는 훗날 유럽의 다른 나라에도 영향을 미친다.

그러나 고대의 판단은 달랐다. 굳이 플라톤과 비교하지 않았다. 크세노폰만의 명료한 문체, 쉬운 앗티케 방언 등은 그리스인들과 로마인들에게 본보기가 되었고, 그의 역사 기술 방법은 고대 로마인들이 코멘타리(commentarii '수기' '회고록')라고 부르던 저술—이를테면 카이사르(Iulius Caesar)의 『갈리아 원정기』(*Commentarii de bello Gallico*)—의 효시가 된다. 그의 작품은 이소크라테스와 아리스토텔레스에게 영감을 주었으며, 기원후 1세기의 수사학자 퀸틸리아누스(Quintilianus)와 수사학자이자 대중 철학자인 디온 크뤼소스토모스(Dion Chrysostomos) 등은 크세노폰을 플라톤과 아리스토텔레스와 비겨도 손색이 없는 철학자로 보았다. 키케로(Cicero)도 그의 문체를 칭찬했다.

크세노폰의 저술이 역사의 격랑 속에서도 모두 살아남은 것은 특유의 경건함과 건전한 상식으로 독자들에게 성큼 다가가 누구에게나 큰 감동을 주기 때문일 것이다.

2018년 1월

옮긴이 천병희

차 례

일러두기

1. 이 책의 대본은 *Memorabilia*, *Symposium*, *Apology*, ed. E. C. Marchant/O. J. Todd, revised by J. Henderson (Loeb Classical Library, Harvard University Press 2013)의 그리스어 텍스트이다. 현대어 번역 중에서는 위 Marchant, Todd, H. Tredennick와 R. Waterfield(Penguin Classics 1990), A. L. Bonnette(『소크라테스 회상록』 Cornell University Press 2001), R. C. Bartlett(『소크라테스의 변명』 『향연』 Cornell University Press 2006)의 영어판과 P. Jaerisch(『소크라테스 회상록』 Heimeran Verlag ³1980), R. Preiswerk(『소크라테스 회상록』 Reclam 2010), E. Stärk (『향연』 Reclam 2009)의 독일어판과 최혁순(『소크라테스 회상』 범우사 2015), 오유석 (『향연』 부북스 2015)의 한국어판을 참고했다.
2. 본문의 고유명사는 그리스어로 읽었다. 예: 헬라스(그리스 대신), 스파르테(스파르타 대신), 아이귑토스(이집트 대신). 그러나 옮긴이 서문, 주석에서는 그리스, 이집트로 읽었다.
3. 권, 장, 절의 구분은 원전을 따랐다.
4. [ ] 안은 훗날 덧붙인 것으로 추정되는 부분이다.
5. 본문 중 설명이 필요한 부분에는 각주를 달았다.

소크라테스 회상록

Apomnemoneumata

『소크라테스 회상록』은 소크라테스가 크세노폰을 포함한
몇몇 사람과 나눈 가상의 대화를 통해 크세노폰이
스승 소크라테스의 성격과 의견을 기술한 글이다.
먼저 크세노폰은 소크라테스를 고발한 자들이 사형에 처할 것을
요구하며 소크라테스에게 들씌운 죄목, 즉 소크라테스는
나라에서 믿는 신들을 믿지 않고 새로운 신들을 들여와 젊은이들을
타락시킨다는 주장이 사실과 전혀 다르다고 논박한다.
이어서 그는 소크라테스가 신들을 공경하고 친구를 돕는 모습을
보여준다며 교육과 여러 철학 문제에 대한 소크라테스의 견해를
예를 들어 설명하는데, 그중 더러는 저자가 경험한 것이고,
더러는 다른 사람에게서 전해 들은 것으로 보인다.
이를테면 진정한 훌륭함을 놓고 소크라테스가 밝힌 견해라고
크세노폰이 주장하는 것은, 플라톤이 소크라테스가 밝힌 견해라고
주장하는 것과 항상 일치하지는 않는다.
이 글은 소크라테스의 미덕을 진술하는 긴 연설로 끝난다.

제 1 권

제 1 장

(1) 소크라테스를 고발한 자들은 소크라테스가 나라에 죽을죄를 지었다며 도대체 어떤 논거를 제시했기에 아테나이인들을 설득할 수 있었을까? 나는 그것을 가끔 이상하게 여기곤 했다. 소크라테스를 고발한 고발장의 취지는 대략 다음과 같았다. 소크라테스는 첫째, 나라에서 믿는 신들을 믿지 않고 그와는 다른 새로운 신적 존재[1]들을 들여옴으로써 둘째, 젊은이들을 타락시키는 불법행위를 저질렀다는 것이다.

(2) 먼저 소크라테스가 나라에서 믿는 신들을 믿지 않는다는 첫 번째 죄목과 관련해 그들은 어떤 증거를 제시했을까? 소크라테스가 가끔은 집에서, 또 국가의 공공 제단에서 제물을 바치는 것을 누구나 볼 수 있었고, 그가 예언술[2]을 이용하는 것도 누구나 다 아는 사실이니 말이다. 아닌 게 아니라 자기는 어떤 신적 존재의 지시를 받는다고 소크라테스가 주장한 것은 널리 알려진 사실이다. 내 생각에, 소크라테스가 새로운 신들을 들여온다고 고발당한 주된 이유가 바로 이것이 아닌가 싶다.

(3) 그러나 그는 새점[3]이나 사람이 하는 말이나 전조나 제물[4]로 길흉을 점치는 사람보다 더 특별한 것은 그 어떤 것도 들여온 적이 없

다. 왜냐하면 점치는 사람은 자기에게 무엇이 유익한지 새나 우연히 마주친 사람이 알고 있는 것이 아니라, 그런 것은 자기에게 무엇이 유익한지 알려주기 위해 신들이 사용하는 수단에 불과하다고 생각하는데, 소크라테스도 그렇다고 믿었기 때문이다.

(4) 대부분의 사람은 새나 우연히 마주친 사람이 자기들을 말리거나 자기들에게 권하더라고 말하는 반면, 소크라테스는 자신이 아는 대로 말했다. 그는 신적 존재가 자기에게 지시하더라고 말한 것이다. 그리고 그는 수많은 제자에게 신적 존재의 지시에 따라 이런 일은 하고 저런 일은 하지 말라고 조언했는데, 그의 조언을 따른 사람은 덕을 보았지만 그의 조언을 따르지 않은 사람은 나중에 후회했다.

(5) 또한 제자들에게 소크라테스가 바보나 사기꾼으로 보이고 싶지 않았을 것이라는 데 누가 동의하지 않겠는가? 자기가 주장한 신의 계시가 거짓말로 탄로난다면 그는 바보이자 사기꾼 취급을 받았을 것이다. 그러니 자기가 말한 대로 되리라고 스스로 믿지 않았다면 그는 분명 조언하지 않았을 것이다. 그런데 신(神) 말고 누가 그에게 그런 자신감을 불어넣었겠는가? 그리고 그가 신들을 믿는다면 어찌 신들의 존재를 믿지 않았겠는가?

(6) 또한 소크라테스는 친구들에게는 다음과 같이 했다. 반드시

1 '신적 존재'(daimonion). 문맥에 따라 '초인간적 존재' '수호신'으로 옮길 수도 있다.

2 mantike.

3 고대 그리스인들은 새가 나는 방향이나 새의 울음소리를 듣고 길흉을 점쳤다.

4 특히 제물로 바친 가축의 간(肝) 상태.

해야 할 일은 그들이 최선이라고 생각하는 대로 행하도록 조언했으나, 결과를 예상하기 어렵다면 그들을 신탁소로 보내 그 일을 행해야 할지 먼저 물어보게 했다.

(7) 또한 소크라테스는 가정이나 국가를 잘 다스리고자 하는 사람이라면 신탁이 필요하다고 말했다. 그는 목수나 대장장이나 농부나 통치자의 기술이나, 그런 기술의 이론이나 산술이나 가정경제나 용병술 등은 모두 인간의 지성으로 배우고 습득할 수 있다고 여겼기 때문이다.

(8) 그러나 이런 일들의 가장 중요한 부분은 신들이 자신들을 위해 남겨둔 터라 인간에게는 어느 것도 분명하지 않다고 그는 말했다. 아닌 게 아니라 농사를 잘 지은 사람은 그것을 수확할 사람을 알 수 없고, 집을 잘 지은 사람은 거기서 살 사람을 알 수 없다. 유능한 장군은 군대를 통솔하는 것이 자기에게 유익할지 알 수 없고, 유능한 정치가는 나라를 다스리는 것이 자기에게 유익할지 알 수 없다. 행복하기 위해 미인과 결혼하는 남자는 그 아내 때문에 고통받을지 알 수 없고, 권문세가의 인척이 된 자는 그들 때문에 나라에서 추방될지 알 수 없다.

(9) 이런 일들이란 그 어느 것도 신들의 소관이 아니며 모두 인간의 지성으로 알 수 있다고 생각하는 자들이 있다면 그런 자들은 분별없는 자라고 소크라테스는 말했다. 또한 신들이 지식을 통해 인간 스스로 결정하도록 해준 일에 관해서 점을 치는 것도 그에 못지않게 분별없는 짓이라고 했다. 예를 들어 경험 있는 마부와 경험 없는 마부 중에서 누구에게 내 마차를 맡겨야 더 나은지, 또는 경험 있는 뱃사람과 경험 없는 뱃사람 중에서 누구에게 내 배의 키를 잡게 해야 더 나은지 묻는

다고 가정해보라. 또한 세거나 재거나 달아보면 알 것을 묻는다고 가정해보라. 소크라테스는 신들에게 그런 것을 묻는 것은 부당한 짓이라고 생각했다. 한마디로 그는 신들이 배움을 통해 행하도록 한 것은 우리가 배워야만 하고, 인간이 알 수 없는 것은 점을 통해 신들에게서 알아내야 한다고 주장했다. 신들은 자신들이 좋게 여기는 사람에게는 신호를 보내는 법이니까.

(10) 소크라테스는 언제나 공공장소에서 소일했다. 이른 아침에는 산책로를 거닐고 체력단련장을 찾았으며, 오전에는 사람들로 붐비는 시장[5]에 모습을 드러냈으며, 하루의 나머지 시간은 가장 많은 사람과 만날 성싶은 곳에서 보냈다. 그는 대개 담론으로 시간을 보냈고, 원하는 사람은 누구나 그의 말을 들었다.

(11) 하지만 소크라테스가 불경한 짓을 하거나 불경한 말을 하는 것을 보거나 들은 사람은 아무도 없었다. 그는 대부분의 다른 철학자와는 달리 만유(萬有)의 본성에 관해 담론하지 않았다. 이를테면 소피스트[6]들처럼 이른바 우주[7]가 어떻게 작동하며 천체 현상이 어떤 법칙의 지배를 받는지 탐구하지 않았다. 오히려 그는 어리석은 자들이 그런 문

5 agora.

6 소피스트의 그리스어 sophistes는 형용사 sophos('지혜로운')에서 파생한 명사로 '지혜로운 사람'이란 뜻이다. 이 말은 기원전 5세기에 보수를 받고 지식을 가르쳐주는 순회 교사들을 의미했다. 그들은 수학, 문법, 지리 등 다양한 과목을 가르쳤으나 출세를 위해 젊은이들에게 주로 수사학을 가르쳤다. 그들은 진리의 상대성을 주장한 까닭에 '궤변학파'(詭辯學派)라고 불리기도 한다.

7 kosmos.

제에 골몰한다고 말했다.

(12) 소크라테스는 먼저 이들 철학자가 인간사는 충분히 알았으니 당연히 그런 것들도 탐구해야 한다고 믿고 그러는지, 아니면 인간사는 무시하고 신에 관한 일을 탐구하는 것이 당연하다고 믿고 그러는지를 물었다.

(13) 또한 그는 인간이 이런 수수께끼를 풀 수 없다는 것을 그들이 알지 못하는 것에 놀랐다. 이런 문제에 관해 담론하는 데 자신만만한 자들도 서로 의견이 다르고 서로를 미치광이 대하듯 하니 말이다.

(14) 아닌 게 아니라 미치광이 가운데 어떤 자는 무서운 것도 무서워하지 않는가 하면 어떤 자는 무섭지 않은 것도 무서워하고, 어떤 자는 군중 앞에서 무슨 말이나 무슨 행동을 해도 부끄럽지 않다고 생각하는가 하면 어떤 자는 사람들 사이에 모습을 드러내기조차 꺼린다. 어떤 자는 신전도 제단도 다른 신성한 물건도 존중하지 않는가 하면 어떤 자는 바위나 아무 나뭇조각이나 들짐승을 숭배한다. 소크라테스에 따르면, 만유의 본성을 탐구하는 자들도 그와 같아서 어떤 자는 실재[8]는 하나뿐이라고 여기는가 하면 어떤 자는 무수히 많다고 여긴다고 한다. 또 어떤 자는 만물은 늘 움직인다고 여기는가 하면 어떤 자는 아무것도 움직일 수 없다고 여기고, 어떤 자는 만물은 생성되고 소멸한다고 여기는가 하면 어떤 자는 어떤 것도 생성되거나 소멸하지 않는다고 여긴다고 한다.

(15) 또한 소크라테스는 그들과 관련해 이렇게 물었다. 인간 본성을 탐구하는 자가 자신이 배운 것을 이용해 언젠가는 자신이나 자신이 원하는 사람을 이롭게 할 거라고 생각하듯이, 천체 현상을 탐구하는

자도 일단 이런 현상을 지배하는 법칙을 발견한 뒤에는 바람과 비와 계절과 그 밖에 필요한 것을 마음대로 만들 수 있다고 생각하는가? 아니면 그들은 그런 것은 기대하지 않고 그런 각종 현상의 원인을 아는 것만으로 만족하는가?

(16) 소크라테스는 그런 문제에 전념하는 자들을 그렇게 비판했다. 하지만 그 자신은 언제나 인간사에 관해 담론하며, 경건이란 무엇이며 불경이란 무엇인가, 아름다움이란 무엇이며 추함이란 무엇인가, 정의란 무엇이며 불의란 무엇인가, 절제란 무엇이고 광기란 무엇인가, 용기란 무엇이며 비겁이란 무엇인가, 국가는 무엇이고 정치가란 무엇인가, 정부는 무엇이며 통치자란 무엇인가, 그 밖에 그가 보기에 그것을 아는 자는 진실로 훌륭한 사람[9]이고 모르는 자는 노예라고 불리어 마땅한 주제들을 탐구했다.

(17) 소크라테스가 이런 것에 관한 자신의 견해를 공개적으로 밝히지 않은 터라 배심원들이 이런 것과 관련하여 잘못 판단했다는 것은 놀랄 일이 못 된다. 하지만 누구나 다 아는 것을 배심원들이 몰랐다는 것은 이상하지 않은가?

(18) 한번은 소크라테스가 평의회[10] 위원으로 선출되어 국법에

8 to on.

9 '진실로 훌륭한 사람'(kalos kagathos). 문맥에 따라 '신사'(紳士)로 옮길 수도 있다.

10 boule. 고전기 아테나이의 평의회는 30세 이상의 남자 시민 500명으로 구성되었다. 이들은 아테나이의 10개 부족에서 해마다 추첨으로 선출되었으며 같은 사람이 두 번 이상 평의회 위원이 될 수 없었다. 평의회는 민회(ekklesia)에서 다룰 의제(議題)를 토의하고 준비했다.

따라 맡은 바 소임을 다하겠다고 선서한 적이 있는데, 마침 그가 추첨으로 의장이 되었을 때 민중은 트라쉴로스와 에라시니데스와 그들의 동료 장군 등 아홉 명을 한 번의 표결로 사형에 처하고자 했다.[11] 그러나 이는 불법인지라 소크라테스는 민중이 분개하고 많은 유력자가 위협하는데도 동의 여부를 표결에 부치기를 거부했다. 그는 선서를 지키는 것이 민중의 부당한 요구를 들어주거나 위협으로부터 자신을 지키는 것보다 더 중요하다고 생각했다.

(19) 소크라테스는 다수의 사람처럼 신들이 인간을 돌본다고 믿었지만 거기에는 중요한 차이가 있었다. 많은 사람이 신들이 어떤 것은 알고 또 어떤 것은 모른다고 믿었지만, 소크라테스는 신들이 우리의 말과 행동과 숨은 의도 할 것 없이 모든 것을 알고 있고, 어디에나 존재하며, 모든 종류의 인간사에 관해 인간에게 신호를 보내고 있다고 믿었다.

(20) 그래서 나는 소크라테스가 신들에 관해 불경한 말이나 행위를 하기는커녕 오히려 신들과 관련해 가장 경건하거나 가장 경건하다고 여겨지는 사람에게 어울릴 법한 말이나 행동을 했음에도 어떻게 아테나이인들이 소크라테스가 신들에게 불손했다는 주장에 설득되었는지 이해할 수 없다.

제 2 장

(1) 소크라테스가 젊은이들을 타락시킨다는 말에 설득된 사람들이 있었다는 것 또한 놀랍다. 앞서 말한 것에 덧붙여 소크라테스는 우선 성욕과 식욕에 관한 한 가장 자제력이 강한 사람이었다. 그다음 그는 추위[12]와 더위와 온갖 노고를 가장 잘 참고 견뎠다. 그 밖에도 그는 절제가 몸에 배어 아주 조금만 가지고서도 아주 쉽게 만족했다.

(2) 그런 그가 어떻게 다른 사람들을 불경한 자나 범법자나 욕심쟁이나 호색가나 일하기 싫어하는 사람으로 만들었겠는가? 오히려 그는 미덕[13]을 갖고자 하는 욕구를 심어주고 자신을 돌보면 진실로 훌륭

11 트라쉴로스(Thrasyllos)와 에라시니데스(Erasinides)를 위시한 여덟 장군이 이끄는 아테나이 해군은 기원전 406년 소아시아 해안과 레스보스(Lesbos)섬 사이에 있는 아르기누사이(Arginousai)섬들 주위에서 벌어진 아르기누사이 해전에서 스파르테 해군에게 크게 이긴다. 그러나 날씨가 좋지 않다는 핑계를 대며 아테나이 장군들이 물에 빠진 병사들을 구하지 않고 익사한 전사자들을 거두려 애쓰지 않았다며 아테나이 민중이 분개하자 아테나이 평의회는 귀국하지 않은 두 명을 제외한 여섯 장군에게 법에 따라 개별적으로 사형을 선고하는 대신 일괄하여 사형을 선고하고 집행했다. 크세노폰, 『그리스 역사』(*Hellenika*) 1권 6~7장 참조.

12 소크라테스가 기원전 432년 포티다이아이(Potidaiai) 전투 때 추위를 잘 참고 견딘 일에 관해서는 플라톤(Platon), 『향연』(*Symposion*) 219e 이하 참조.

한 사람이 될 수 있다는 자신감을 불어넣음으로써 많은 사람이 그런 악덕에서 벗어나게 해주었다.

(3) 하지만 소크라테스는 그런 것을 가르치겠노라고 자처한 적은 없고, 자신이 솔선수범함으로써 제자들에게 자기를 따라 하면 그들도 그렇게 되리라는 희망을 품게 했다.

(4) 또한 소크라테스는 스스로도 몸을 소홀히 한 적이 없거니와 몸을 돌보지 않는 자를 칭찬하지도 않았다. 그는 과식한 뒤에 과도하게 운동하는 것은 바람직하지 않지만 혼이 기꺼이 받아들일 만큼 운동하는 것은 바람직하다고 여겼다. 그의 주장에 따르면 그런 습관은 건강에 좋을뿐더러 혼을 돌보는 일을 방해하지 않기 때문이다.

(5) 소크라테스는 옷이나 신이나 그 밖에 생활방식에서 멋을 부리거나 으스대지 않았다. 또한 제자들을 돈 밝히는 사람으로 만들지 않았다. 그는 그와 함께하겠다는 욕구 외에 모든 다른 욕구로부터 제자들을 해방시켰고, 그들에게 수업료조차 받지 않았으니 말이다.

(6) 그는 수업료를 받지 않아야 자신이 자유를 누릴 수 있다고 믿었다. 반면 수업료를 받는 자들은 수업료를 지불하는 모든 사람과 함께해야 하는 만큼 '자신을 노예로 팔려고 내놓은 자'라고 불렀다.

(7) 소크라테스는 미덕을 가르친다는 사람이 수업료를 요구하거나, 훌륭한 친구를 얻게 된 것을 최대의 보답으로 여기지 않고 진실로 훌륭한 사람이 된 자가 최고 은인에게 진심으로 고마워하지 않을까 염려하는 것을 이해할 수 없었다.

(8) 물론 소크라테스는 어느 누구에게도 그런 약속을 한 적이 없지만, 자신이 제시하는 생활 원칙을 받아들이는 사람은 자기와 남에게

평생토록 좋은 친구가 될 거라고 확신했다. 그런 그가 어떻게 젊은이들을 타락시키겠는가? 미덕을 함양하는 것이 타락이라면 몰라도.

(9) 소크라테스를 고발한 자는 이렇게 말했다. "하지만 소크라테스는, 선장이나 목수나 피리 연주자나 그 밖에 설령 실수하더라도 그 해악이 국정 수행에서의 실수보다 훨씬 덜한 분야의 장인조차도 추첨으로 뽑으려는 사람은 아무도 없을 텐데, 국가의 통치자들을 추첨으로 임명하는 것[14]은 어리석은 짓이라고 말함으로써 제자들이 기존 국법을 무시하게 만들었습니다." 그를 고발한 사람의 주장에 따르면 이런 종류의 말이 젊은이들을 기존 국법을 무시하는 반항아로 만든다는 것이다.

(10) 하지만 나는 지혜를 함양하고 무엇이 유익한지 동료 시민에게 가르칠 수 있다고 생각하는 사람은 결코 반항아가 될 수 없다고 생각한다. 그들은 폭력을 사용하면 적의와 위험이 따르지만 설득은 우호적이며 안전하게 같은 결과를 낳는다는 것을 알기 때문이다. 폭력의 희생자는 자신이 강탈당했다고 생각하고 원한을 품지만, 설득을 당한 사람은 혜택을 입은 양 고마워하니까. 그러니 폭력으로 이끄는 것은 오히려 지혜를 함양하지 않고 사려분별 없이 힘만 내세우는 자이다.

(11) 감히 폭력을 행사하는 자에게는 적잖은 지지자가 필요하지만 설득할 수 있는 사람에게는 그런 지지자가 전혀 필요 없다. 그런 사람은 혼자서도 설득할 자신이 있으니까. 또한 그런 사람은 결코 살인을

13 arete.

14 직접민주주의를 채택한 아테나이에서는 대부분의 관리가 추첨으로 임명되었다.

저지르려 하지 않을 것이다. 살아서 고분고분 복종하는 사람의 목숨을 굳이 빼앗을 사람이 어디 있겠는가?

(12) 소크라테스를 고발한 사람은 이렇게 말했다. "하지만 소크라테스와 가까이 지내던 크리티아스와 알키비아데스[15]는 누구보다도 나라에 더 큰 해악을 끼쳤소. 크리티아스는 과두정체 지지자 중에서 가장 탐욕스럽고 폭력적이고, 알키비아데스는 민주정체 지지자 중에서 가장 방당하고 오만했습니다."

(13) 이 두 사람이 나라에 어떤 해악을 끼쳤다면, 나는 이들을 위해 변론하지 않고 다만 이들이 어떻게 소크라테스와 함께하게 되었는지 설명할 것이다.

(14) 이 둘은 모든 아테나이인 가운데 본성적으로 명예욕이 유달리 강했고, 모든 나랏일에 직접 나서고 누구보다도 명성을 날리고 싶어 했다. 그들은 소크라테스가 가진 것은 가장 적지만 가장 자족하며 살아가고, 모든 쾌락을 엄격히 자제하지만 토론할 때는 상대방이 누구든 자기 의도대로 움직이게 만드는 것을 알았다.

(15) 이 두 사람이 이것을 알고 있었고 또 내가 방금 말한 그런 종류의 사람이라면, 그들이 소크라테스와 함께한 것은 그의 절제 있는 생활방식을 받아들이기를 원해서거나, 아니면 그와 함께하면 언변과 행동에서 탁월한 인물이 될 수 있다고 믿었기 때문이라고 생각할 수 있지 않을까?

(16) 만약 신이 그들에게 소크라테스의 생활방식과 죽음 가운데 어느 한쪽을 택하라고 말했다면 나는 그들이 차라리 죽음을 택했을 거라고 생각한다. 그들이 그런 사람이라는 것은 그들의 행동을 보면 알 수

있다. 자신들이 나머지 제자들보다 더 우수하다고 생각하자마자 그들은 소크라테스의 곁을 떠나 정계에 투신했으니 말이다. 그들은 사실 그러기 위해 소크라테스와 사귀었던 것이다.

(17) 이에 대해 소크라테스는 제자들에게 정치를 가르치기 전에 절제를 가르쳤어야 했다고 이의를 제기할 수 있다. 나는 이에 반론을 제기하지는 않겠지만 모든 스승은 자신이 가르치는 것을 어떻게 실행하는지 제자들에게 시범을 보이며 논리로 설득하는 것을 본다.

(18) 내가 알기에 소크라테스도 그와 마찬가지로 자신이 진실로 훌륭한 사람임을 제자들에게 보여주며 미덕과 그 밖의 모든 인간사에 관해 더없이 훌륭하게 대화했다. 나는 또 이 두 사람도 소크라테스와 함께하는 동안에는 절제 있는 사람이었던 것으로 안다. 소크라테스에게 매를 맞거나 벌받을까 두려워서가 아니라, 그렇게 처신하는 것이 최선이라고 생각했으니 말이다.

(19) 아마도 자칭 철학자 중 많은 이가 이렇게 대답할 것이다. 올바른 사람은 결코 불의하지 않고 절제 있는 사람은 결코 방자하지 않는데, 이는 배울 만한 무엇인가를 배운 사람이 그것을 모르지 않는 것과

15 크리티아스(Kritias 기원전 460년경~403년)는 플라톤의 외당숙(外堂叔)으로 골수 과두정체 지지자였다. 그는 기원전 404년 펠로폰네소스전쟁이 끝나고 아테나이에 들어선 '30인 참주'라는 과두제 정부에서 주도적 역할을 하다가 기원전 403년 내전 때 전사했는데, 친구 알키비아데스와 마찬가지로 소피스트들과도 소크라테스와도 가까이 지냈다. 알키비아데스(Alkibiades 기원전 450년경~404년)는 아테나이의 경박하고 불우한 미남 정치가이자 장군으로 소크라테스의 제자 가운데 한 명이다. 플라톤의 『향연』 후반부 참조.

같은 이치라고 말이다. 하지만 나는 이와는 견해가 다르다. 내가 보기에 몸을 단련하지 않는 사람이 몸이 하는 일을 해낼 수 없듯이, 혼을 단련하지 않는 사람은 혼이 하는 일을 해낼 수 없다. 그들은 해야 할 일은 할 수 없고 하지 말아야 할 일은 피할 수 없으니까.

(20) 그래서 아버지들은 아들이 비록 절제 있다 하더라도 나쁜 사람과 사귀지 못하게 한다. 훌륭한 사람과 사귀면 미덕이 함양되지만 나쁜 사람과 사귀면 미덕이 손상된다고 믿기 때문이다. 사실이 그러함을 한 시인은 이런 말로 증언한다.

> 훌륭한 사람에게서는 훌륭한 것을 배우겠지만 그대가
> 나쁜 사람과 사귀면 갖고 있는 지혜마저 잃고 말리라.[16]

다른 시인은 이렇게 말한다.

> 그러나 훌륭한 사람도 때로는 사악하고 때로는 고매하다.[17]

(21) 나도 그것이 사실임을 증언한다. 내가 보기에 서사시도 자주 음송하지 않으면 잊히듯이 선생님의 가르침도 소홀히 하면 마음에서 지워지기 때문이다. 누군가 좋은 조언을 잊는 것은 그의 혼이 절제를 원할 때 경험한 것을 잊는 것을 의미하며, 이것을 잊었다면 그가 절제 자체까지 잊는다는 것은 놀랍지도 않다.

(22) 나는 또 술 마시기를 좋아하는 사람과 연애사에 휘말린 자들이 해야 할 일을 하고 하지 말아야 할 일은 삼가는 능력이 떨어지는

것을 본다. 돈을 절약하던 많은 사람이 사랑에 빠지자마자 돈을 낭비하고, 재산을 탕진하고 나면 전에는 창피하다고 꺼리던 돈벌이 수단도 더 이상 꺼리지 않으니 말이다.

(23) 그렇다면 전에는 자제력 있던 사람이 나중에는 자제력을 잃고 전에는 올바른 행위를 하던 사람이 나중에는 그러지 않는 일이 어째서 있을 수 없겠는가? 내가 보기에 고매하고 훌륭한 것은 모두 훈련의 산물이며, 특히 자제력이 그런 것 같다. 혼과 함께 같은 몸에서 자라는 쾌락이 '자제력을 버리고 어서 우리와 몸을 만족시켜다오'라고 혼을 설득하기 때문이다.

(24) 크리티아스와 알키비아데스도 소크라테스와 함께하는 동안에는 그의 도움으로 저급한 욕구를 억제할 수 있었다. 그러나 소크라테스 곁을 떠나자 크리티아스는 텟살리아[18]로 추방되어 정의보다는 불법을 더 우선시하는 자들을 사귀기 시작했다. 한편 알키비아데스는 잘생긴 외모 때문에 신분이 높은 수많은 부인의 사냥감이 되고 아테나이와 그 동맹국 사이에서 그가 미치는 영향력 때문에 수많은 유력자의 응석둥이가 되었다. 그리고 경기에서 쉽게 우승한 선수가 훈련을 소홀히 하기 쉽듯, 민중에게 존경받고 민중 사이에서 쉽게 1인자가

16 테오그니스(Theognis), 34~35. 테오그니스는 기원전 6세기 전반에 활동한 메가라(Megara) 출신 서정시인이다.

17 작자 미상인 이 시행은 플라톤의 『프로타고라스』(*Protagoras*) 344d에서도 인용된다.

18 Thessalia. 그리스반도의 북동부 지방.

된 그도 자신을 소홀히 했다.

(25) 알키비아데스와 크리티아스에게는 그런 일이 일어났다. 두 사람은 좋은 가문으로 우쭐하고 부로 의기양양하고 자만심에 부풀고 많은 사람이 응석을 받아주어 망가진 데다 오랫동안 소크라테스와 떨어져 있었으니, 그들이 오만해진 것이 뭐가 그리 놀랄 일인가?

(26) 소크라테스를 고발한 자는 이 두 인물이 저지른 비행(非行)을 모두 소크라테스의 탓이라고 돌리는 것인가? 그리고 가장 무모하고 가장 방종하기 쉬운 청년기에 이 두 사람이 절제 있게 행동하도록 만든 소크라테스는 칭찬받을 자격이 전혀 없다는 말인가? 하지만 다른 경우에는 그렇게 판단하지 않는다.

(27) 피리나 키타라[19]나 다른 예술을 가르치는 스승이 제자들을 잘 가르쳤는데 그 제자들이 다른 스승에 입문하여 솜씨가 전보다 더 못해졌다고 해서 먼젓번 스승이 비난받아야 하는가? 아들이 어떤 스승에게서 사사할 때는 절제 있었는데 다른 스승에 입문한 뒤 더 나빠졌다고 해서 어느 아버지가 먼젓번 스승을 나무라겠는가? 아들이 두 번째 스승에 입문하고 나서 더 나빠진 그만큼 아버지는 첫 번째 스승을 더 칭찬해야 하지 않을까? 아들과 같이 사는 아버지들도 자신이 절제 있게 행동하면 아들의 비행 때문에 비난받지 않는다.

(28) 소크라테스에게도 그런 판단 기준이 적용되어야 한다. 그 자신이 나쁜 짓을 했다면 그는 당연히 나쁜 사람으로 여겨져야 한다. 그러나 그가 언제나 절제 있게 처신한다면 자신이 갖고 있지 않은 악덕 때문에 그가 비난받는 것을 어찌 정당하다 하겠는가?

(29) 비록 자신이 나쁜 짓을 하지 않는다 해도 제자들이 나쁜 짓

을 하는 것을 보고 칭찬한다면 그 또한 당연히 비난받아 마땅하다. 하지만 크리티아스가 에우튀데모스[20]를 좋아해 호색한처럼 유혹하려는 것을 알았을 때, 소크라테스는 이를 말렸다. 자기가 잘 보이고 싶은 사람에게 사랑을 거지처럼 구걸하고 거기에 더하여 떳떳하지 못한 별도의 청을 들어달라고 애걸하는 것은 자유민답지 못하고 진실로 훌륭한 사람답지 못하다고 말이다.

(30) 이렇게 말려도 크리티아스가 자기 말을 귓등으로 흘리자 소크라테스는 에우튀데모스와 여러 사람이 모인 자리에서 이렇게 말했다고 한다. "크리티아스는 돼지 옴에 걸린 것 같네. 돼지가 돌에 몸을 비비듯 에우튀데모스에게 몸을 비비고 싶어하니 말일세."

(31) 그런 연유로 크리티아스는 소크라테스를 미워했다. 앙심을 품은 그는 30인 참주의 한 명으로서 카리클레스[21]와 함께 입법에 참여했을 때 말하는 기술을 가르치는 것은 불법이라는 조문을 끼워 넣었다. 소크라테스를 헐뜯을 마땅한 방법이 없자 대중이 늘 철학자들에게 씌우는 비난을 그에게 씌워 대중 앞에서 그를 중상(中傷)하기 위해서였다. 나는 소크라테스가 그런 기술을 가르친다는 말을 들은 적도 없고, 그가 그런 기술을 가르친다는 말을 들었다고 주장하는 사람도 전혀 알지 못한다.

19 피리(aulos)는 지금의 오보에나 클라리넷과 비슷한 관악기이고, 키타라(kithara)는 현을 채 따위로 켜서 소리를 내는 발현악기인 뤼라(lyra)를 개량한 악기이다.

20 Euthydemos. 디오클레스(Diokles)의 미남 아들.

21 Charikles. 30인 참주 가운데 한 명.

(32) 소크라테스는 이 점을 분명히 밝혔다. 30인 참주가 수많은 시민을, 그것도 쓸모없지 않은 시민을 사형에 처하고 범행을 저지르도록 수많은 시민을 부추겼을 때, 소크라테스는 어디에선가 이렇게 말했다. "소 먹이는 목자가 소떼의 수를 줄이고 상태를 나쁘게 하면서도 자기가 못난 목자임을 인정하지 않는다면 나는 놀라움을 금치 못할 것입니다. 그런데 국가 지도자가 시민의 수를 줄이고 상태를 나쁘게 하면서도 부끄러워하지 않고 자신이 열등한 국가 지도자임을 인정하지 않는다면 나는 더욱 놀라움을 금치 못할 것입니다."

(33) 이 말을 전해 들은 크리티아스와 카리클레스는 소크라테스를 소환하여 법조문을 보여주며 그에게 젊은이들과 대화하지 말라고 명령했다.

그러자 소크라테스가 두 사람에게 그들의 명령과 관련해 이해할 수 없는 점이 있다면 질문해도 좋으냐고 물었다.

두 사람은 질문해도 좋다고 말했다.

(34) 그러자 소크라테스가 이렇게 말했다. "나는 기꺼이 법을 준수하겠소. 하지만 내가 몰라서 본의 아니게 법을 위반하는 일이 없도록 이 점을 내게 분명히 해주시오. 그대들이 내게 말하는 기술을 멀리하라고 할 때 이 기술은 올바른 논의와 관련 있다고 생각하기 때문이오, 아니면 올바르지 못한 논의와 관련 있다고 생각하기 때문이오? 올바른 논의와 관련 있다면 나는 분명 올바른 논의를 삼가야 할 것이고, 올바르지 못한 논의와 관련 있다면 나는 분명 올바른 논의를 하려고 노력해야 할 테니까."

(35) 그러자 카리클레스가 화를 내며 말했다. "소크라테스 선생,

당신이 그렇게 아둔하니 더 알기 쉽게 말해주겠소. 당신은 젊은이들과 일절 대화하지 마시오."

다시 소크라테스가 말했다. "그렇다면 내가 그 명령을 이행할 때 헷갈리는 일이 없도록 사람은 몇 살까지를 젊은이로 보는지 나이를 정해주시오."

카리클레스가 말했다. "아직은 지혜가 모자라 평의회 위원으로 봉사하는 것이 허용되지 않는 나이까지지요. 이 기준에 따라 당신은 30세 이하의 젊은이들과는 대화하지 마시오."

(36) 소크라테스가 말했다. "그렇다면 내가 물건을 사고 싶어도 판매자가 30세 이하면 값을 물어보아서는 안 되오?"

카리클레스가 대답했다. "물론 그런 것은 물어볼 수 있지요. 그런데 소크라테스 선생, 당신은 답을 빤히 아는 것을 물어보는 버릇이 있군요. 그런 것들은 물으면 안 됩니다."

소크라테스가 말했다. "그렇다면 나는 어떤 젊은이가 예를 들어 '카리클레스는 어디 삽니까?' 또는 '크리티아스는 어디 있습니까?'라고 내가 답을 빤히 아는 것을 물을 때도 대답해서는 안 되나요?"

"물론 그런 것은 대답해도 됩니다." 하고 카리클레스가 말했다.

(37) 크리티아스가 끼어들었다. "하지만 소크라테스 선생, 제화공이나 목수나 대장장이 이야기라면 끄내지 마세요. 그런 이야기라면 골백번도 더 들었으니까요."

소크라테스가 말했다. "그렇다면 나는 그들과 관련이 있는 것도, 말하자면 정의나 경건함 등에 관해서도 말해서는 안 되겠구먼?"

"안 되고말고요." 하고 카리클레스가 말했다. "소 먹이는 목자 이야기도 하지 마시오. 당신 때문에 소떼의 수가 줄어드는 일이 없도록 조심하시오."

(38) 이로 미루어 그들은 소크라테스의 소떼 이야기를 전해 듣고 화가 났음이 분명하다.

소크라테스와 크리티아스가 어떻게 해서 함께하게 되었으며 서로를 어떻게 대했는지는 이쯤 해두자.

(39) 단언컨대 호감이 가지 않는 스승에게는 아무것도 배울 수 없는 법이다. 크리티아스와 알키비아데스는 소크라테스와 함께하는 동안 내내 그에게 호감을 품지 않았고, 두 사람은 처음부터 국가의 지도자가 되고 싶어했다. 둘은 소크라테스와 함께하는 동안에도 될 수 있으면 저명한 정치가들과 대화하려 했다.

(40) 전하는 이야기에 따르면 알키비아데스는 스무 살도 채 되지 않았을 때 자신의 후견인이자 국가의 수장인 페리클레스[22]와 법률에 관해 다음과 같은 대화를 나누었다고 한다.

(41) "말씀해주십시오, 페리클레스님!" 하고 알키비아데스가 말했다. "법률이 무엇인지 제게 가르쳐주실 수 있습니까?"

"그야 물론이지." 하고 페리클레스가 말했다.

"그렇다면 가르쳐주십시오." 하고 알키비아데스가 말했다. "사람들이 법률을 잘 지킨다고 칭찬받는 것을 들을 때마다 저는 법률이 무엇인지 모르는 사람은 그런 칭찬을 받을 자격이 없다는 생각이 드니까요."

(42) "알키비아데스, 자네는 법률이 무엇인지 알고 싶다고 했는데 자네가 원하는 것은 그다지 어려운 일이 아닐세." 하고 페리클레스

가 말했다. "다수가 모여 해야 할 일과 해서는 안 될 일을 규정하는 법안을 심의하고 제정하면 그게 다 법률이지."

"그들은 선을 행해야 한다고 생각합니까, 아니면 악을 행해야 한다고 생각합니까?"

"물론 악이 아니라 선을 행해야 한다고 생각하지, 젊은이." 하고 페리클레스가 말했다.

(43) "하지만 과두정체에서 흔히 볼 수 있듯이 다수가 아닌 소수가 모여 해야 할 일을 제정한다면, 그건 뭐죠?"

"국가를 통치하는 권력이 해야 할 일을 심의한 뒤 제정한 것은 무엇이든 법률이라고 불리지." 하고 페리클레스가 말했다.

"그러면 정권을 잡은 참주(僭主)[23]가 시민들이 무엇을 해야 하는지 제정해도 그 또한 법률인가요?" 하고 알키비아데스가 물었다.

"정권을 잡은 참주가 제정한 것도 역시 법률이라고 불린다네." 하고 페리클레스가 대답했다.

(44) "그렇다면 페리클레스님, 폭력과 불법은 무엇입니까?" 하고 알키비아데스가 물었다. "그것은 강자가 약자를 설득하는 대신 폭력을 사용하여 자기가 원하는 것을 약자에게 강요하는 행위 아닌가요?"

"나는 그렇다고 생각하네." 하고 페리클레스가 대답했다.

"그러면 참주가 시민들을 설득하는 대신 행하도록 제정하고 시민

22 Perikles(기원전 495년경~429년). 아테나이의 직접민주제를 완성한 정치가이자 장군.

23 tyrannos. 무력으로 정권을 잡은 독재자.

들을 강요하는 것은 다 불법이겠네요?"

"나는 그렇다고 생각하네." 하고 페리클레스가 말했다. "그래서 참주가 시민들을 설득하지 않고 제정한 것도 다 법률이라는 조금 전 내 주장을 철회하겠네."

(45) "또한 소수가 다수를 설득하지 않고 폭력으로 법안을 가결한다면 이 또한 폭력이라고 불러야 하지 않나요?"

페리클레스가 대답했다. "내가 보기에 어느 한쪽이 제정하고 제정하지 않고를 떠나 상대방을 설득하지 않고 행하도록 상대방에게 강요하는 것은 다 법률이 아니라 폭력이라고 봐야 할 것 같네."

"그렇다면 민중 전체가 유산계급을 지배하며 이들을 설득하지 않고 제정하는 것은 다 법이 아니라 폭력이겠군요."

(46) 페리클레스가 말했다. "이봐 알키비아데스, 자네 나이 때는 우리도 그런 문제에 재기 발랄했지. 우리도 그런 문제들을 다루며 지금 자네가 쓰는 것으로 보이는 교묘한 논리를 펼치곤 했으니까."

알키비아데스가 말했다. "페리클레스님, 당신이 이런 문제에 가장 재기 발랄할 때 제가 당신을 만났다면 좋았을 것입니다."

(47) 크리티아스와 알키비아데스는 자신들이 어느 정치가에 비겨도 손색이 없다고 생각하자마자 더는 소크라테스를 찾지 않았다. 그들은 그에게 호감이 가지 않는 데다 그를 찾을 때마다 자신들의 잘못을 추궁당하는 것이 싫었기 때문이다. 그들은 정치 때문에 소크라테스를 찾았고, 정치 때문에 그의 곁을 떠났다.

(48) 그러나 크리톤은 소크라테스의 진정한 동료였다. 카이레폰, 카이레크라테스, 헤르모게네스, 심미아스, 케베스, 파이돈다스[24]와 정

치가나 변호사가 되고 싶어서가 아니라 진실로 훌륭한 사람이 되고 가족과 하인과 친족과 친구와 국가와 동료 시민에게 자신의 본분을 다하기 위해 소크라테스와 함께한 그 밖의 다른 사람도 마찬가지이다. 이 가운데 젊어서나 늙어서나 나쁜 짓을 하거나 비난을 받은 사람은 아무도 없다.

(49) 소크라테스를 고발한 자가 말했다. "하지만 소크라테스는 젊은이들이 아버지를 학대하도록 가르쳤소. 그는 자기 제자들을 아버지보다 더 지혜롭게 만들 수 있다고 설득함으로써, 그리고 자기 아버지가 정신이상임을 배심원에게 입증하면 아들이 아버지를 구금하는 것이 합법적이듯이 더 지혜로운 자가 더 무지한 자를 구금하는 것은 합법적이라고 주장함으로써 말이오."

(50) 하지만 소크라테스는 무지하다는 이유로 남을 구금하는 사람은 자기보다 더 많이 아는 사람이 자신을 구금해도 당연한 일로 여겨야 한다고 생각했다. 그래서 그는 광기와 무지의 차이점을 숙고하곤 했다. 미친 사람은 자신을 위해서나 친구를 위해서나 구금되는 것이 이롭지만, 당연히 알아야 할 것을 모르는 사람은 그것을 아는 사람한테 배워야 한다고 그는 믿었다.

(51) "하지만 소크라테스는 제자들이 아버지뿐 아니라 다른 친척도 무시하게 만들었소. 병이 들거나 송사에 휘말린 사람에게 도움을 주는 이는 친척이 아니라 병이 든 경우에는 의사이고 송사에 휘말린 경

24 Kriton, Chairephon, Chairekrates, Hermogenes, Simmias, Kebes, Phaidondas.

우에는 변호사라고 말함으로써 말이오." 그를 고발한 자는 그렇게 말했다.

(52) 소크라테스를 고발한 자에 따르면, 친구도 도움을 줄 힘이 없으면 그가 가진 선의만으로는 도움이 되지 않으며, 무엇이 옳은지 알고 이를 남에게 설명할 수 있는 사람만이 존경받아 마땅하다고 주장했으며, 이처럼 자기가 가장 지혜롭고 남을 지혜롭게 만드는 능력에서 가장 탁월하다고 젊은이들이 믿게 만듦으로써 그의 제자들은 이에 감화되어 다른 사람은 그에 비하면 아무것도 아니라고 생각하게 되었다는 것이다.

(53) 내가 알기에 소크라테스는 실제로 아버지나 그 밖의 다른 친족이나 친구와 관련해 그런 말을 했으며, 그 밖에도 지성의 유일한 거처인 혼이 떠나고 나면 사람들은 가장 아끼던 사람의 몸도 지체 없이 밖으로 싣고 나가 땅에 묻는다고 말했다.

(54) 또한 소크라테스는 사람들은 살아 있는 동안에도 저마다 가장 아끼는 자기 몸에 소용없거나 무익한 것은 손수 제거하거나 남을 시켜 제거한다고 말하곤 했다. 말하자면 사람들은 제 손톱과 머리털을 깎거나 티눈을 제거하며, 아프고 괴롭더라도 의사를 시켜 자신의 몸 일부를 절단하거나 태우게 할뿐더러 이를 고맙게 여기고 사례를 해야 한다고 생각한다. 또한 사람들은 가래를 입에서 되도록 멀리 뱉는데, 가래가 입안에 있으면 몸에 이롭기는커녕 오히려 해롭기 때문이다.

(55) 소크라테스가 이런 말을 한 것은 아버지를 생매장하거나 제 몸을 난도질하도록 가르치기 위해서가 아니라, 오히려 비이성적인 것은 존경받지 못함을 보여주기 위해서였다. 말하자면 그는 아버지나 형제나

그 밖의 다른 사람에게 존경받고 싶으면 촌수가 가깝다는 것만 믿고 소홀히 대할 것이 아니라 존경받고 싶은 사람에게 쓸모 있는 인간이 되려고 노력해야 한다고 경고한 것이다.

(56) 고발인에 따르면, 또 소크라테스는 가장 유명한 시인들의 시구절 중에서 가장 부도덕한 대목을 골라내어 그것을 근거로 내세우며 제자들이 범법자나 참주가 되도록 가르쳤다는 것이다. 예를 들어 그는 "일하는 것은 수치가 아니며, 일하지 않는 것이 수치지요"[25]라는 헤시오도스의 시구절을 불의한 일이건 수치스러운 일이건 어떤 일도 피하지 말고 이득만 된다면 그런 일이라도 하라는 뜻으로 해석했다는 것이다.

(57) 하지만 소크라테스가 일꾼이 되는 것은 사람에게 유익하고 좋지만 일하지 않는 것은 손해이고 나쁘다는 것에, 다시 말해 일하는 것은 좋고 일하지 않는 것은 나쁘다는 것에 동의한다면 그에게 "일하는 것"과 "일꾼이 되는 것"이란 좋은 일을 하는 것을 의미하며 "일하지 않는 것"이란 도박을 하거나 무언가 나쁜 짓을 하거나 손해 볼 짓을 하는 것을 의미한다. 그렇게 해석하면 "일하는 것은 수치가 아니며, 일하지 않는 것이 수치지요"라는 시행에는 문제될 게 아무것도 없다.

(58) 고발인에 따르면, 소크라테스는 호메로스의 작품에서 오뒷세우스에 관한 다음과 같은 대목을 자주 인용했다고 한다.

25 헤시오도스(Hesiodos), 『일과 날』(*Erga kai hemerai*) 311행. 헤시오도스는 기원전 700년경에 활동한 고대 그리스 서사시인이다. 그의 작품으로는 『신들의 계보』(*Theogonia*)도 있다.

그리하여 그는 왕이나 뛰어난 전사와 스칠 때마다
가까이 다가서서 상냥한 말로 만류했다. "제정신이오?
비겁자처럼 겁을 내는 것은 그대에게 어울리지 않소.
그러니 그대는 자신도 앉고 다른 백성도 앉히도록 하시오."
그러나 백성 가운데 누가 고함지르는 것을 볼 때면
그는 홀(笏)로 내리치며 이렇게 야단쳤다. "제정신인가?
얌전히 앉아 너보다 훌륭한 사람들의 말을 듣도록 해.
너는 전쟁도 할 줄 모르는 약골이며
전쟁이나 회의에서 축에 끼지도 못하니까."[26]

고발인에 따르면 소크라테스는 이 구절을 가난한 민중을 후려치는 걸 호메로스가 칭찬했다는 뜻으로 해석했다는 것이다.

(59) 하지만 소크라테스는 그런 뜻으로 인용한 게 아니었다. 그런 뜻으로 말했다면 그는 자신도 매를 맞아야 한다고 생각했을 테니까. 그는 말이나 행동으로 이롭게 하지 못하고, 필요할 때 군대나 국가나 민중에게 도움을 주지 못하는 자들은 대부호라 하더라도, 특히 오만불손할 때는 온갖 수단을 동원해 제재해야 한다는 말을 한 것이다.

(60) 천만에. 소크라테스는 분명 그와 정반대되는 사람으로 민중에 우호적이고 인류를 사랑했다. 그는 내국인이든 외국인이든 열렬히 따르는 제자가 많았지만 누구에게도 수업료를 받지 않았고 오히려 자기가 가진 것을 누구에게나 아낌없이 나누어주었다. 그중에는 그에게서 사소한 것을 거저 얻어 남에게 비싼 값에 팔면서도 그와는 달리 민

중에 우호적이지 않은 자들도 더러 있었다. 그들은 대가를 지불하지 못하는 사람과는 대화하기를 거부했기에 하는 말이다.

(61) 그러나 소크라테스는 세상 사람이 다 아는 리카스[27]가 라케다이몬[28]에 가져다준 것보다 더 큰 명예를 자기 나라에 안겨주었다. 리카스는 귐노파이디아이[29] 제전 때 라케다이몬에 체류하는 외국인들에게 식사 대접을 했지만, 소크라테스는 평생토록 아낌없이 선물을 나눠주며 원하는 모든 사람에게 최상의 봉사를 했기 때문이다. 그는 제자들이 언제나 전보다 더 나은 사람이 되어 돌아가게 했으니 말이다.

(62) 소크라테스는 그런 됨됨이를 가졌기에 내가 보기에 국가로부터 사형이 아니라 명예를 받았어야 마땅하다. 법리를 따지더라도 같은 결론에 이를 것이다. 법에 따르면 사형은 유죄판결을 받은 절도, 노상강도, 소매치기, 주거침입자, 납치범이나 신전털이범에게 지우는 형벌인데, 그는 이런 범죄와는 그 누구보다도 거리가 멀다.

(63) 또한 소크라테스 때문에 나라가 전쟁에서 패하거나 내란이나 반역이나 그 밖의 다른 재앙에 말려든 적도 없었다. 아니, 그는 사생

26 호메로스(Homeros), 『일리아스』(*Ilias*) 2권 188~191행, 199~203행. 호메로스는 기원전 730년경에 활동한 고대 그리스 서사시인으로 그의 작품으로는 『일리아스』 외에 『오뒷세이아』(*Odysseia*)가 남아 있다.

27 Lichas.

28 라케다이몬(Lakedaimon)은 스파르테(Sparte) 주변 지역을 가리키는 말이지만 대개 스파르테와 동의어로 쓰인다.

29 Gymnopaidiai. 해마다 한여름에 스파르테에서 열리던 제전으로 소년들이 알몸으로 춤추고 노래했다고 한다.

활에서도 누구에게서 좋은 것을 빼앗거나 누구를 나쁜 상황에 빠뜨린 적이 없었다. 그래서 그는 이런 범죄를 저질렀다고 비난받은 적이 한 번도 없었다.

(64) 그런 소크라테스가 어떻게 공소장에 쓰인 죄를 지었겠는가? 그는 공소장에 쓰인 대로 무신론자가 아니라 분명 누구보다도 신심이 깊었으며, 고발인이 주장하는 것처럼 젊은이를 타락시키기는커녕 분명 제자들이 나쁜 욕구를 가지면 나쁜 욕구를 버리고 가장 고매하고 가장 숭고한 미덕을 원하게 만들어 나라와 가정이 건강하게 관리되게 했다. 그의 이런 행위야말로 국가로부터 크게 존중받아 마땅하지 않은가?

제 3 장

(1) 나는 앞서 소크라테스가 솔선수범하고 대화를 나눔으로써 실제로 제자들을 이롭게 했다고 말했는데, 나의 이런 주장을 뒷받침하기 위해 기억나는 대로 그와 관련된 일을 기록하려 한다.

우선 소크라테스가 종교를 대하는 태도는 분명 제물을 바치거나 조상의 제사를 지내는 등의 일과 관련해 질문하는 사람들에게 델포이의 퓌티아[30]가 주는 조언과 정확히 일치한다. 퓌티아는 국법에 따라 행동하는 자는 경건하게 행동하는 거라고 답변하는데, 소크라테스는 자신도 그런 원칙에 따라 행동하고 남도 그리 하도록 권했으며 그와 다르게 행동하는 것은 주제넘고 어리석은 짓이라고 여겼기 때문이다.

(2) 소크라테스는 신들에게 좋은 것을 달라고만 기도했는데 무엇이 좋은 것인지는 신들이 가장 잘 알며, 금이나 은이나 절대 권력 따위를 달라고 기도하는 것은 내기나 전투나 그 밖에 결과를 확실히 알 수 없는 것을 달라고 기도하는 것과 같다고 생각했다.

30 Pythia. 중부 그리스 델포이(Delphoi)의 아폴론(Apollon) 신전에서 신의 뜻을 묻는 사람에게 이를 전달해주는 예언녀.

(3) 또한 소크라테스는 가진 재물이 적어 검소한 제물을 바치더라도 결코 자신이 많은 재물이나 거창한 제물을 바치는 자들 못지않다고 생각했다. 그의 주장에 따르면 작은 제물보다 큰 제물을 더 좋아하는 것은 신들에게 걸맞지 않다. 그럴 경우 훌륭한 사람의 제물보다 사악한 자의 제물이 신들의 마음에 더 들 수 있으며, 만약 사악한 자의 제물이 훌륭한 사람의 제물보다 신들을 더 기쁘게 해준다면 인생은 살 가치가 없기 때문이다. 오히려 그는 주는 사람의 마음이 경건할수록 신들이 더 좋아할 거라고 믿었다. 그래서 그는 다음 시행을 칭찬했다.

그대의 능력에 따라 불사신들께 제물을 바치시라.[31]

그는 친구나 외국인을 대하거나 그 밖의 다른 생활방식에서도 능력에 따라 행하는 것이 좋은 원칙이라고 말했다.

(4) 소크라테스 자신이 신들로부터 어떤 신호를 받았다고 생각한다면 그 신호를 무시하라고 그를 설득하는 것은 눈으로 보고 길을 아는 길라잡이 대신 길도 모르는 눈먼 길라잡이를 고르도록 설득하기보다 더 어려웠을 것이다. 그는 세상 사람의 비난을 피하기 위해 신들이 보낸 신호를 무시하는 것을 실제로 어리석은 짓이라고 말했다. 그는 인간의 모든 의견은 신들이 주시는 조언에 비하면 아무것도 아니라고 보았다.

(5) 소크라테스는 따르기만 하면 별일이 없는 한 안심하고 편안하게 살 수 있고 비용 때문에 걱정할 필요가 없는 생활방식에 익숙해지도록 자신의 몸과 혼을 단련했다. 사실 소크라테스는 너무나 검소해서 세

상에 그처럼 살아가는 데 필요한 만큼도 벌지 못하는 사람이 또 있을까 싶었다. 그는 먹는 게 즐거울 만큼만 먹었고, 그에게는 언제나 시장이 반찬이었다. 목이 마르지 않으면 마시지 않았으므로 그에게는 모든 마실 거리가 달콤했다.

(6) 저녁식사 초대에 응할 때면 그는 누구나 느끼는 과식하고 싶은 유혹을 힘들이지 않고 물리쳤다. 그럴 수 없는 사람에게는 배고프지 않은데도 먹어보라고 권하거나 목마르지 않은데도 마셔보라고 권하는 것을 조심하라고 충고했다. 그에 따르면 그런 것은 위와 머리와 혼을 망치는 습관이기 때문이다.

(7) 소크라테스는 키르케[32]가 그런 것을 많이 먹여 사람들을 돼지로 변하게 했으며, 오뒷세우스가 돼지로 변하지 않은 것은 헤르메스의 경고 덕분이기도 하지만 그 자신이 그런 것을 자제하고 지나치게 탐하지 않은 덕분이라고 믿는다고 농담 삼아 말하곤 했다.

(8) 소크라테스는 이 주제에 대해 농담 반 진담 반으로 그렇게 말하곤 했다.

그는 아름다운 사람과의 성관계는 단호하게 피하라고 충고하며, 일단 그런 일에 말려들면 자제하기가 쉽지 않다고 했다. 그는 언젠가 크

31 헤시오도스, 『일과 날』 336행.

32 Kirke. 귀향하는 오뒷세우스(Odysseus)의 전우들을 돼지로 변하게 한 마녀. 오뒷세우스는 신들의 전령인 헤르메스(Hermes)가 준 몰뤼(moly)라는 약초를 먹은 덕분에 돼지로 변하는 것을 피할 수 있었다. 호메로스, 『오뒷세이아』(*Odysseia*) 10권 210행 이하 참조.

리톤의 아들 크리토불로스[33]가 알키비아데스의 미남 아들에게 입맞추었다는 것을 알고 크리토불로스의 면전에서 크세노폰에게 물었다.

(9) "말해보게, 크세노폰! 자네는 크리토불로스가 경솔하다기보다는 절제 있는 사람이며, 분별없고 무모하다기보다는 사려 깊은 사람이라고 생각하지 않았던가?"

"물론 저는 그렇게 생각했지요." 하고 크세노폰이 말했다.

"그러면 앞으로는 그가 아주 성급하고 무모한 사람이라고 생각하게. 그는 칼날들 속으로도 불속으로도 뛰어들 사람일세."

(10) "도대체 그가 무엇을 하는 것을 보셨기에 선생님께서는 그를 그렇게 나쁘게 말씀하십니까?" 하고 크세노폰이 물었다.

소크라테스가 말했다. "그는 알키비아데스의 미소년 아들에게 입맞추지 않았던가?"

"그런 게 무모한 짓이라면 저도 그런 위험쯤은 감수할 것 같아요." 하고 크세노폰이 말했다.

(11) "에잇, 몹쓸 사람 같으니라고!" 하고 소크라테스가 말했다. "미소년에게 입맞추고 나면 자네에게 어떤 일이 일어나리라고 생각하는가? 자네는 당장 자유를 잃고 노예가 되어 유해한 쾌락을 좇기 위해 큰돈을 쓰고, 진실로 훌륭한 사람이 할 만한 일에 전념할 여가를 갖지 못할 것이며, 미치광이조차 관심을 갖지 않을 일에 있는 힘을 다 쏟지 않겠는가?"

(12) "맙소사!" 하고 크세노폰이 말했다. "입맞춤에 그런 무서운 힘이 있다는 말씀입니까!"

그러자 소크라테스가 말했다. "그게 그렇게 놀라운가? 자네는 독거미가 1 오볼로스[34] 동전보다 작은 크기지만 입을 갖다 대기만 해도 사람들에게 엄청난 고통을 안겨주고 미치게 만드는 것을 모르는가?"

크세노폰이 말했다. "물론 알지요. 그건 독거미들이 물 때 무엇인가를 우리 몸에 주입하기 때문이지요."

(13) 소크라테스가 말했다. "어리석기는! 잘생긴 사람들은 입맞춤할 때 아무것도 주입하지 않을 거라고 생각하는가? 자네가 보지 못할 뿐이야. 미소년이라 불리는 이 동물은 독거미보다 더 위험하다는 것을 모르겠는가? 독거미는 접촉해야만 무엇인가를 주입하지만 이 동물은 접촉하지 않고 보기만 해도 아무리 먼 곳에서라도 사람을 미치게 하는 그 무엇을 주입한다네.

[잘생긴 사람들은 멀리서도 부상을 입힐 수 있기에 에로스[35]가 활잡이라 불리는 것 아니겠는가.]

크세노폰, 내 자네에게 충고하겠는데, 잘생긴 사람을 보면 부리나케 도망치게. 그리고 크리토불로스, 내 자네에게도 충고하겠는데 일 년 동안 외국에 나가 있게. 물린 상처가 나으려면 그 정도 시간은 걸릴 테

33 Kriton. Kritoboulos.

34 오볼로스(obolos)는 고대 그리스의 화폐단위이다.
당시 그리스의 화폐단위는 다음과 같다.

탈란톤(talanton)	므나(mna)	드라크메(drachme)	오볼로스(obolos)
1	60	6,000	36,000
	1	100	600
		1	6

35 Eros. 사랑의 신.

니까."

(14) 그래서 소크라테스는 성적 매력에 넘어가지 않는 사람도 몸이 절박하게 원하지 않는 한 혼이 성관계를 용납하지 않을 사람이나 몸이 요구하더라도 혼을 혼란에 빠뜨리지 않을 사람하고만 성관계를 맺어야 한다고 생각했다. 하지만 이런 문제와 관련해 그 자신은 다른 사람들이 가장 못생기고 가장 매력 없는 사람을 피할 수 있는 것보다 더 쉽게 가장 잘생기고 가장 매력 있는 사람을 피할 수 있었다.

(15) 소크라테스는 먹을거리와 마실 거리와 육욕에 관해 그런 견해를 견지했다. 그래서 그는 적당한 정도의 즐거움을 추구하면 그런 것들에 정력을 쏟는 사람에 비해 만족은 더 크고 괴로움은 훨씬 적을 거라고 생각했다.

제 4 장

(1) 몇몇 사람이 소크라테스에 관해 쓰거나 말한 것을 근거로, 소크라테스가 사람들에게 미덕에 이르는 길을 제시하는 데는 탁월했지만 미덕으로 인도하는 능력은 별로였다고 생각하는 사람이 있을 수도 있겠다. 나는 소크라테스가 자칭 만물박사들[36]에게 캐묻고 논박한 방법뿐 아니라 그가 온종일 친한 친구들과 담론했던 방법들을 검토한 뒤 제자들을 더 훌륭한 사람으로 만들 능력이 그에게 있었는지 여부를 판단하라고 권하고 싶다.

(2) 먼저 나는 소크라테스가 언젠가 '난쟁이'라는 별명을 가진 아리스토데모스[37]와 종교에 관해 대담하는 것을 들은 적이 있는데 이를 여기에 옮겨볼까 한다. 이 사람이 신들에게 제물을 바치거나 기도하거나 신탁에 물어보지도 않을뿐더러 그러는 사람들을 비웃는다는 것을 알고 소크라테스가 말했다. "말해보게, 아리스토데모스. 자네는 어떤 사람들을 지혜롭다고 찬탄한 적이 있는가?"

36 소피스트(sophistes)들.

37 Aristodemos. 플라톤, 『향연』(*Symposion*) 173b 참조.

"네, 있습니다." 하고 아리스토데모스가 말했다.

(3) 그러자 소크라테스가 말했다. "그들의 이름을 말해줄 수 있겠나."

"제가 가장 찬탄한 사람은 서사시에서는 호메로스이고, 디튀람보스[38]에서는 멜라닙피데스이고, 비극에서는 소포클레스이고, 조각에서는 폴뤼클레이토스이고, 그림에서는 제욱시스입니다."[39]

(4) "자네가 보기에 어느 쪽이 더 찬탄받아 마땅한가? 생각이 없고 움직이지 않는 모상(模相)을 만들어내는 사람인가, 아니면 생각이 있고 움직이는 생명체를 만들어내는 사람인가?"

"그야 물론 생명체를 만들어내는 사람이지요. 그런 생명체가 우연히 만들어지지 않고 계획적으로 만들어졌다면 말입니다."

"무엇 때문에 존재하는지 모호한 것과 용도가 확실한 것 중에 자네는 어느 쪽이 우연의 산물이고 어느 쪽이 계획의 산물이라고 판단하는가?"

"그야 물론 쓸모가 있는 것이 계획의 산물이겠지요."

(5) "그렇다면 자네는 처음에 인간을 창조한 이가 여러 감각기관을 유용하게 이용하라는 의도에서 우리에게 그것을 주었다고 생각하지 않는가? 말하자면 눈은 보이는 것을 보라고, 귀는 들리는 것을 들으라고 준 것이 아닐까? 또한 우리에게 코가 없다면 냄새가 난들 무슨 소용 있겠는가? 또한 맛을 감별할 혀가 입안에 없다면 단맛과 쓴맛과 그 밖의 모든 맛을 어떻게 느끼겠는가?

(6) 그 밖의 다른 것도 선견지명의 산물이라고 생각하지 않는가? 예를 들어 안구(眼球)는 약하기 때문에 눈꺼풀 안쪽에 있고, 눈꺼풀은

무엇을 볼 필요가 있으면 문처럼 열리고 우리가 잠자는 동안에는 닫혀 있지. 눈꺼풀에는 바람에 피해를 입지 않도록 속눈썹이 심어져 있고, 머리에서 땀방울이 굴러 떨어져 눈을 해롭게 하지 말라고 눈 위에는 이마가 차양처럼 튀어나와 있지. 귀는 모든 소리를 다 잡지만 소리로 막히는 법이 없네. 또한 모든 동물의 앞니는 먹을 것을 자르기에 적합하고 어금니는 앞니로부터 받은 것을 가는 데 적합하네. 동물들이 원하는 음식을 삼키는 입은 눈과 코 가까이 자리잡고 있지만, 배설물은 불쾌하기 때문에 그 통로는 딴 곳으로 돌려져 감각기관에서 되도록 멀리 떨어져 있지. 자네는 선견지명에 따르는 이런 조치들이 우연의 산물인지 아니면 계획의 산물인지 정말로 헷갈리는가?"

(7) "아닙니다." 하고 아리스토데모스가 말했다. "그런 시각에서 보니 그런 것들은 생명체를 사랑하는 현명한 장인(匠人)의 작품처럼 여겨집니다."

"그분이 생식 본능을 심어준 것은 어떤가? 어미에게는 새끼를 낳아 기르겠다는 본능을, 새끼에게는 더없이 강력한 생명 의지와 죽음에 대한 극심한 두려움을 심어준 것 말일세."

"그런 것들도 분명 생명체가 존속하도록 기획한 분의 작품인 것

38 dithyrambos. 주신(酒神) 디오뉘소스에게 바치는 합창서정시.

39 소크라테스와 동시대인인 멜라닙피데스(Melanippides)는 멜로스(Melos)섬 출신의 서정시인이고, 기원전 5세기에 활동한 소포클레스(Sophokles)는 아테나이의 유명 비극 시인이다. 기원전 5세기 말에 활동한 폴뤼클레이토스(Polykleitos)는 아르고스(Argos) 출신의 조각가이며, 역시 기원전 5세기 말에 활동한 제욱시스(Zeuxis)는 남이탈리아 헤라클레이아(Herakleia) 시 출신의 화가이다.

같습니다."

(8) "자네는 자신에게 지혜가 좀 있다고 생각하는가?"

"선생님 물음에 제가 대답하는 것을 듣고 판단하십시오."

"자네는 지혜를 다른 곳에서는 어디에서도 발견하지 못할 거라고 생각하는가? 자네도 알다시피 자네 몸을 구성하는 것은 엄청나게 많은 흙의 적은 일부분일 뿐이고, 엄청나게 많은 물의 적은 일부분일 뿐이지. 그것 말고도 자네의 몸을 구성하는 것은 전체에 비하면 저마다 미량에 불과한단 말일세. 하물며 다른 곳에는 어디에서도 볼 수 없는 지성[40]을 자네만이 운 좋게도 붙잡았다고 생각하는가? 엄청나게 크고 무한히 많은 이 요소들은 모두 자네가 생각하듯 어떤 비지성(非知性)에 의해 이렇게 질서정연한데 말일세."

(9) "그렇습니다. 세상 만물을 만든 장인은 눈에 보이는데 세상 만물의 주인은 보이지 않기 때문입니다."

"자네의 몸을 지배하는 자네 자신의 혼도 안 보이기는 마찬가지일세. 그런 논리대로라면 자네가 계획에 따라 행하는 것은 아무것도 없고 자네는 모든 것을 우연에 따라 행한다고 말할 수 있네."

(10) 그러자 아리스토데모스가 말했다. "소크라테스 선생님, 저는 결코 신적 존재를 무시하는 것이 아니라, 신적 존재는 너무나 위대하여 제가 봉사할 필요가 없다고 생각합니다."

그러자 소크라테스가 말했다. "자네를 배려하는 것이 가치 있는 일이라고 여기는 신적 존재가 위대할수록 자네는 그만큼 더 그분을 존중해야 할 걸세."

(11) "잘 알아두십시오." 하고 아리스토데모스가 말했다. "신들

이 조금이라도 인간을 염려한다고 생각되면 저는 신들을 소홀히 대하지 않을 것입니다."

"그렇다면 자네는 신들이 인간을 염려하지 않는다고 생각하는가? 첫째, 인간은 신들이 똑바로 서게 해준 유일한 생명체라네. 이런 직립 자세는 인간이 더 멀리 앞을 보고, 위에 있는 것들을 더 잘 보고, 위해(危害)에 덜 노출되게 해주었네. 둘째, 신들은 다른 뭍살이 동물에게는 발을 주어 이동할 수 있게만 해주었지만, 인간에게는 손을 주어 다른 생명체보다 우리를 더 행복하게 만드는 거의 모든 것을 조달하게 해주었네.

(12) 또한 모든 동물에게 혀가 있지만 인간의 혀만이 그때그때 입 안의 다른 부위와 접촉하게 함으로써 분절(分節)된 음을 내어 원하기만 하면 무엇이든 의사소통할 수 있게 해주었네. 또 한 가지, 신들은 다른 동물에게는 연중 제한된 기간에만 성적 쾌락을 허락했지만, 우리에게는 노년에 이를 때까지 계속해서 성적 쾌락을 즐기게 해주었네.

(13) 어디 그뿐인가. 신은 몸을 돌보는 것으로 만족하지 않고—이것이 가장 중요하네—사람 안에 더없이 강력한 혼도 심어주었네. 그도 그럴 것이 첫째, 어떤 동물의 혼이 더없이 거대하고 아름다운 우주를 정리정돈하는 신들이 존재함을 지각하며, 인간 말고 다른 어떤 부류의 생명체가 신들을 섬기는가? 굶주림과 목마름, 추위와 더위에 대비하거나, 병을 고치고 건강을 증진하거나, 애써 지식을 습득하고 듣고

보고 배운 모든 것을 정확히 기억하는 데 어떤 혼이 인간의 혼보다 더 적합한가?

(14) 자네가 보기에도 인간이야말로 탁월한 몸과 혼을 타고난 덕분에 다른 동물에 비해 신처럼 산다는 것이 너무나 명백하지 않은가? 사람의 판단력에 소의 몸을 갖고 있다면 우리는 원하는 바를 행할 수 없을 테고, 손이 있어도 분별력이 없다면 덕이 될 게 없으니까. 자네는 더없이 값진 이 두 가지 선물을 다 받고도 신들이 자네를 보살피지 않는다고 생각하고 있는가? 신들이 대체 어떻게 해주어야 신들이 자네를 염려한다고 믿을 텐가?"

(15) "신들이 선생님께 보낸다는 조언자들을 제게도 보내 무엇은 하고 무엇은 하지 말라고 일러준다면 그렇게 믿겠습니다."

"아테나이인들이 점을 치며 묻고 신들이 이에 대답하면 자네는 신들이 자네에게도 대답하는 거라고 생각되지 않는가? 또는 신들이 전조를 보내 헬라스[41] 인들이나 온 인류에게 경고할 때 유독 자네만을 신들이 예외적으로 돌보지 않으려 할까?

(16) 또는 신들은 사실 그럴 능력이 없는데도 인간을 이롭게도 하고 해롭게도 한다는 믿음을 인류에게 심어주었는데, 인류는 그토록 오랫동안 그것이 기만이라는 걸 알아차리지 못한다고 생각하는가? 자네는 도시와 민족 같은 인간의 가장 오래되고 가장 지혜로운 제도가 무엇보다도 신을 두려워하고, 인생의 가장 사려 깊은 시기가 무엇보다도 신들을 배려한다는 것을 보지 못하는가?"

(17) "여보게!" 하고 소크라테스가 말을 이었다. "자네 안의 지성이 자네 몸을 마음대로 조종한다는 것을 명심해두게. 또한 우주 안의

지혜가 우주를 제 뜻대로 처리한다고 생각해야 하네. 자네 눈은 여러 스타디온[42]을 볼 수 있는데 신의 눈은 일시에 모든 것을 볼 수 없다거나, 자네 혼은 이곳 일도 아이귑토스 일도 시켈리아[43] 일도 염려할 수 있는데 신의 지혜는 만물을 동시에 염려할 수 없다고 생각해서는 안 되겠지.

(18) 인간에게 봉사해보아야 그 보답으로 봉사하려는 자를 찾을 수 있고, 은혜를 베풀어보아야 은혜를 갚으려는 자를 알 수 있으며, 조언을 구해보아야 지혜로운 자를 발견할 수 있듯이, 신들도 우리가 봉사해보아야 인간으로서는 알 수 없는 일에 관해 자네에게 조언해주려는지 알 수 있다네. 그러면 자네는 신적 존재가 한없이 위대하고 전능하여 만물을 동시에 보고 동시에 들으며, 어디에나 존재하고 만물을 동시에 돌본다는 것을 알게 될 걸세."

(19) 내가 보기에 소크라테스가 그렇게 말한 것은 사람들이 보는 앞에서건 사석에서건 제자들이 불경한 행위와 불의한 행위와 수치스러운 행위를 멀리하도록 가르치기 위해서인 것 같았다. 제자들이 자신들의 어떤 행위도 신들이 모를 리 없다고 믿게 되었기 때문이다.

41 Hellas. 그리스의 그리스어 이름.

42 1스타디온(stadion)은 올륌피아 지방에서는 192미터이고, 앗티케 지방에서는 177미터이다.

43 아이귑토스(Aigyptos)는 이집트의 그리스어 이름이고, 시켈리아(Sikelia)는 시칠리아의 그리스어 이름이다.

제 5 장

(1) 자제력 또한 남자에게 고매하고 훌륭한 자산이니, 소크라테스가 다음과 같은 훈계를 통해 어떻게 사람들을 자제 쪽으로 이끌었는지 살펴보기로 하자.

"여러분, 전쟁이 일어나 우리가 자신을 구하고 적군을 제압하는 데 가장 도움이 될 만한 지도자를 뽑으려 한다고 가정해볼까요. 그럴 때 우리는 식욕이나 음주나 색욕이나 힘든 일이나 잠을 이기지 못할 것 같은 사람을 뽑을까요? 그런 사람이 우리를 구하거나 적군을 제압하기를 어떻게 기대할 수 있을까요?

(2) 또한 임종을 앞두고 아들들을 교육하는 일이나 시집 안 간 딸들을 보호하는 일이나 우리 재산을 지키는 일을 누군가에게 맡기려 할 때 우리는 자제력 없는 사람에게 이런 일을 믿고 맡겨도 된다고 생각할까요? 우리는 자제력 없는 노예에게 가축이나 창고나 작업 감독을 맡길까요? 그런 사람은 누가 그냥 데려가라고 해도 하인이나 식료품을 사러 보내는 자로도 받아들이려 하지 않을 겁니다. 그렇지 않을까요?

(3) 자제력 없는 자를 노예로도 받아들이지 않는다면, 주인은 자신이 그런 사람이 되지 않도록 조심해야 하지 않을까요? 욕심쟁이는 남의 돈을 빼앗음으로써 부자가 되는 것처럼 보이지만, 자제력 없는 자는

남에게 해를 끼쳐도 거기서 덕을 보지 못하니 말입니다. 천만에. 그런 사람은 남에게 해를 끼치지만 자신에게는 더 많은 해를 끼칩니다. 자기 집뿐 아니라 자기 몸과 혼을 망치는 것도 가장 큰 해악이라면 말입니다.

(4) 사실 친구보다는 맛있는 음식과 술을 더 좋아하고 동료보다는 창녀를 더 사랑한다 싶으면 누가 그런 사람과 사귀고 싶어할까요? 모든 사람이 자제력을 미덕의 주춧돌로 여기고 먼저 이 주춧돌이 혼 안에 튼튼하게 자리잡게 해야 하지 않을까요?

(5) 그도 그럴 것이 그런 것이 없다면 좋은 것을 제대로 배우고 실행할 사람이 있을까요? 또한 누가 쾌락의 노예가 된다면 몸도 혼도 망가지지 않을까요? 단언컨대 모든 자유민은 그런 노예를 만나지 않게 해달라고 기도하고, 쾌락의 노예가 된 사람은 누구나 좋은 주인을 만나게 해달라고 신들에게 기도해야 합니다. 그것이 그런 사람이 구원받을 유일한 방법이니까."

(6) 소크라테스는 그렇게 말했지만, 자신이 자제력 있는 사람임을 말보다는 행동으로 더 분명하게 보여주었다. 그는 몸을 통한 쾌락뿐 아니라 돈이 가져다주는 쾌락도 억제했으니까. 그는 아무에게서나 돈을 받는 사람은 자기 위에 주인을 앉히고 자신은 가장 수치스러운 종살이를 한다고 믿었다.

제 6 장

(1) 소크라테스가 소피스트 안티폰[44]과 나눈 대화도 빠뜨리지 않는 게 좋을 것 같다. 언젠가 안티폰이 소크라테스에게서 제자들을 빼가려고 그들이 보는 앞에서 그분에게 접근해 이렇게 말했다.

(2) "소크라테스 선생, 사람들은 철학을 공부함으로써 더 행복해져야 한다는 것이 내 지론입니다. 하지만 내가 보기에 그대가 철학에서 거둬들인 것은 그와 정반대인 것 같습니다. 아무튼 그대는 노예라도 견디지 못하고 주인한테서 도망치게 만들 그런 삶을 살고 있습니다. 그대가 먹고 마시는 것은 더없이 거칠고, 그대가 입고 다니는 겉옷은 보잘것없을뿐더러 여름이나 겨울이나 변함이 없습니다. 또한 그대는 신발도 신지 않고 속옷도 입지 않습니다.

(3) 그 밖에도 그대는 돈을 받지 않지요. 돈이란 벌면 즐겁고, 갖고 있으면 자유롭고 편안하게 살 수 있는데도 말입니다. 그러니 그대가 다른 직업을 가르치는 교사들처럼 제자들이 자신을 본받게 한다면, 그대는 자신이 불행을 가르치는 교사라고 생각해야 할 겁니다."

(4) 소크라테스가 대답했다. "안티폰, 보아하니 그대는 내가 비참한 삶을 살고 있어, 이렇게 살 바엔 차라리 죽음을 택할 거라고 여기는 것 같구려. 그렇다면 자, 내 삶의 어떤 점을 그대가 힘들다고 생각했는

지 함께 살펴보기로 합시다.

(5) 돈을 받는 사람은 돈을 준 사람을 위해 일하지 않을 수 없지만, 나는 돈을 받지 않으니 내 의사에 반해 누구와 대화하지 않아도 되지 않을까요? 또한 내가 먹는 것을 그대가 거칠다고 말하는 것은 내가 먹는 것이 그대가 먹는 것보다 건강에 덜 좋아서인가요, 아니면 몸에 자양분을 덜 공급하기 때문인가요? 아니면 내가 먹는 것이 그대가 먹는 것보다 구하기 더 어렵고 비용이 더 많이 들기 때문인가요? 아니면 내가 구하는 것이 내 구미에 맞기보다 그대가 구하는 것이 그대의 구미에 더 맞기 때문인가요? 그대는 음식맛이 당길수록 양념이 덜 필요하고, 술맛이 당길수록 눈앞에 없는 술은 찾고 싶어지지 않는다는 것도 모르시오?

(6) 겉옷을 바꿔 입는 것은 그대도 알다시피 더위와 추위 때문이며, 신발을 신는 것은 발을 다쳐 걷는 데 지장이 생기는 것을 막자는 것이오. 그런데 그대는 내가 추위 때문에 남보다 더 집안에만 머물거나, 더워서 그늘진 곳을 차지하려고 누구와 다투거나, 발을 다쳐 아무데고 내가 가고 싶은 곳으로 가지 못하는 것을 본 적이 있나요?

(7) 그대는 가장 허약한 몸을 타고난 사람도 목표를 세우고 단련하면 단련을 게을리하는 가장 강한 운동선수보다 목표를 더 잘 달성하고 단련을 더 잘 견뎌낸다는 것을 모르시오? 내가 단련하지 않는 그대

44 Antiphon. 이 이름을 가진 사람이 여럿이라 여기서 정확히 누구를 가리키는 지 알 수 없다. 하지만 기원전 411년 과두제 정부에 참여했다가 곧이어 처형된 앗티케 지방 람누스(Rhamnous) 구역 출신의 정치가이자 연설가를 가리키는 것으로 보는 이들도 있다.

보다 모든 것을 더 잘 견뎌내는 것은 내 몸에 일어나는 일을 견뎌내려고 내가 항상 단련하기 때문이라고 생각하지 않나요?

(8) 식욕과 졸음과 색욕을 피하려면, 거기에 몰입할 때뿐 아니라 언제나 유익하리라는 희망을 주기에 우리를 즐겁게 해주는 더 큰 다른 즐거움을 갖는 것보다 더 효과적인 방법이 있다고 생각하시오? 아무튼 잘 알아두시구려. 어떤 일도 성공적으로 해낼 수 없다고 생각하는 사람은 불행하지만, 농사나 항해나 그 밖의 다른 직업에서 자신이 성공했다고 생각하는 사람은 행복하다오.

(9) 그대는 이 모든 것이 주는 즐거움이 '나는 자신도 더 훌륭해지고, 내 친구들도 더 훌륭하게 만든다'는 생각이 주는 즐거움만큼 크다고 생각하시오? 어쨌거나 이것이 내 지론이오.

게다가 친구나 국가에 도움이 필요할 때 그에 부응할 여가가 누구에게 더 많을까요? 나처럼 사는 사람일까요, 행복한 삶을 산다고 그대가 말하는 그런 사람일까요? 누가 더 쉽게 전투에 참가할 수 있을까요? 값비싼 음식 없이는 못 사는 사람일까요, 그때그때 구할 수 있는 음식으로 만족하는 사람일까요? 포위공격당하면 누가 더 빨리 항복할까요? 구하기 아주 어려운 것을 원하는 사람일까요, 무엇이든 쉽게 구하는 것으로 만족하는 사람일까요?

(10) 안티폰, 그대는 혹시 행복은 사치와 낭비에 있다고 생각하나요? 하지만 나는 아무것도 필요로 하지 않는 것이 신적인 것이고 되도록 적게 필요로 하는 것이 신적인 것에 가장 가까우며, 신적인 것이 최선이고 신적인 것에 가장 가까운 것이 차선이라고 생각하오."

(11) 안티폰은 또 소크라테스와의 다른 대화에서 이렇게 말했다.

"소크라테스 선생, 내가 보기에 그대는 올바른 사람이기는 하지만 현명한 사람은 결코 아닙니다. 이 점은 그대 자신도 알고 있는 것 같은데, 아무튼 그대는 누구한테도 수업료를 받지 않습니다. 하지만 외투나 집이나 그 밖의 다른 소유물이 가치 있는 거라고 생각한다면 그대는 아무에게나 거저 주지는 않을뿐더러 제값을 받지 않고는 내주지도 않겠지요.

(12) 따라서 그대와 교제하는 것을 가치 있는 일이라고 생각한다면 그대는 분명 그에 대해서도 제값을 받으려 할 것입니다. 그대는 욕심이 나서 남을 속이지 않으니 올바른 사람일 수는 있어도, 값 있는 것을 알지 못하니 현명한 사람이라 할 수는 없습니다."

(13) 그러자 소크라테스가 대답했다. "안티폰, 우리 사회의 여론은 젊음과 지혜를 남에게 훌륭하게도 줄 수 있고 추하게도 줄 수 있다는 거요. 자신의 젊음을 아무에게나 돈을 받고 파는 사람은 매춘남이라 불리지만, 자신이 진실로 훌륭한 사람이라고 여기는 사람을 연인[45]으로 삼는 사람이 있으면 그를 훌륭하다고 여기니 말이오. 지혜도 마찬가지라오. [매춘남처럼] 아무에게나 돈을 받고 지혜를 파는 사람은 소피스트라고 불리지만, 훌륭한 자질을 타고났다고 판단되는 사람에게 자신이 가진 좋은 것을 가르침으로써 친구로 삼는 것은 시민과 진실로 훌륭한 사람으로서 해야 할 본분을 다하는 거라고 여기니까요.

(14) 안티폰, 그래서 사람들이 좋은 말이나 개나 새를 좋아하듯

45 erastes. 남자끼리의 동성애에서 주도적인 역할을 하는 연상의 남자.

이, 나는 좋은 친구들을 좋아합니다. 아니, 나는 그들이 좋아하는 것보다 더 좋아합니다. 그래서 나는 좋은 것을 가르칠 수 있으면 무엇이든 친구들에게 가르치고, 그들의 미덕을 증진해줄 사람들에게 그들을 소개한답니다. 그리고 선현(先賢)들이 자신들의 생각을 기록으로 남긴 보물 같은 두루마리를 펼치고 친구들과 함께 통독한다오. 그러다가 좋은 구절을 발견하면 발췌하며, 우리가 서로 도움을 주는 것을 큰 이득이라고 생각하지요."

소크라테스가 그렇게 말하는 것을 들었을 때, 나는 그가 스스로는 행복하고 청중은 진실로 훌륭한 사람이 되게 한다고 판단했다.

(15) 한번은 또 안티폰이 소크라테스에게 어째서 자신은 정치를 하지 않으면서 다른 이는 정치가로 만들 수 있다고 생각하는지 물었다. 만약 그가 정말로 그럴 수 있다면 말이다.

그러자 소크라테스가 대답했다. "안티폰, 어떤 때 내가 정치를 더 많이 할까요? 나만 혼자 정치를 할 때일까요? 아니면 유능한 정치가를 되도록 많이 배출하려고 노력할 때일까요?"

제 7 장

(1) 이번에는 소크라테스가 허세를 부리지 못하게 함으로써 어떻게 제자들이 미덕을 함양하도록 격려했는지 살펴보기로 하자. 소크라테스는 명성을 얻는 최선의 방법은 자신이 명성을 얻고자 하는 그 일에 유능해지는 것이라고 늘 말하곤 하니 말이다. 그는 자기 말이 진리임을 다음과 같이 증명했다.

(2) 소크라테스는 이렇게 말했다. "엉터리 피리 주자가 훌륭한 피리 주자로 보이고 싶다면 어떻게 해야 하는지 생각해볼까. 그는 훌륭한 피리 주자를 기술 외적 부분에서 흉내내야 하지 않을까? 첫째, 훌륭한 피리 주자는 훌륭한 장비를 갖고 다니고 수많은 수행원을 데리고 다니니 그도 그렇게 해야 하겠지. 둘째, 훌륭한 피리 주자는 청중의 박수갈채를 받으니 그도 박수부대를 데리고 다녀야겠지. 하지만 연주는 절대로 해서는 안 되겠지. 연주를 하면 엉터리 피리 주자에 사기꾼임이 당장 들통나 웃음거리가 될 테니까. 그러니 많은 비용을 들여도 아무것도 얻는 게 없고 게다가 평판마저 나빠진다면 그는 분명 고생스럽고 실속 없고 우스운 삶을 사는 것이 아닐까?

(3) 마찬가지로 훌륭한 장군이나 선장도 아닌 사람이 그렇게 보이기를 원한다면 어떤 일을 당할지 생각해보세. 이런 일에 유능해

보이려고 노력해도 사람들을 설득하지 못한다면, 설득에 실패하는 것도 괴롭겠지만 설득에 성공하는 것은 오히려 더 큰 재앙이지 않을까? 왜냐하면 그 분야에 아무 지식이 없으면서 선장이나 장군으로 임명된 자는 자신이 조금도 망하게 하고 싶지 않은 사람들을 망하게 하고 분명히 스스로도 치욕과 불명예를 떠안을 테니 말일세."

(4) 소크라테스는 또 사실은 그렇지 않은데도 부유하거나 용감하거나 강하다고 여겨지는 것도 유익하지 않음을 보여주었다. 그는 이렇게 말했다. "그런 사람은 능력 이상의 일을 맡은 것이며, 비록 겉으로는 능력이 있어 보여도 맡은 일을 해내지 못하면 용서받지 못할 걸세.

(5) 남을 설득하여 돈이나 재물을 사취(詐取)하는 것도 가볍지 않은 기만이지만, 아무 쓸모없는 자가 자기는 국가를 이끌 적임자라고 속이는 것이야말로 가장 중대한 기만일세."

생각건대 소크라테스는 그런 대화를 통해 제자들이 허풍쟁이가 되지 않게 한 것 같다.

제 2 권

제 1 장

(1) 생각건대 소크라테스는 다음과 같은 대화로도 먹고 마시고 싶은 욕구와 성욕, 졸음, 추위, 더위, 노고와 관련해 자제력을 키우도록 제자들을 격려한 것 같다. 제자 중 한 명이 그런 일들에 무절제한 것을 보고 소크라테스는 이렇게 말했다. "아리스팁포스,[1] 말해보게. 만약 자네가 젊은이 두 명을 맡았네. 한 명은 통치하기에 적합하도록 교육하고 다른 한 명은 그런 야심조차 품지 않도록 교육해달라는 요청을 받았다면, 자네는 이들을 어떻게 교육할 텐가? 자네는 우리가 기본적인 것에서 출발하여 먹는 것부터 살펴보기를 원하는가?"

그러자 아리스팁포스가 대답했다. "아닌 게 아니라 먹는 것이 기본인 것 같습니다. 먹지 않고는 아무도 살 수 없을 테니까요."

(2) "그렇다면 때가 되면 두 젊은이는 당연히 식욕이 생기지 않을까?"

"당연하지요." 하고 아리스팁포스가 대답했다.

"그렇다면 우리는 둘 중 어느 쪽을 허기를 채우기 전에 급한 일부터 해치우는 습관이 들도록 훈련시켜야 할까?"

아리스팁포스가 대답했다. "그야 당연히 통치를 위해 교육받는 쪽이겠지요. 그렇지 않으면 그의 임기 동안에는 나랏일이 등한시될 테니까요."

소크라테스가 말했다. "또한 두 사람 모두 마시고 싶을 때는 갈증에 저항하는 능력이 같은 쪽에 주어져야 하지 않을까?"

"전적으로 동의합니다." 하고 아리스팁포스가 대답했다.

(3) "늦게 자고 일찍 일어나고 필요하다면 밤을 새울 수 있도록 우리는 잠과 관련해 어느 쪽에 자제력을 부여해야 할까?"

"이 역시 같은 쪽에 부여해야 합니다." 하고 아리스팁포스가 대답했다.

그러자 소크라테스가 물었다. "필요하다면 조치를 취하는 데 방해받지 않도록 성욕을 억제하는 능력은 어떤가?"

"이 역시 같은 쪽에 부여해야 합니다."

"힘든 일을 기피하지 않고 자진해 견뎌내는 습관은 어떤가? 우리는 이런 자질을 어느 쪽에 부여해야 하는가?"

"이 역시 통치를 위해 교육받는 쪽에 부여해야 합니다."

"적을 제압하는 데 필요한 지식은 어떤가? 그런 능력은 어느 쪽에 주는 게 더 적절할까?"

그러자 아리스팁포스가 대답했다. "그야 물론 통치를 위해 교육받는 쪽에 주는 게 훨씬 더 적절하겠지요. 그런 지식 없이는 다른 것은

1 Aristippos. 북아프리카의 그리스 식민시 퀴레네(Kyrene) 출신 철학자로 아테나이로 건너가 소크라테스의 제자가 되었다. 쾌락을 인생의 최고선으로 여기는 이른바 퀴레네학파를 창설한 사람이 그 자신인지 아니면 그와 이름이 같은 손자인지는 확실하지 않다.

배워도 쓸모없을 테니까요."

(4) "자네는 그렇게 교육받은 사람은 다른 동물보다 적에게 잡힐 가능성이 적다고 생각하지 않는가? 그중 어떤 것들은 극히 소심한데도 식욕 때문에 어쩔 수 없이 미끼에 꾀여 잡히는가 하면, 다른 것들은 마실 거리 때문에 덫에 치인다네."

"전적으로 동의합니다."

"다른 것들은 또 욕정 때문에 덫에 치이지 않는가? 예를 들어 메추라기와 자고는 암컷이 우는 소리를 들으면 성욕을 충족시켜줄 교미를 기대하며 위험하다는 것을 깜박 잊고 그물 안으로 뛰어든다네. 그렇지 않는가?"

(5) 이 말에도 아리스팁포스가 동의했다.

"인간이 더없이 어리석은 동물들과 같은 꼴을 당하는 것은 수치스럽다고 생각하지 않는가? 이를테면 간통하는 남자는 간통을 하면 법이 위협하는 처벌을 받고 일단 덫에 치여 잡히면 몰매를 맞을 줄 알면서도 여자의 방으로 들어간다네. 간통하는 남자는 그토록 큰 불행과 치욕에 위협당하며, 위험을 무릅쓰지 않고도 성욕에서 벗어날 수단이 많음에도 곧장 위험 속으로 뛰어든다는 것은 완전히 미친 짓이 아닌가?"

"아무튼 제가 보기에는 미친 짓인 것 같습니다." 하고 아리스팁포스가 대답했다.

(6) "그렇다면 전쟁이나 농사나 그 밖의 다른 중요한 일들처럼 인간의 기본 활동이 대부분 야외에서 행해지는데도 대부분의 사람이 추위와 더위를 견디는 훈련을 하지 않는 것은 심한 태만이라고 생각하지

않는가?"

이 말에도 아리스팁포스는 동의했다.

"그러면 통치하려는 사람은 그런 것도 쉽게 참고 견디도록 자신을 훈련해야 한다고 생각하지 않는가?"

"전적으로 동의합니다." 하고 아리스팁포스가 대답했다.

(7) "따라서 우리가 이런 모든 일에 자제할 줄 아는 자를 통치에 적합한 자로 분류한다면 그럴 수 없는 자는 통치할 자격이 없는 자로 분류해야 하지 않을까?"

이 말에도 아리스팁포스는 동의했다.

"그러면 어떤가? 이제 자네는 인간을 어떻게 두 부류로 분류해야 하는지 알았으니 그중 어느 부류에 자신을 배정해야 한다고 생각해본 적이 있는가?"

(8) 그러자 아리스팁포스가 대답했다. "있지요. 저는 통치하기를 원하는 자들의 부류에 결코 끼지 않을 것입니다. 자신의 필요를 충족시키는 일도 버거운데 거기에 더하여 동료 시민의 필요를 충족시키는 일까지 떠맡는 것은 제가 보기에 완전히 미친 짓이니까요. 자신이 원하는 많은 것을 단념하면서도 공동체가 원하는 것을 다 해주지 못해 국가의 수장으로서 문책까지 당하는 것은 어리석음의 극치가 아니고 무엇이겠습니까?

(9) 국가는 마치 제가 제 하인들을 다루듯 통치자를 대합니다. 하인들이 내게 필요한 것을 넉넉하게 대주되 자신들은 그것에 손대지 않는 것이 제 바람이라면, 통치자들은 좋은 것을 되도록 많이 대주되 자신들은 그것에 손대지 않아야 한다는 것이 국가의 생각이니까요. 그러

니 자신과 남에게 큰 노고를 지우고 싶어하는 사람이 있다면 저는 그를 방금 말씀하신 대로 교육하여 통치하기에 적합한 자들에 포함시킬 것입니다. 하지만 저 자신은 되도록 편안하고 즐겁게 살고 싶어하는 자로 분류하겠습니다."

(10) 그러자 소크라테스가 물었다. "그러면 자네는 통치자의 삶과 피치자의 삶 가운데 어느 쪽이 더 편안한지 살펴보고 싶은가?"

"물론입니다." 하고 아리스팁포스가 대답했다.

"먼저 우리가 아는 민족부터 살펴본다면, 아시아에서는 페르시아인들이 통치자이고, 쉬리아인들과 프뤼기아인들과 뤼디아[2]인들이 피치자일세. 에우로페[3]에서는 스퀴타이족[4]이 통치자이고 마이오타이족[5]이 피치자이며, 리뷔에[6]에서는 카르케돈[7]인들이 통치자이고 리뷔에인들이 피치자일세. 이 부류 가운데 자네는 어느 쪽이 더 즐거운 삶을 산다고 생각하는가? 또는 자네도 그중 한 명인 헬라스인들 중에서는 어느 쪽이 더 즐거운 삶을 산다고 생각하는가? 정복자인가, 아니면 피정복자인가?"

(11) 그러자 아리스팁포스가 대답했다. "저는 노예가 되고 싶지는 않습니다. 그러나 둘 사이에 중도 노선이 있다고 믿고 그 길을 갈 참입니다. 그 길은 지배도 예속도 경유하지 않고 자유를 경유하는데, 자유야말로 행복에 이르는 가장 확실한 길이지요."

(12) 다시 소크라테스가 말했다. "지배와 예속을 피한다는 자네의 그 길이 인간 세상도 피해 간다면 자네 말에 일리가 있겠지. 그러나 자네가 인간 세상에 살면서 지배하려고도, 지배받으려고도, 강자에게 기꺼이 복종하려고도 하지 않는다면, 자네는 아마도 강자가 약자를 집

단적으로도 개인적으로도 울게 만들고 노예처럼 다룰 줄 안다는 것을 보게 될 걸세.

(13) 아니면 자네는 약자가 파종한 곡식이나 심어놓은 나무를 강자가 베거나 넘어뜨리는 것도, 강자와 전쟁을 하는 것보다는 강자를 섬기는 편이 더 낫다는 확신을 심어줄 때까지 복종하기를 거부하는 약자를 강자가 온갖 방법으로 괴롭히는 것도 모르는가? 사생활에서도 용감하고 힘 있는 자가 비겁하고 허약한 자를 예속시키고 약탈하는 것을 모르겠는가?"

아리스팁포스가 대답했다. "하지만 저는 그런 일을 당하지 않으려고 국적에 얽매이지 않고, 모든 나라에서 외지인으로 살아간답니다."

(14) 그러자 소크라테스가 말했다. "거 참 묘수일세. 시니스와 스케이론과 프로크루스테스[8]가 죽은 뒤로 외지인에게 위해를 가한 자는

2 프뤼기아(Phrygia)는 소아시아의 북서부 지방이고, 뤼디아(Lydia)는 중서부 지방이다.

3 Europe. 유럽 대륙의 그리스어 이름.

4 Skythai. 흑해 북쪽 기슭과 남러시아에 살던 기마 유목민족.

5 Maiotai. 흑해 북동부 아조프(Azov)해 기슭에 살던 민족.

6 Libye. 북아프리카의 그리스어 이름.

7 Karchedon. 카르타고(Carthago)의 그리스어 이름.

8 이 셋은 잔학한 노상강도로 시니스(Sinis)는 코린토스의 지협(地峽)에 살면서 행인을 전나무 두 그루에 묶었다가 놓아버림으로써 찢겨 죽게 했고, 스케이론(Skeiron)은 행인에게 발을 씻기게 하다가 절벽 아래로 차서 죽였고, 프로크루스테스(Prokroustes)는 행인을 자기 침대에 묶어 침대보다 길면 잘라 죽이고 짧으면 늘려서 죽였다. 이들은 아버지를 찾아 아테나이로 가던 영웅 테세우스(Theseus)에게 똑같은 방법으로 살해된다.

아무도 없었으니까. 그러나 오늘날 시민으로서 자기 나라에 사는 사람들은 불의를 당하지 않으려고 법안을 통과시키고, 친족에 더해 친구를 조력자로 삼으며, 도시를 성채로 에워싸고, 해코지하는 자를 막기 위해 무기를 취득하며, 이에 더하여 다른 나라와 동맹을 맺으려 하네. 하지만 이 모든 사전 조처에도 불구하고 그들은 불의를 당한다네.

(15) 그런데 자네는 이런 이점이 하나도 없는 데다 사람들이 대부분의 불의를 당하는 길바닥에서 많은 시간을 보내네. 또한 자네는 어느 도시에 가든 그곳 시민 어느 누구보다 약자의 처지인지라 불의를 행하려는 자의 손쉬운 표적이 되네. 그런데도 자네는 외지인이기에 불의를 당하지 않는다고 생각하는가? 어째서 그토록 자신만만하지? 자네가 마음대로 출입해도 좋다고 도시들이 포고령을 내려 자네의 안전을 보장하기 때문인가? 아니면 자네를 노예로 붙잡아두는 것이 어느 주인에게도 이득이 되지 않을 거라고 믿기 때문인가? 하긴 일하기 싫어하고 사치스러운 생활을 좋아하는 인간을 어느 누가 자기집에 두고 싶겠는가?

(16) 주인이 그런 하인들을 어떻게 다룰지도 검토해보기로 하세. 주인은 굶김으로써 그들의 정욕을 징계하고, 곳간에 자물쇠를 채움으로써 훔치지 못하게 하고, 족쇄를 채움으로써 도주하지 못하게 하고, 채찍질을 함으로써 게으름을 부리지 못하게 하지 않을까? 아니면 자네 집에 그런 하인이 있는 줄 알면 자네는 어떻게 하는가?"

(17) 아리스팁포스가 대답했다. "저는 그들을 굴복시킬 때까지 온갖 방법으로 벌을 줍니다. 한데 소크라테스 선생님, 선생님은 왕도(王道)[9]를 교육받는 것을 행복이라고 여기시는 것 같은데, 그런 사람들이

마지못해 고생하는 자들과 무엇이 다릅니까? 그들도 허기와 갈증과 추위와 불면증과 그 밖에 온갖 괴로움을 자진해 견뎌야 한다면 말입니다. 제가 보기에 같은 살갗이 매질을 자진해 당하든 마지못해 당하든, 또는 한마디로 말해 같은 몸이 이런 온갖 고문을 자진해 당하든 마지못해 당하든 차이가 없는 것 같아요. 자진해 당하는 것은 바보짓이라는 것 말고는 말입니다."

(18) 소크라테스가 말했다. "뭐라고, 아리스팁포스? 자네는 그런 고통을 자진해 당하는 것과 마지못해 당하는 것에는 이런 차이가 있다는 것이 보이지 않는단 말인가? 자진해 허기나 갈증을 참고 견디는 사람은 원할 때 먹거나 마실 수 있으며 그 밖의 경우도 마찬가지이지만, 마지못해 그런 고통을 당하는 사람은 마음대로 고통을 끝낼 수 없단 말일세. 또한 자진해 고통을 참고 견디는 사람은 희망이 있다 싶으면 힘든 일이 즐겁다네. 예를 들어 사냥감을 잡을 것 같으면 사냥꾼은 힘든 일이 즐거운 법일세.

(19) 노고에 이런 종류로 보답하는 것은 큰 가치가 없다네. 하지만 훌륭한 친구를 얻거나, 적군을 굴복시키거나, 몸과 혼이 강건해져서 재산을 잘 관리하거나, 친구를 이롭게 하거나, 나라에 봉사하기 위해 노력하는 사람들은 어떤가? 그들은 틀림없이 그런 목적을 위해 노력하는 것이 즐겁고 사는 것이 재미나고 자신에게 만족하고 남에게 칭찬받

9 basilike techne. 여기서 '왕'이란 양떼를 돌보는 목자와 같은 이상적인 통치자를 말한다.

고 선망의 대상이 될 걸세.

(20) 또한 힘이 들지 않는 일과 일시적인 즐거움은 체육교사의 말처럼 몸이 좋은 상태에 이르게 할 수도 없고 혼 안에 이렇다 할 지식을 생산할 수도 없지만, 불굴의 노력은 훌륭한 분들의 말처럼 진실로 훌륭한 업적을 이루게 해줄 수 있다네. 그래서 헤시오도스는 이렇게 말한다네.

열등한 것들은 힘들이지 않고도 무더기로 얻을 수 있소.
길은 평탄하고, 그것이 아주 가까운 곳에 살기 때문이오.
하지만 뛰어난 것들 앞에는 불사신들께서 땀을 갖다 놓으셨소.
그리로 가는 길은 멀고 가파르며 처음에는 울퉁불퉁하기까지 하다오.
하지만 일단 정상에 도착하면
처음에는 비록 힘들었지만 나아가기가 수월하지요.[10]

에피카르모스[11]도 다음 시행에서 이를 증언하고 있네.

신들은 우리에게 베푼 모든 혜택의 대가로 노고를 요구한다네.[12]

다른 곳에서도 그는 이렇게 말하네.

사악한 자여, 부드러운 것을 바라지 마라.
딱딱한 것을 갖지 않으려면.[13]

(21) 현자 프로디코스[14]도 많은 청중 앞에서 낭독한 자신의 글 『헤라클레스에 관하여』[15]에서 미덕에 대해 같은 견해를 피력했는데, 그것은 내가 기억하기로는 이러했네. '헤라클레스는 소년에서 청년이 될 무렵, 그러니까 젊은이가 독립하여 미덕의 길로 인생에 다가갈지 아니면 악덕의 길로 다가갈지 보여줄 나이에 조용한 곳으로 나가 어느 길을 갈지 숙고하며 앉아 있었다.

(22) 그때 키 큰 여인 둘이 그에게 다가오는 것 같았다. 그중 한 명은 보기에 아름답고, 기품 있고, 살갗이 깨끗하고, 표정이 겸손하고, 자태가 얌전하며, 흰옷을 입고 있었다. 다른 여자는 풍만하고 부드럽다 싶을 만큼 포동포동하고, 안색은 실제보다 더 희고 분홍색이 감돌게 치장하고, 실제보다 더 키가 커 보이는 자세를 취하고, 눈을 크게 뜨고, 젊음과 매력을 돋보이게 하는 옷을 입고 있었다. 그녀는 자꾸 자기를 내

10 헤시오도스, 『일과 날』 287~292행.

11 Epicharmos. 기원전 6세기 말에서 5세기 초에 활동한 시칠리아 출신의 그리스 희극 작가.

12 에피카르모스, 단편 36(Diels/Kranz).

13 에피카르모스, 단편 36(Diels/Kranz).

14 Prodikos. 케오스(Keos) 섬 출신의 소피스트로 소크라테스와 동시대인이다.

15 *Peri Herakleous*. 헤라클레스(Herakles)는 제우스와 알크메네(Alkmene)의 아들로 수많은 업적을 남긴 그리스의 대표적인 영웅이다. 그의 업적 중에는 인류를 위협하던 괴물들을 퇴치한 이른바 '12고역'이 특히 유명하다.

려다보며 다른 사람이 자기에게 주목하는지 보려고 두리번거렸고 가끔은 자기 그림자를 힐끔 보았다.

(23) 둘이 헤라클레스에게 다가갔을 때 먼저 말한 여인은 같은 빠르기의 걸음걸이로 나아갔지만 다른 여인은 그녀를 앞지르려고 헤라클레스에게 달려가며 말했다. 〈헤라클레스, 보아하니 그대는 어느 길로 인생에 다가갈지 결단을 내리지 못하는 것 같네요. 그대가 나를 친구로 삼는다면 나는 그대를 가장 즐겁고 편안한 길로 인도할 것이며, 그대는 인생의 단맛은 남김없이 다 보고 인생의 어려움은 결코 경험하지 않을 거예요.

(24) 첫째, 그대는 전쟁이나 업무에는 신경쓰지 않고, 언제나 어떤 맛있는 먹을거리나 마실 거리를 찾아낼 수 있을까, 무얼 보거나 듣거나 냄새 맡거나 만져야 즐거울까, 어떤 연동(戀童)[16]과 사귀어야 가장 즐거울까, 어떻게 해야 가장 편하게 잘까, 어떻게 해야 가장 수고를 적게 하고 이 모든 것을 이룰까 생각하게 될 거예요.

(25) 혹시 이런 즐거움을 누릴 재원이 바닥날까 염려된다면, 내가 몸과 혼의 노고와 괴로움을 통해 그런 것들을 얻도록 그대를 인도하지 않을까 두려워할 필요는 없어요. 천만에. 그대는 남들이 애써 이루어 놓은 것들을 즐길 것이고, 그대에게 이득이 될 만한 것은 무엇이든 이용할 거예요. 나와 함께하는 자들에게 나는 어디서든 이득을 볼 권한을 주니까요.〉

(26) 이 말을 듣고 헤라클레스가 말했다. 〈여인이여, 그대의 이름은 무엇이오?〉 그러자 여인이 말했다. 〈내 친구들은 나를 행복[17]이라 불러요. 하지만 나를 미워하는 사람들은 악덕[18]이라는 별명으로 부른답

니다.〉

(27) 그사이 다른 여인이 다가와서 말했다. 〈헤라클레스, 나도 그대를 만나러 왔어요. 나는 그대의 부모를 알고, 그대가 교육받는 동안 그대의 타고난 자질을 유심히 지켜보았어요. 그래서 나는 그대가 내가 인도하는 길을 가기만 하면 그대는 고매한 위업들을 훌륭하게 이룩하고, 나는 혜택을 베푼 덕에 훨씬 더 존경받고 더 유명해질 거라고 기대해요. 나는 미래의 즐거움을 약속함으로써 그대를 속이는 것이 아니라, 신들이 세상만사를 어떻게 정해놓았는지 사실대로 설명할 거예요.

(28) 노력하고 보살피지 않으면 신들은 인간에게 좋고 아름다운 것은 아무것도 주지 않아요. 신들이 자애롭기를 바란다면 신들을 섬겨야 하고, 친구에게 사랑받기를 원한다면 친구를 사랑해야 해요. 나라가 그대를 존경하기를 원한다면 나라에 도움을 주어야 하고, 그대의 미덕을 헬라스 전체가 칭송하기를 바란다면 헬라스를 위해 좋은 일을 하려고 노력해야 해요. 농토에 풍년이 들기를 원한다면 농토를 경작해야 하며, 가축을 길러 부자가 될 생각을 한다면 가축을 돌보아야 해요. 전쟁을 통해 세력을 키우고 친구들을 해방하고 적군을 제압하기를 원한다면 전문가들한테 전쟁의 기술을 배우고 제대로 사용하는 법을 익혀

16 ta paidika 또는 eromenos. 남성 간의 동성애에서 수동적 역할을 하는, 대개 연하의 소년을 말한다.

17 eudaimonia.

18 kakia.

야 해요. 또한 그대의 몸이 강해지기를 원한다면 몸이 이성[19]의 조력자가 되는 습관을 들이고 힘든 일과 땀으로 몸을 훈련시켜야 해요.〉

(29) 그러자 프로디코스에 따르면 악덕이 이렇게 말했다. 〈헤라클레스, 이 여인이 말하는 즐거움에 이르는 길은 얼마나 험하고 얼마나 먼지 아시겠죠? 나는 편안한 지름길을 택해서 그대를 행복으로 인도할 거예요.〉

(30) 그러자 미덕이 말했다. 〈안타까운 여인이여, 너에게 무슨 좋은 것이 있다는 것인가? 또 아무런 노력도 하지 않는 네가 무슨 즐거움을 안다는 것인가? 너는 즐거운 것을 바라는 욕구를 기다리지도 않고 미리 모든 것으로 자신을 가득 채우지. 이를테면 배고프기 전에 먹고, 목마르기 전에 마시며, 맛있게 먹기 위해 요리사를 구하고, 맛있게 마시려고 비싼 술을 사들이고, 여름에 얼음을 찾아 돌아다니고, 편안하게 자기 위해 푹신한 이부자리뿐 아니라 침상을 구입하지. 네가 자고 싶은 것은 힘든 일을 해서가 아니라 할 일이 없어 지루하기 때문이니까. 너는 그럴 필요도 없을 때 온갖 수단을 다해 그리고 남자를 여자로 쓰면서 성욕을 충족시키지. 밤에는 야단법석을 떨고 한창 일할 낮시간에는 잠자게 하면서 너는 네 친구들을 그렇게 훈련시키지.

(31) 너는 불사의 몸이지만 신들에게 배척당하고 훌륭한 인간들에게 멸시당해. 너는 가장 듣기 좋은 말인 자신을 칭찬하는 말을 들어본 적이 없고, 가장 보기 좋은 것을 본 적이 없어. 너는 자신이 좋은 일을 하는 것을 본 적이 없으니까. 누가 네 말을 믿으며, 누가 네 청을 들어주겠니? 분별 있는 사람이라면 누가 너를 신봉하는 자들의 모임에 데려가겠니? 그런 자들은 젊어서는 몸이 허약하고 늙어서는 정신이 혼미하

며, 젊을 때는 노력하지 않고 편안히 지내다가 비참하고 힘든 노년을 보내며, 그들의 지난날의 행동은 수치스럽고 현재의 행동은 고통을 안겨주며, 즐거웠던 젊은 날은 다 지나가고 노년에는 고생만 남는데.

(32) 하지만 나는 신들과 훌륭한 인간들과 함께하며, 신의 것이든 인간의 것이든 고매한 일 가운데 내 도움 없이 이루어진 것은 하나도 없어. 나는 신들과 나를 닮은 인간들 사이에서 가장 존경받으니, 장인(匠人)에게는 사랑받는 동료 일꾼이고, 주인에게는 믿음직한 집 지킴이이고, 하인들에게는 상냥한 보호자이고, 평화시에 하는 일에는 훌륭한 조력자이고, 전시에 하는 일에는 든든한 우군이고, 가장 훌륭한 우정의 동반자이지.

(33) 내 친구들에게는 애써 조리하지 않아도 먹고 마시는 일이 즐겁지. 그들은 먹고 마시고 싶은 욕구가 생길 때까지 기다리니까. 또한 그들은 노력하지 않는 자들보다 더 단잠을 자고, 잠을 못 자도 짜증을 내지 않으며, 잠 때문에 꼭 해야 할 일을 소홀히 하는 일도 없지. 젊은이는 연장자에게 칭찬받으면 기뻐하고, 연장자는 젊은이에게 존경받는 것을 낙으로 삼지. 또한 그들은 지난날의 업적을 회고하는 것을 즐기고 현재의 성공에 만족하지. 내 친구들은 나로 말미암아 신들에게 사랑받고 친구들에게 보호받고 조국에 소중한 존재가 되지. 또한 그들은 명을 다하고 최후를 맞으면 아무런 명예도 없이 망각 속에 묻히지 않고 사람들이 노래하고 기억하는 가운데 영원히 살게 되지. 훌륭한 부모의 아들

19 gnome.

인 헤라클레스여, 그대가 이 길을 가려고 노력한다면 최고의 행복을 누릴 거예요.〉

(34) 헤라클레스의 미덕 교육에 관한 프로디코스의 이야기는 대충 그런 것이었네. 프로디코스가 자신의 생각을 내가 방금 사용한 것보다 더 멋진 표현으로 치장했다는 것 말고는 말일세. 아무튼 아리스팁포스, 이런 것들을 명심하고 다가올 자네의 삶에 어떻게든 관심을 가지려고 노력하는 편이 더 나을 걸세."

제 2 장

(1) 한번은 장남 람프로클레스[20]가 어머니에게 화를 내는 것을 보고 소크라테스가 이렇게 말했다. "얘야, 말해보아라. 너는 배은망덕한 자라고 불리는 사람들이 있다는 것을 아느냐?"

"알고말고요." 하고 소년이 말했다.

"그러면 그들이 무슨 짓을 하기에 그렇게 불리는지도 알겠구나?"

그러자 소년이 대답했다. "네, 알아요. 혜택을 입고 감사의 마음을 표시할 수 있는데도 표시하지 않을 때 사람들은 배은망덕한 자라고 불리지요."

"그렇다면 네가 보기에 배은망덕한 자들은 불의(不義)한 자들에 속하겠지?"

"그렇습니다."

(2) "친구를 노예로 삼는 것은 불의하지만 적을 노예로 삼는 것은 옳다고 여겨지듯이, 친구에게 배은망덕한 것은 불의하지만 적에게 배은망덕한 것은 옳다고 생각해본 적이 있느냐?"

20 Lamprokles.

"네 있어요." 하고 소년이 대답했다. "그리고 혜택을 베푼 사람이 적이든 친구든 혜택을 입고도 감사의 마음을 표시하지 않는 것은 언제나 불의하다는 것이 제 생각입니다."

(3) "그렇다면 배은망덕은 완전한 불의겠지?"

람프로클레스가 동의했다.

"그렇다면 받은 혜택이 클수록 감사의 마음을 표시하지 않는 불의도 더 크겠지?"

이번에도 소년이 동의했다.

그러자 소크라테스가 말했다. "자식이 부모에게 받는 것보다 더 큰 혜택을 받는 사람을 발견할 수 있을까? 부모 덕분에 자식은 세상에 태어나서 온갖 아름다운 것을 보고 신들이 인간에게 베푸는 온갖 좋은 것을 누리는데, 이런 혜택은 너무나 값진 것이어서 그것을 잃느니 다른 것은 무엇이든 희생하려 하지. 국가가 가장 큰 범죄를 다스리는 벌로 사형을 정한 것도 범죄에 이보다 더 강력한 억지력은 없다고 생각하기 때문이지.

(4) 설마 너는 사람들이 성욕 때문에 자식을 낳는다고 생각하는 것은 아니겠지? 거리와 집 들에는 성욕을 충족시킬 수단들이 널려 있는데 말이야. 우리는 분명 가장 훌륭한 자식을 낳아줄 여자를 아내로 고르며, 그런 여자와 결혼하는 것도 자식을 낳기 위함이지.

(5) 남자는 자기 자식을 낳아줄 여자를 부양하고 태어날 아이를 위해 아이가 살아가는 데 도움이 될 만한 것은 무엇이든 대주고 되도록 많이 쌓아두지. 여자는 임신하여 목숨을 잃을 위험을 무릅쓰고 자기가 먹을 것까지 나누어주며 출산의 무거운 짐을 참고 견디지. 여자는

힘겹게 참고 견딘 끝에 출산을 하면 또 아이를 기르고 돌봐주지. 아이는 그녀에게 혜택을 베푼 적이 없고, 누가 자기에게 혜택을 베푸는지 알지 못하는 데도 말이야. 아이는 자기가 원하는 것을 알릴 수도 없지만 어머니는 아이에게 좋고 아이가 좋아하는 것을 짐작하여 대주려 하지. 그리고 밤낮으로 애쓰고 무슨 보답이 돌아올지 알지도 못하면서 오랫동안 아이를 양육하지.

(6) 그리고 부모는 아이를 양육하는 것만으로 만족하지 않고 아이가 무엇을 배울 수 있다 싶으면 살아가는 데 도움이 될 만한 것을 몸소 가르치며, 누가 어떤 것을 더 잘 가르친다 싶으면 돈이 들더라도 아이를 그에게 보내지. 그리고 아이가 되도록 훌륭한 인물이 되게 하려고 무슨 일이든 하려 하지."

(7) 그러자 소년이 대답했다. "하지만 이 모든 것을 다 해주고 그 밖의 다른 것을 많이 해준다 하더라도 어머니의 드센 기질은 아무도 참고 견딜 수 없을 걸요."

그러자 소크라테스가 물었다. "너는 어느 쪽이 더 견디기 힘들다고 생각하느냐? 야수의 사나움이냐, 아니면 어머니의 사나움이냐?"

"어머니의 사나움이겠지요." 하고 소년이 대답했다. "어머니가 그토록 사납다면 말입니다."

"그렇다면 너는 어머니한테 물리거나 차여서 해코지를 당한 적이 있느냐? 여태 많은 사람이 야수에게 봉변을 당한 것처럼 말이다."

(8) 소년이 말했다. "아니요. 하지만 어머니는 평생 듣고 싶지 않은 말씀들을 하는 걸요."

다시 소크라테스가 물었다. "너는 어린아이 때부터 투정 부리는 목소리와 행동으로 밤낮없이 어머니를 얼마나 괴롭혔다고 생각하느냐? 또한 병이 들어 어머니에게 얼마나 심려를 끼쳤느냐?"

그러자 소년이 대답했다. "하지만 저는 어머니가 모욕감을 느낄 만한 말이나 행동은 한 번도 한 적이 없어요."

(9) "어떠냐?" 하고 소크라테스가 물었다. "너는 어머니가 말하는 것을 참는 것이 비극에서 배우들이 서로 심한 말을 하는 것을 참는 것보다 더 힘들 거라고 생각하느냐?"

"배우들은 자기에게 던져진 질문이 처벌로 이어진다거나, 위협이 위해를 뜻한다고 생각하지 않아요. 그래서 그들은 쉽게 참고 견디는 것 같아요."

"그런데 어머니가 네게 하는 말에는 악의가 없고, 오히려 어머니는 누구보다도 네가 잘되기를 바란다는 것을 잘 알면서도 너는 화를 내는 것이냐? 아니면 어머니가 네게 악의를 품고 있다고 생각하느냐?"

"아니요. 그렇게 생각하지 않아요." 하고 소년이 말했다.

(10) 그러자 소크라테스가 말했다. "그래서 네 어머니가 네게 호의를 베풀고, 네가 몸이 아프면 정성껏 돌보고, 네게 필요한 것이 부족하지 않도록 보살필뿐더러, 너에게 복을 많이 내려달라고 늘 신들에게 기도하고, 너를 위해 서약한 것을 이행해도 너는 어머니가 드세다고 말하는 게냐? 내 생각에, 그런 어머니를 참고 견딜 수 없다면 너는 네게 좋은 것들도 참고 견딜 수 없을 것 같구나.

(11) 자, 말해보아라. 너는 다른 존재를 섬겨야 한다고 생각하는 것이냐? 아니면 어떤 사람도 기쁘게 해주지 않고, 장군이든 통치자든 복종하지 않기로 작정한 게냐?"

"제우스에 맹세코, 그렇지 않아요." 하고 소년이 말했다.

(12) 그러자 소크라테스가 말했다. "그렇다면 너는 이웃도 기쁘게 해주고 싶겠지? 네게 불이 필요할 때 불을 켜주고, 네가 성공하도록 협조해주고, 네가 실패할 때는 도움의 손길을 내밀어 주도록 말이다."

"물론이지요." 하고 소년이 말했다.

"어때? 네가 뭍길이나 바닷길로 누군가와 함께 여행하거나 누군가를 우연히 만난다면, 그가 친구가 되건 적이 되건 너에게 아무런 차이가 없느냐? 아니면 그런 사람의 호감을 사려고 노력해야 한다고 생각하느냐?"

"네, 저는 그래야 한다고 생각해요." 하고 소년이 말했다.

(13) "너는 이런 사람들에게는 호감을 살 준비가 되어 있으면서 누구보다도 너를 사랑하는 어머니는 섬길 필요가 없다고 생각하느냐? 국가도 다른 배은망덕한 행동은 모르는 체하고 벌주지 않고 은혜를 입은 사람이 은혜를 베푼 사람에게 고마워하지 않아도 너그럽게 보아주지만, 부모에게 불효한 자에게는 벌을 주고, 그런 자가 국가를 위해 바치는 제물은 경건하지 못하며, 그런 자가 행하는 그 밖의 다른 행위도 훌륭하고 올바르게 행해질 수 없다는 이유로 자격 심사 후에 공직 취임을 거부한다는 것을 너는 모르느냐? 또한 누군가 돌아가신 부모의 묘를 제대로 보살피지 않으면 이 역시 공직자 후보 심사 때 결격 사유가 되지.

(14) 그러니 아들아, 네가 분별력이 있다면 어머니를 홀대한 것을 용서해달라고 신들에게 기도해야 한다. 신들이 너를 배은망덕한 자로 여기고 네게 잘해주기를 거절하지 않도록 말이다. 또한 너는 네가 부모

를 홀대하는 것을 보고 사람들이 모두 너를 경멸하고, 그 결과 네가 친구 하나 없는 외돌토리가 되지 않도록 조심해야 할 것이다. 네가 부모에게 배은망덕하다 싶으면 자기가 너에게 은혜를 베풀어도 네가 고마워할 거라고 생각할 사람은 아무도 없을 테니까."

제 3 장

(1) 한번은 소크라테스가 잘 아는 카이레폰과 카이레크라테스[21] 형제가 사이가 나빠졌다. 소크라테스는 이를 알고 카이레크라테스를 만나서 말했다. "말해보게, 카이레크라테스. 자네는 설마 재물이 형제보다 소중하다고 믿는 사람 중 한 명은 아니겠지. 재물은 의식이 없고 형제는 의식이 있으며, 재물은 보호가 필요하지만 형제는 보호해줄 수 있고, 더욱이 자네는 재물은 많지만 형제는 한 명뿐이지 않은가.

(2) 형제의 재산은 가질 수 없기에 형제가 있는 것은 손해라고 믿지만, 동료 시민들의 재산은 가질 수 없기에 동료 시민들이 있는 것은 손해라고 믿지 않는다면 이 또한 이상한 일일세. 물론 후자의 경우에는 동료 시민들의 모든 재산을 위태롭게 소유하며 혼자 살아가는 것보다 충분한 재산을 갖고 집단으로 안전하게 살아가는 편이 더 낫다는 판단을 내릴 걸세. 그런데 형제에게 같은 원칙을 적용하지 않는 것은 이상하지 않은가!

(3) 또한 능력이 있는 사람들은 일에서 해방되기 위해 가노(家奴)

21 Chairephon, Chairekrates.

를 사들이고 도움을 받기 위해 친구를 사귀면서도 형제에게는 관심이 없네. 마치 동료 시민들은 친구가 될 수 있어도, 형제는 친구가 될 수 없는 것처럼 말일세.

(4) 하지만 같은 부모에게서 태어나 함께 자란 이들은 강한 연대감을 갖게 되네. 야수도 함께 자란 경우 서로에게 어떤 그리움 같은 것을 느끼니 말일세. 게다가 다른 사람들도 형제가 없는 사람보다는 형제가 있는 사람을 더 존중하고 덜 공격한다네."

(5) 그러자 카이레크라테스가 말했다. "소크라테스 선생님, 우리 사이의 불화가 심각하지 않다면 형제간에 서로 참고 사소한 이유로 서로를 피하지 않는 것이 옳겠지요. 선생님 말씀처럼 형제다운 형제는 좋은 것이니까요. 하지만 형제가 형제답지 못하고 사실은 그와 정반대라면, 왜 불가능한 일을 시도해야 하죠?"

(6) 소크라테스가 물었다. "카이레크라테스, 카이레폰이 자네 마음에 들지 않듯 어느 누구도 그를 마음에 들어 하지 않는가? 아니면 그를 아주 마음에 들어 하는 사람도 있는가?"

"그래서 제가 그를 싫어하는 겁니다." 하고 카이레크라테스가 대답했다. "그는 다른 사람들 마음에는 들겠지만, 제 면전에서는 언제나 말과 행동으로 저를 돕기보다는 해코지하니까요."

(7) 그러자 소크라테스가 말했다. "자네가 방법을 모르고 말〔馬〕을 다루려 한다면 말은 자네에게 해가 될 걸세. 마찬가지로 형제도 어떻게 대해야 할지 모르고 대한다면 해가 될 수 있겠지?"

(8) 카이레크라테스가 대답했다. "제게 상냥한 사람에게는 상냥하게 말하고 상냥하게 행동할 줄 아는데, 그런 제가 형제를 어떻게 대

할 줄 모르겠어요? 하지만 말과 행동으로 저를 모욕하려는 사람에게 저는 상냥하게 말하거나 상냥하게 행동할 수 없으며, 그러려고 노력하지도 않을 겁니다."

(9) 소크라테스가 말했다. "카이레크라테스, 자네 참 이상한 말을 하는군그래. 자네의 양 지키는 개가 양치기에게는 상냥하지만 자네가 다가가면 으르렁거린다면 자네는 화를 내기는커녕 오히려 잘 대해주어 유순하게 만들려고 할 걸세. 그런데 자네는 형제답게 자네를 대한다면 형제는 아주 좋은 거라고 주장하고 자신 역시 상냥하게 말하거나 행동할 줄 안다고 인정하면서도, 아직은 형제가 자네에게 최대의 축복이 되게 할 방법은 강구하려 하지 않는구먼."

(10) 그러자 카이레크라테스가 말했다. "소크라테스 선생님, 제게는 카이레폰이 도리에 맞게 저를 대하게 할 지혜가 없는 것이 아닌지 두려워요."

그러자 소크라테스가 말했다. "내 생각에 자네가 그에게 교묘하거나 신기한 방법을 적용할 필요는 없네. 자네는 아마 자네가 이미 아는 방법을 써서 그를 자기 편으로 만들고 그가 자네를 존중하게 할 수 있을 걸세."

(11) 카이레크라테스가 말했다. "제가 스스로 그런 줄도 모르고 어떤 주문(呪文)을 알고 있다고 생각하시면 어서 말씀해주세요."

"그러면 말해보게." 하고 소크라테스가 말했다. "아는 사람이 제물을 바칠 때마다 자네를 초대해주기를 바란다면 자네는 어떻게 하겠는가?"

"그야 당연히 제물을 바칠 때마다 제가 먼저 그를 초대해야겠지요."

(12) "그리고 자네가 집을 떠날 때마다 친구 가운데 한 명이 자네 재산을 돌보아주기를 바란다면 자네는 어떻게 하겠는가?"

"그야 당연히 그가 집을 떠날 때마다 제가 먼저 그의 재산을 돌보아주어야겠지요."

(13) "자네가 다른 도시를 방문할 때마다 그곳 외지인이 환대해주기를 바란다면 자네는 어떻게 하겠는가?"

"그야 당연히 외지인이 아테나이에 올 때마다 제가 먼저 환대해야겠지요. 또한 제가 용무를 마칠 수 있도록 그가 열심히 도와주기를 바란다면 분명 제가 먼저 그를 위해 그래야겠지요."

(14) "그러면 자네는 인간 행위에 영향을 끼치는 주문을 다 알면서 그런 사실을 여태껏 숨긴 것 같네. 아니면 자네가 먼저 형제에게 잘해주면 체면이 깎일까 두려워서 행동하기를 망설이는 겐가? 하지만 대체로 적에게는 먼저 해롭게 하고 친구에게는 먼저 이롭게 하는 것이 가장 칭찬받을 만하다고 여겨진다네. 따라서 자네보다 카이레폰에게 이런 우애로 이끌 능력이 있다 싶었으면 그가 먼저 자네를 자기편으로 삼도록 노력해보라고 설득했을 걸세. 하지만 지금 내가 보기에는 자네가 이끌어야 성사될 가능성이 더 높아 보이네."

(15) 그러자 카이레크라테스가 말했다. "소크라테스 선생님, 이상한 말씀을 하시는군요. 연하인 저더러 선도하라고 하시다니 선생님답지 않습니다. 언제나 연장자가 먼저 말하고 행동해야 한다는, 그와 반대되는 생각이 분명 일반적인 의견이니까요."

(16) "어째서 그런가?" 하고 소크라테스가 말했다. "연하인 사람

은 연장자를 만나면 길을 양보하고, 앉아 있었다면 일어서고, 가장 편안한 의자를 권함으로써 경의를 표하고, 먼저 말하게 해야 한다는 것이 일반적인 의견 아닌가? 여보게, 망설이지 말고 그를 달래보게. 그러면 그도 곧 응답할 걸세. 그가 얼마나 명예를 존중하고 솔직한지 자네도 알지 않는가? 저급한 인간은 자네가 선물을 주기만 하면 사로잡을 수 있지만, 진실로 훌륭한 사람을 대하는 데 가장 유용한 무기는 친절일세."

(17) 그러자 카이레크라테스가 물었다. "제가 노력해도 그가 조금도 나아지지 않는다면 어떡하지요?"

소크라테스가 대답했다. "그럴 경우 생각건대 자네는 훌륭하고 우애 있는 사람이고, 자네 형은 하찮고 친절하게 대할 가치가 없는 사람임을 보여주는 셈이 되네. 그런데 그런 일은 아마 일어나지 않을 걸세. 이 경쟁에서 자네에게 도전받는다 싶으면 그는 당장 친절한 말과 행동에서 자네를 능가하려고 열심히 노력할 테니까 말일세.

(18) 지금 자네 두 사람이 서로를 대하는 태도는, 신이 협력하도록 만들어놓은 두 손이 협력하기를 포기하고 서로 방해하려 하거나, 신의 섭리에 따라 협력하도록 만들어진 의무를 소홀히 하고 서로 훼방 놓는 것과도 같네.

(19) 서로 돕도록 만들어진 것들을 서로 방해하는 데 사용한다는 것은 크나큰 무지이자 불행이 아니겠는가? 또한 내가 생각하기에, 신은 두 형제가 두 손이나 두 발이나 두 눈이나 그 밖에 인간에게 준 다른 한 쌍보다 서로 간에 더 돕도록 만들어놓았네. 두 손은 두 팔을 벌린 길이보다 더 멀리 떨어져 있는 것들을 동시에 다룰 수 없고, 두 발은 두

팔을 벌린 길이만큼 떨어져 있는 것들에도 한걸음에 닿을 수 없네. 또한 두 눈은 미치는 범위가 가장 넓어 보여도 하나는 앞에 있고 하나는 뒤에 있으면 더 가까이 있는 것들도 동시에 볼 수 없네. 그러나 형제는 사이가 좋으면 아무리 멀리 떨어져 있어도 동시에 서로를 이롭게 할 수 있네."

제 4 장

(1) 나는 또 언젠가 소크라테스가 우정에 관해 대화하는 것을 들은 적이 있는데, 그 대화는 내 생각에 친구를 사귀고 친구를 대하는 데 큰 도움이 될 것 같았다. 소크라테스가 말하기를, 자기는 많은 사람이 재산 가운데 가장 값진 것은 훌륭하고 확실한 친구라고 말하면서도 대다수가 친구를 사귀는 일보다 다른 일에 더 신경쓰는 것을 보았다고 말을 꺼냈다.

(2) 소크라테스는 이렇게 말을 이었다. "그런 사람들은 집이나 토지나 노예나 가축이나 세간을 취득하려고 애쓰거나 이미 가진 것들을 지키려고 노력하지. 하지만 대다수는 친구가 가장 큰 좋음이라고 주장하면서도 어떻게 새 친구를 사귀고 옛 친구를 지킬 것인지는 생각조차 하지 않는 것을 보았네.

(3) 사실 친구와 노예가 동시에 병이 나면 어떤 사람들은 노예를 위해서는 의사를 부르고 건강을 회복시키기 위해 온갖 조치를 취하면서도 병든 친구에게는 별로 관심을 기울이지 않는 것을 보았네. 또한 친구와 노예가 동시에 죽으면 그들은 노예의 죽음은 안타까워하며 손해라고 생각하지만 친구는 죽어도 자기는 잃을 것이 없다고 생각하지. 그들은 자신의 그 밖의 다른 재산도 돌보지 않거나 감시하지 않는 일이

없지만 돌볼 필요가 있는 친구는 소홀히 한다네."

(4) 이에 덧붙여 소크라테스는 이렇게 말했다. "다른 재산은 아무리 많아도 대다수가 그 수를 아는데 친구는 아무리 적어도 그 수를 알지 못할뿐더러, 친구의 이름을 열거해보라고 요청하는 사람에게 앞서 친구에 포함시켰던 자들을 나중에는 제외하는 것을 보네. 그들이 친구를 배려하는 모습은 이런 것일세.

(5) 하지만 좋은 친구에 비길 만한 다른 재산은 분명 있을 수 없네. 그도 그럴 것이, 어떤 말이, 어떤 한 쌍의 황소가 훌륭한 친구만큼 쓸모 있겠는가? 어떤 노예가 그토록 성실하고 변함없겠는가? 또는 어떤 재산이 그토록 두루 쓸모 있겠는가?

(6) 좋은 친구는 사적인 용건이나 공적인 업무에 필요할 경우 어디서나 친구를 도울 준비가 되어 있으니까. 누군가에게 호의를 베풀 필요가 있을 때 좋은 친구는 지원을 아끼지 않고, 위험이 임박하면 구조해준다네. 그리고 그때그때 필요에 따라 비용을 분담하기도 하고, 같이 행동하기도 하고, 설득하기도 하고, 압력을 가하기도 하지. 또한 좋은 친구는 성공한 자들의 기운을 누구보다 북돋워주고 실패한 자들을 누구보다 열심히 다시 일으켜 세운다네.

(7) 사람이 두 손으로 할 수 있고 두 눈으로 볼 수 있고 두 귀로 들을 수 있고 두 발로 해낼 수 있는 일을 돕는 데 친구는 어느 누구에게도 뒤지지 않네. 하지만 어떤 사람은 열매를 얻기 위해 나무를 돌보려고 노력하지만, 대다수는 가장 많은 열매를 맺는 '친구'라는 재산을 돌보는 데는 게으르고 무관심하다네."

제 5 장

(1) 나는 소크라테스의 또 다른 대화를 들은 적이 있는데, 그 대화는 내가 생각하기에 듣는 사람에게 자신이 친구들에게 얼마나 가치 있는 존재인지 스스로 검토해보라고 촉구하는 것 같았다. 소크라테스는 제자 가운데 한 명이 가난으로 고생하는 친구를 홀대하는 것을 알고는 홀대하는 그 제자를 포함해 다른 사람 몇 명이 함께 있는 앞에서 안티스테네스[22]에게 물었다.

(2) 소크라테스가 말했다. "안티스테네스, 하인에게 값이 있듯이 친구도 값이 있는 것인가? 하인 중 어떤 자는 값이 2므나[23]인가 하면, 다른 자는 반(半) 므나도 안 되고, 또 어떤 자는 5므나인가 하면 다른 자는 10므나 이상이니 말일세. 사람들이 말하기를, 니케라토스의 아들 니키아스[24]는 1탈란톤[25]이나 주고 자기 은광을 감독할 사람을 샀다고

22 Antisthenes(기원전 455년경~360년). 소크라테스가 죽은 뒤 아테나이에서 견유학파 철학을 이끌었지만 청년 시절에는 고르기아스(Gorgias)의 제자였으며 자신도 한동안 소피스트로서 제자들을 가르쳤던 것 같다. 그러나 나중에는 소크라테스의 열렬한 제자가 된다.

23 1권 주 34 참조.

하더군. 그래서 나는 하인처럼 친구도 값이 다를 수 있는지 검토해보려는 것일세."

(3) 안티스테네스가 대답했다. "그야 물론이지요. 아무튼 제 경우 A는 2므나가 더 들더라도 친구로 삼을 것이고, B는 반 므나 이하로 평가할 것이며, C는 10 므나보다도 선호할 것이고, D는 많은 돈과 노력을 들여서라도 친구로 삼을 겁니다."

(4) 소크라테스가 말했다. "사실이 그러하다면 우리 자신은 과연 친구에게 얼마나 가치 있는 존재인지 자문해보고, 친구가 우리를 배신하고 싶은 유혹을 덜 느끼도록 우리가 친구에게 최대한 가치 있는 존재가 되려고 노력하는 것이 바람직할 걸세." 소크라테스는 이렇게 말을 이었다. "나는 '친구가 나를 배신했어.' '내가 친구라고 믿었던 자가 나보다 1므나를 택했어.'라고 불평하는 것을 가끔 듣기에 하는 말일세.

(5) 그래서 나는 이 모든 문제와 관련해 검토해보는 걸세. 말하자면 누군가 매물로 내놓은 나쁜 노예를 팔리는 값에 처분하듯이, 그 값어치 이상을 받을 수 있다면 나쁜 친구도 팔아버리고 싶은 유혹을 느낄 걸세. 하지만 나는 쓸모 있는 하인이 팔리는 것도, 좋은 친구가 배신당하는 것도 본 적이 없네."

제 6 장

(1) 내 생각에 소크라테스는 다음 대화에서 어떤 종류의 친구가 사귈 만한 가치가 있는지 판단하는 데 좋은 가르침을 준 것 같다. "크리토불로스, 말해주게." 하고 소크라테스가 말했다. "우리가 좋은 친구를 원한다면, 어떤 방법으로 찾아야 할까? 먼저 먹고 마시고 싶은 욕구와 성욕과 졸음과 게으름을 억제할 수 있는 사람을 찾아야 하지 않을까? 그런 것들에 제압당하는 사람은 자신을 위해서도 친구를 위해서도 해야 할 일을 할 수 없을 테니까."

"할 수 없고말고요." 하고 크리토불로스가 대답했다.

"그렇다면 그런 것들에 지배당하는 사람은 당연히 멀리해야 한다고 자네는 생각하겠지?"

"물론입니다." 하고 크리토불로스가 대답했다.

24 니케라토스(Nikeratos)의 아들 니키아스(Nikias 기원전 470년경~413년)는 조심스럽기로 유명한 아테나이 장군이다. 펠로폰네소스전쟁 때 대 함대를 이끌고 시칠리아 원정길에 올랐으나 우유부단한 작전 탓에 함대를 모두 잃고 생포되어 처형된다. 그는 앗티케의 라우레이온(Laureion) 산에 몇 군데 은광(銀鑛)을 갖고 있었다고 한다.

25 1탈란톤은 600므나이다.

(2) "어떤가?" 하고 소크라테스가 말했다. "누군가 낭비벽이 심하고, 자족할 줄 모르며, 이웃에게 늘 도움을 호소하고, 받은 것은 갚지 않고, 받지 못하면 주지 않는 사람을 원망한다면, 자네는 그런 사람을 성가신 친구라고 생각하겠지?"

"물론 그렇다고 생각합니다." 하고 크리토불로스가 대답했다.

"그러면 우리는 그런 사람도 멀리해야겠지?"

"멀리해야 하고말고요." 하고 크리토불로스가 대답했다.

(3) "어떤가? 돈벌이에 열을 올리고 그래서 유리한 조건으로 흥정을 하며, 받기는 좋아하지만 주기는 싫어하는 유능한 사업가는?"

크리토불로스가 대답했다. "제가 보기에 그는 앞서 말한 사람보다 더 나쁜 것 같아요."

(4) "어떤가? 돈벌이에 몰두한 나머지 이기적인 이윤추구 외에는 어떤 것을 위해서도 여가를 내지 못하는 사람은?"

"저는 그런 사람도 멀리해야 한다고 생각해요. 그런 사람은 사귀어보았자 아무 이득이 없으니까요."

"어떤가? 다투기를 좋아하여 친구들에게 수많은 적이 생겨나게 하는 자는?"

"우리는 물론 그런 자도 멀리해야 합니다."

"만약 이런 결함은 없지만 남에게 대접을 받기만 할 뿐 이에 보답할 생각조차 하지 않는 사람이 있다면?"

"그런 사람도 도움이 되지 않을 겁니다. 그렇다면 소크라테스 선생님, 우리는 어떤 사람을 친구로 사귀려고 해야 하나요?"

(5) "내가 생각하기에, 이들과 정반대되는 사람인 것 같네. 육체

적 쾌락을 제어할 수 있고, 진심으로 친절하고, 거래하기 쉽고, 대접을 받은 만큼 되갚으려 하기에 그와 사귀는 것이 이득이 되는 사람 말일세."

(6) "그렇다면 소크라테스 선생님, 사귀기 전에 어떻게 그런 자질들을 검증할 수 있을까요?"

"우리는 조각가를 어떻게 검증하는가? 우리는 그가 하는 말에 근거하여 판단하는 것이 아니라, 그의 조각품들을 보고 그가 이미 제작한 작품이 훌륭하면 그가 앞으로 제작할 작품도 훌륭할 거라고 믿는다네."

(7) 크리토불로스가 물었다. "이전 친구에게 잘해주는 사람이라면 새 친구에게도 분명 잘해줄 것이라는 말씀인가요?"

"그렇다네." 하고 소크라테스가 말했다. "말들을 습관적으로 잘 다루는 사람을 보면, 나는 그가 다른 말들도 잘 다룰 거라고 믿는다네."

(8) 크리스토불로스가 말했다. "좋습니다. 우정을 나눌 가치가 있는 사람이 어떤 사람인지 알았으니 우리는 그런 사람을 어떻게 친구로 사귀어야 하죠?"

소크라테스가 대답했다. "먼저 그런 사람을 친구로 사귀라고 권하는지 신들에게 물어보아야겠지."

"어떻습니까?" 하고 크리토불로스가 물었다. "우리가 누군가를 친구로 사귀기로 결심하고 신들이 이의를 제기하지 않는다면, 그런 사람을 어떻게 친구로 삼을지 말씀해주실 수 있나요?"

(9) 소크라테스가 말했다. "제우스에 맹세코, 토끼 사냥할 때처럼 바짝 뒤쫓아서도 안 되고, 새 사냥할 때처럼 속임수를 써서도 안 되

고, 적군을 잡을 때처럼 폭력을 써서도 안 되네. 누군가를 본인의 의사에 반해 친구로 삼는다는 것은 힘든 일이며, 노예처럼 묶어두기도 어려운 일일세. 우리가 그렇게 대하면 그는 친구가 아니라 적이 될 테니까."

(10) "그렇다면 어떻게 해야 서로 친구가 될까요?" 하고 크리토불로스가 물었다.

"사람들이 말하기를, 어떤 주문(呪文)이 있는데 그걸 알고 외는 사람은 누구든지 자기가 원하는 사람을 친구로 삼을 수 있고, 어떤 사랑의 묘약이 있는데 그걸 알고 쓰는 사람은 누구든지 자기가 좋아하는 사람에게 사랑받을 수 있다고 하더군."

(11) "그런 것을 어디서 배울 수 있을까요?" 하고 크리토불로스가 물었다.

"자네는 세이렌[26]들이 오뒷세우스에게 왼 주문을 호메로스에서 들었네. 그것은 이렇게 시작되지.

> 자! 이리 오세요. 칭찬이 자자한 오뒷세우스여, 아카이오이족의 위대한 영광이여![27]"

"소크라테스 선생님, 세이렌들은 일단 마법에 걸려들면 빠져나가지 못하도록 다른 사람들도 이 주문으로 꽁꽁 묶었나요?" 하고 크리토불로스가 물었다.

(12) "아닐세. 미덕에 주어지는 명성을 갈구하는 자들에게만 이 주문을 외었네."

"듣는 사람이 자기를 칭찬하는 것이 아니라 사실은 놀리는 거라고 생각하지 않도록 주문은 각자에게 적합해야 한다는 말씀인 것 같네요."

"그렇다네. 자기가 작고 못생기고 허약하다는 것을 알고 있는 사람을 잘생기고 크고 힘이 세다고 칭찬한다면, 사람들에게 배척당하고 미움받을 테니까."

"선생님은 다른 주문도 알고 계세요?"

(13) "아닐세. 하지만 페리클레스[28]가 많은 주문을 알고 있어 그 주문을 국가에게 외워서 국가가 자기를 사랑하도록 만들었다는 말은 들었네."

"테미스토클레스[29]는 어떻게 국가가 자기를 사랑하도록 만들었나요?"

"그것은 분명 주문을 외워서가 아니라, 국가를 위해 좋은 일을 해서였네."

(14) "소크라테스 선생님, 훌륭한 친구를 사귀려면 우리 자신도 말과 행동에서 훌륭해야 한다는 말씀인 것 같군요."

소크라테스가 말했다. "자네는 나쁜 사람이 좋은 친구를 사귈 수

26 Seiren 복수형 Seirenes. 지나가는 선원들을 노래로 유혹하여 난파당하게 한다는 요정. 『오뒷세우스』 12권 39~52행 참조.

27 『오뒷세우스』 12권 184행.

28 1권 주 22참조.

29 Themistokles(기원전 528년경~462년). 아테나이의 정치가이자 장군으로 기원전 480년 살라미스(Salamis) 해전에서 페르시아 함대를 대파하여 그리스 연합군이 전쟁에서 승리하게 만든다.

있다고 생각했나?"

(15) "그랬습니다." 하고 크리토불로스가 대답했다. "저는 보잘것없는 웅변가의 친구 중에 훌륭한 대중 연설가도 있고, 군대를 통솔할 능력이 없는 자가 위대한 장군들과 친한 것도 보았으니까요."

(16) 그러자 소크라테스가 물었다. "그러면 본론으로 돌아가, 쓸모없는 사람이 쓸모 있는 사람을 친구로 삼는 경우를 아는가?"

"알지 못합니다." 하고 크리토불로스가 대답했다. "하지만 나쁜 사람은 진실로 훌륭한 사람을 친구로 삼을 수 없다면, 진실로 훌륭한 사람이 진실로 훌륭한 사람의 친구가 되는 것은 아주 쉬운 일인지 알고 싶어요."

(17) "크리토불로스, 자네는 좋은 일을 하고 수치스러운 행동을 멀리하는 사람들이 서로 사이좋게 지내지 않고 걸핏하면 다투며, 보잘것없는 사람들보다 더 거칠게 서로를 대하는 것을 가끔 보기 때문에 당혹스러울 걸세."

(18) "그렇습니다." 하고 크리토불로스가 말했다. "그리고 개인들만 그러는 것이 아니라, 올바른 것을 위해 가장 열심히 노력하고 비열한 것을 가장 싫어하는 국가들도 가끔 서로 적대합니다.

(19) 그런 점을 생각할 때 저는 과연 친구를 사귈 수 있을지 자신이 없어집니다. 악인들은 서로 친구가 될 수 없으니까요. 배은망덕하거나 무책임하거나 이기적이거나 신의 없거나 무절제한 사람들이 어떻게 서로 친구가 될 수 있겠어요? 아무튼 제가 보기에, 악인들은 본성상 서로 친구라기보다는 서로 적입니다.

(20) 선생님 말씀처럼, 악인은 결코 훌륭한 사람과 사이가 좋아

져 친구가 될 수 없어요. 악행을 저지르는 자들이 그런 행위를 싫어하는 사람과 어떻게 친구가 될 수 있겠어요? 또한 미덕에 전념하는 사람들마저 국가의 지도자가 되려고 서로 다투고 시기하고 미워한다면 누가 친구가 되며, 선의와 신뢰는 어디서 찾을 수 있지요?"

(21) 소크라테스가 말했다. "크리토불로스, 그것은 그리 간단한 문제가 아니야. 인간은 본능적으로 서로 친구가 되려는 경향이 있네. 말하자면 사람들은 서로를 필요로 하고 서로를 동정하고 공동선을 위해 협력하며, 그런 줄 알기에 서로에게 감사하네. 또한 사람들은 서로 적대시하는 경향도 있네. 말하자면 사람들은 아름답고 즐거운 것에 대해 의견이 같기 때문에 그런 것을 차지하려고 서로 싸우고, 사이가 틀어지면 서로 갈라서네. 그리고 경쟁과 분노는 적대행위를 낳고, 탐욕은 적의를 낳으며, 시기는 증오를 낳지.

(22) 하지만 우애는 이 모든 장애물을 통과해 진실로 훌륭한 사람들을 서로 맺어주지. 그런 사람들은 유덕한지라 전쟁을 통해 모든 것을 지배하느니 고생하지 않고 적당한 재산을 소유하기를 바라며, 배고프고 목마르더라도 자신의 먹을거리와 마실 거리를 기꺼이 나누어주며, 아름다운 사람에게 성적 매력을 느끼더라도 괴롭혀서는 안 될 사람을 괴롭히는 일이 없도록 자신의 욕구를 억제한다네.

(23) 또한 그들은 타고난 욕심을 억제하고 부를 합법적으로 공유하며 상부상조한다네. 그들은 또한 상대방의 기분을 상하지 않게 하면서 양쪽에 유리하도록 분쟁을 조정하며, 나중에 후회하는 일이 없도록 분노를 억제하네. 또한 그들은 전혀 시새우지 않는데, 자기 재산은 친구들의 재산으로 여기고 친구들의 재산은 자기 재산으로 여기기 때문

이지.

(24) 그러니 진실로 훌륭한 사람들은 정치적 특권도 서로에게 해가 되는 것이 아니라 서로에게 도움이 되도록 나누어 가진다고 보아야 하지 않을까? 제멋대로 돈을 횡령하고 남에게 폭력을 행사하고 사치스럽게 살기 위해 국가에서 존경받고 주요 관직에 오르기를 원하는 자들은 아마도 불의하고 사악하고 서로 협력할 줄 모르는 자들일 테니까.

(25) 하지만 자신이 불의를 당하지 않고 친구들의 정당한 일을 돕기 위해, 그리고 관직에 취임해 국가를 위해 좋은 일을 하고자 하는 사람이라면 자신과 같은 사람과 협력하지 못할 까닭이 어디 있겠는가? 그가 진실로 훌륭한 다른 사람들과 함께하기에 친구들을 도울 능력이 줄어들까? 그가 진실로 훌륭한 다른 사람들의 도움을 받으면 국가를 이롭게 할 능력이 줄어들까?

(26) 육상경기에서도 강한 자들이 약한 자들에 맞서 힘을 모은다면 분명 모든 종목에서 상을 휩쓸 걸세. 경기에서는 그런 일이 허용되지 않겠지만, 진실로 훌륭한 사람들이 가장 큰 영향력을 갖는 정치에서는 국익을 위해 자기가 원하는 사람과 연대하는 것을 막을 자는 아무도 없네. 정치를 할 때 가장 훌륭한 사람들을 친구로 삼은 뒤 이들을 경쟁자가 아니라 자기 활동의 협력자와 동료로 삼는 것은 분명 이롭지 않을 수 없네.

(27) 또한 전쟁을 하려는 자에게는 분명 동맹군이 필요할 것이며, 진실로 훌륭한 사람들을 대적하는 경우에는 더 많은 동맹군이 필요할 걸세. 그리고 자네 편에서 싸우고자 하는 자들이 힘껏 싸우게 하기 위해서는 잘 대우하지 않으면 안 되네. 그러나 수가 적은 가장 훌륭한 사

람들을 우대하는 편이 수가 많은 열등한 자들을 우대하는 것보다 훨씬 더 낫네. 나쁜 자는 훌륭한 사람보다 더 많은 호의를 요구하니까."

(28) 소크라테스는 이렇게 말을 이었다. "크리토불로스, 명심하고 훌륭한 인물이 되도록 노력하게. 그리고 그런 인물이 되면 진실로 훌륭한 사람들을 붙잡도록 하게. 나도 사랑에는 전문가인 만큼 자네가 진실로 훌륭한 사람들을 붙잡는 데 조금은 도움을 줄 수 있네. 어떤 사람들을 붙잡기를 원하건 간에 내가 그들을 사랑하면 그들도 나를 사랑하고, 내가 그리워하면 그들도 나를 그리워하고, 내가 그들과 함께하기를 바라면 그들도 나와 함께하기를 바라도록 만들려고 전력을 다하기 때문이지.

(29) 보아하니 자네도 누군가를 친구로 삼고 싶다면 그럴 욕구를 느끼게 될 걸세. 그러니 자네가 친구로 삼고 싶은 사람들의 이름을 숨김없이 말해보게. 나는 나를 즐겁게 해주는 사람을 즐겁게 해주려고 노력하는 덕분에 사람 붙잡는 일에 미숙하다고는 생각하지 않으니까."

(30) 그러자 크리토불로스가 대답했다. "소크라테스 선생님, 저는 오래전부터 바로 그런 지식을 배우고 싶었습니다. 특히 그런 지식이 훌륭한 혼을 가진 사람뿐 아니라 훌륭한 몸을 가진 사람을 찾아내는 데도 제게 도움이 된다면 말입니다."

(31) 소크라테스가 말했다. "하지만 크리토불로스, 잘생긴 사람에게 손을 대서 굴복하게 만드는 것은 내 기술에 속하지 않네. 스퀼라[30]를

30 Skylla. 머리 여섯에 발이 열둘인 식인 괴물. 『오뒷세이아』 12권 85행 이하 참조.

피해 사람들이 도망친 것은 그녀가 사람들에게 손을 댔기 때문이라고 나는 확신하네. 그러나 세이렌들은 누구에게도 손을 대지 않고 멀리서 노래한 까닭에 모두 멈춰 서서 그녀들의 노래를 듣고 홀렸다고 하더군."

(32) 그러자 크리토불로스가 말했다. "누구에게도 손대지 않을 테니, 친구를 사귀는 좋은 방법을 알고 계신다면 가르쳐주세요."

"그리하면 입술에 입술을 갖다 대지도 않을 텐가?" 하고 소크라테스가 물었다.

"안심하세요." 하고 크리토불로스가 대답했다. "저는 누구의 입술에도 제 입술을 갖다 대지 않을 테니까요. 그가 아름답지 않다면 말입니다."

소크라테스가 말했다. "크리토불로스, 자네는 또 쓸데없는 말을 하는군. 혼이 아름다운 사람은 그런 짓을 용납하지 않을 것이고, 추한 사람은 혼 때문에 자기가 아름다운 자라고 불리는 줄 알고 그런 짓을 좋아하니 말일세."

(33) 크리토불로스가 말했다. "아름다운 사람에게는 한 번 입 맞추되 훌륭한 사람에게는 열 번 입 맞추는 것을 제 좌우명으로 삼을 테니, 안심하시고 친구를 사로잡는 법을 가르쳐주세요."

소크라테스가 말했다. "그러면 크리토불로스, 자네가 누군가의 친구가 되고 싶을 때 자네가 그를 경탄하고 그의 친구가 되고 싶어하더라고 내가 그에게 알려줘도 되는가?"

"얼마든지 일러바치세요." 하고 크리토불로스가 대답했다. "제가 아는 한, 자기를 칭찬하는 사람을 미워하는 사람은 아무도 없으니까요."

(34) 소크라테스가 말했다. "또한 자네는 그를 경탄하는 만큼 그에게 호감을 품고 있다고 내가 일러바치더라도 내가 모함한다고는 생각하지 않겠지?"

"물론이죠." 하고 크리토불로스가 말했다. "제게 호감을 품고 있을 성싶은 사람에게는 저도 호감을 품게 되니까요."

(35) 그러자 소크라테스가 말했다. "그러니까 자네가 친구로 삼고 싶은 사람에게 나는 그런 말을 해도 된다는 거지. 거기에다 자네는 친구에게 헌신적이며 자네에게는 좋은 친구만큼 좋은 것은 아무것도 없으며, 친구의 업적을 자기 업적 못지않게 자랑스러워하며, 친구에게 좋은 일이 생기도록 궁리하는 데 지치는 일이 없다는 말을 내가 덧붙이는 것을 자네가 받아들인다면, 그리고 한 인간의 미덕을 우호적으로 대하는 데는 친구를 능가하고 적대적으로 대하는 데는 적을 능가하는 데 있다고 믿는다면, 그러면 나는 아마도 자네가 좋은 친구를 사귀는 일에 매우 쓸모 있는 협력자가 될 걸세."

(36) "왜 제게 그런 말씀을 하시는 건가요?" 하고 크리토불로스가 물었다. "선생님께서 저에 관해 하고 싶은 말씀이 있는데도 함부로 해서는 안 되는 것처럼 말이에요."

"제우스에 맹세코, 그건 안 되지. 나는 전에 아스파시아[31] 한테서

31 Aspasia. 밀레토스(Miletos) 출신의 재치 있고 지적인 고급 창녀로, 아내와 이혼한 페리클레스(Perikles)의 내연의 처였다. 플라톤의 대화편 『메넥세노스』(*Menexenos*) 235e, 249c에서 소크라테스는 자기가 아스파시아한테 수사학을 배웠다고 말하고 있다. 크세노폰의 다른 저서 『가정경제론』(*Oikonomokos*)에서 소크라테스는 그녀가 여자들의 교육에 관해 탁월한 식견을 갖고 있다고 말한다.

그렇게 들었네. 그녀가 말하기를, 좋은 중매인(中媒人)은 좋은 점을 사실대로 전함으로써 중매에 성공하며, 거짓으로 칭찬하는 것은 권하고 싶지 않다고 했네. 속은 사람들은 서로를 미워하고 중매인도 미워하니까. 나는 그녀의 말이 옳다고 확신하네. 그래서 나는 자네를 칭찬하되 사실이 아닌 말을 함부로 해서는 안 된다고 생각하는 걸세."

(37) 크리토불로스가 말했다. "소크라테스 선생님, 선생님은 제가 친구를 사귈 자질이 있으면 저를 돕되, 그런 자질이 만약 없으면 저를 돕기 위해 이야기를 지어내려 하지 않을 그런 친구인 것 같군요."

그러자 소크라테스가 물었다. "크리토불로스, 어떻게 해야 내가 자네를 더 잘 도울 것 같은가? 거짓말로 자네를 칭찬해야 하는가, 아니면 훌륭한 사람이 되도록 노력하라고 권해야 하는가?

(38) 그런 시각에서는 답이 명확하게 보이지 않는다면 이런 시각에서 보게나. 자네를 선주(船主)의 친구가 되게 하려고 자네가 훌륭한 키잡이라는 거짓말로 내가 선주에게 자네를 추천한다고 가정해보게. 그리고 선주가 내 말만 믿고 자네는 배의 키를 잡을 줄 모르는데도 자기 배를 자네에게 맡긴다고 가정해보게. 자네는 자네 자신과 배를 망치지 않기를 바랄 수 있겠는가? 아니면 자네는 타고난 장군이자 재판관이자 정치가라는 거짓말로 내가 민회에서 국가를 설득하여 자네에게 국가를 맡긴다고 가정해보게. 그럴 경우 자네 때문에 자네 자신과 국가에 어떤 일이 일어날 거라고 생각하는가? 아니면 자네가 재산을 관리하는 일에 능하고 세심하다는 이유로 재산을 자네에게 맡기도록 어떤 시민을 사석에서 거짓말로 설득한다고 가정해보게. 그런 시험의 대상이 되면 자네는 그들에게는 손해를 끼치고 자네 자신은 웃음거리가 되

지 않을까?

(39) 크리토불로스, 자네가 어떤 일에 훌륭해 보이기를 원한다면 실제로 유능해지도록 노력해야 하네. 그게 가장 빠르고 가장 안전하고 가장 훌륭한 길일세. 곰곰이 생각해보면 인간들 사이에서 미덕이라고 불리는 것은 모두 학습과 연습으로 증대됨을 알게 될 걸세. 크리토불로스, 나는 우리가 그렇게 해야 한다고 생각하네. 자네에게 다른 의견이 있다면 말해주게."

크리토불로스가 말했다. "소크라테스 선생님, 저로서는 반론을 제기하기가 부끄럽습니다. 그런다면 저는 아름답지도 참되지도 못한 것을 말하게 될 테니까요."

제 7 장

(1) 또한 소크라테스는 친구들의 어려움 가운데 무지에서 비롯한 것은 조언을 해줌으로써, 궁핍에서 비롯한 것은 친구들이 힘닿는 데까지 서로 도우라고 권고함으로써 해결하려 했다. 이와 관련해서도 내가 그에 관해 아는 것을 적어두고자 한다.

하루는 아리스타르코스[32]가 침울한 것을 보고 소크라테스가 말했다. "아리스타르코스, 자네는 마음에 무거운 짐을 지고 있는 듯한데, 그 짐을 친구들과 나누어서 지도록 하게. 그러면 우리 덕분에 자네의 그 짐이 좀 가벼워질 걸세."

(2) 그러자 아리스타르코스가 말했다 "아닌 게 아니라 소크라테스 선생님, 저는 큰 곤경에 처해 있습니다. 내전이 일어나 많은 사람이 페이라이에우스[33]로 피난을 떠나자 뒤에 남은 누이들과 질녀들과 여자 친척이 한꺼번에 많이 몰려오는 바람에 지금 제 집에는 노예들 말고 자유민만 열네 명이나 있어요. 우리 농지는 반대파가 점유하고 있어 소출이 전혀 없고, 도시가 사실상 방치되어 부동산에서도 아무런 수입이 없습니다. 동산도 사겠다는 사람이 없고, 어디서 돈을 빌릴 수도 없어요. 돈을 빌리느니 차라리 길거리에서 돈을 찾는 편이 더 빠르지 싶습니다. 소크라테스 선생님, 가족이 죽어가는 것을 보면서도 곤경에 처한

그토록 많은 사람을 먹여 살릴 수 없으니 괴롭습니다."

(3) 이 말을 듣고 소크라테스가 물었다. "많은 식구를 먹여 살려야 하는 케라몬[34]은 자신과 가족에게 필요한 것을 충당하고도 저축이 늘어 부자가 되는데, 똑같이 많은 가족을 먹여 살려야 하는 자네는 생필품이 부족해 모두 다 굶어 죽을까 걱정된다니 대체 어찌된 일인가?"

아리스타르코스가 대답했다. "그야 그는 노예들을 먹여 살리는데 저는 자유민들을 먹여 살리기 때문이죠."

(4) "자네는 어느 쪽이 더 훌륭하다고 생각하는가? 자네 집에 있는 자유민들인가, 아니면 케라몬의 집에 있는 노예들인가?" 하고 소크라테스가 물었다.

아리스타르코스가 대답했다. "저는 우리집에 있는 자유민들이 더 훌륭하다고 생각합니다."

그러자 소크라테스가 말했다. "그러면 그는 더 열등한 사람들과 함께하면서도 잘해나가는데 자네는 훨씬 더 훌륭한 사람들과 함께하면서도 곤경에 처하니 수치스럽지 않은가?"

아리스타르코스가 말했다. "그야 그는 기술자들을 먹여 살리는데, 저는 자유민으로 교육받은 사람들을 먹여 살리기 때문이지요."

(5) "기술자란 뭔가 쓸모 있는 것을 만들 줄 아는 사람이겠지?" 하고 소크라테스가 물었다.

32 Aristarchos. 그에 관해서는 달리 알려진 것이 없다.

33 Peiraieus. 아테나이의 구시가지에서 서남쪽으로 8킬로미터쯤 떨어져 있는 항구.

34 Keramon. 그에 관해서는 달리 알려진 것이 없다.

아리스타르코스가 대답했다. "물론입니다."

"밀가루는 쓸모 있겠지?"

"아주 쓸모 있습니다."

"빵은 어떤가?"

"밀가루 못지않게 쓸모 있어요."

소크라테스가 물었다. "어떤가? 남자와 여자가 입는 윗옷과 외투와 겉옷은?"

"그런 것들도 모두 아주 쓸모 있습니다." 하고 아리스타르코스가 대답했다.

"자네 집 식구들은 이런 것들을 하나도 만들 줄 모르는가?" 하고 소크라테스가 물었다.

"저는 그들도 그런 것들을 다 만들 줄 안다고 생각합니다."

(6) "자네는 그런 것 중 하나인 밀가루를 빻음으로써 나우쉬키데스[35]가 자신과 가족을 부양할뿐더러 돼지와 소를 많이 쳐서 저축이 늘어 가끔 나라를 위해 공공봉사[36]를 한다는 것도 모르는가? 또 퀴레보스는 빵을 구움으로써 온 가족을 부양하며 호화롭게 살고, 콜뤼토스의 데메아스[37]는 외투를 제작함으로써, 메논은 담요를 제작함으로써, 또 대부분의 메가라[38]인들은 겉옷을 제작함으로써 먹고 산다는 것도 모르는가?"

"물론 알고 있지요." 하고 아리스타르코스가 말했다. "하지만 그들은 이민족 출신 노예를 사들여 수익이 나는 일이면 무엇이든 하도록 강요할 수 있지만, 제 식구들은 자유민이자 친척인 걸요."

(7) 소크라테스가 말했다. "그러니까 자네는 그들이 자유민이고

자네 친척이기 때문에 먹고 자는 것 말고는 아무것도 해서는 안 된다고 생각하는 겐가? 자네는 다른 자유민 가운데 그런 식으로 사는 자들이 자신의 생계유지를 위해 할 줄 아는 일에 종사하는 사람들보다 더 잘살고 더 행복하다고 보는가? 아니면 자네는 게으름과 무관심은 사람들이 알아야 하는 것을 배우고 배운 것을 기억하며 신체를 건강하고 강하게 하고 살아가는 데 유용한 것을 획득하고 지키는 데 도움이 되지만, 근면과 세심함은 아무 쓸모없다고 느끼는가?

(8) 자네의 여자 친척은 그들이 알고 있다고 자네가 주장하는 그 기술들을 실제로는 쓸모없는 것으로 보고 거기에 종사하지 않을 의도로 배웠을까, 그와는 반대로 거기에 종사하고 거기에서 이익을 얻을 의도로 배웠을까? 어느 쪽이 사람을 더 분별 있게 만드는 것일까? 게으름을 피우는 것일까, 아니면 유용한 일에 종사하는 것일까? 어느 쪽이 인간을 더 올바르게 만들까? 일을 하는 것인가, 아니면 생필품 공급에 관해 논의하는 데 그치는 것인가?

(9) 또한 지금 자네는 그 여인들을 좋아하지 않고 그 여인들도 자

35 Nausykides. 나우쉬키데스는 아리스토파네스(Aristophanes)의 희극 『여인들의 민회』(*Ekklesiazousai*) 426행에도 나오지만 그에 관해 달리 알려진 것은 없다.

36 연극 경연에서 코로스의 훈련과 의상 제작에 드는 비용이나 함선의 의장(艤裝)에 드는 비용 등은 국가가 지정하는 부유한 시민이 부담했는데, 그런 봉사 행위를 그리스어로는 leitourgia라 하고 그런 부담을 지는 사람을 leitourgos라 한다. 아테나이에는 자신을 알리기 위해 그런 비용을 자진하여 부담하는 사람들이 많았다고 한다.

37 Kyrebos, Kollytos, Demeas. 데메아스에 관해서는 달리 알려진 것이 없다. 콜뤼토스는 앗티케 지방의 174개 구역(demos) 중 하나로 아테나이 시 북쪽에 있다.

38 Megara. 아테나이와 코린토스 사이에 있는 도시.

네를 좋아하지 않는 것 같군. 자네는 그들을 부담스러워하고, 그들은 자네가 자기들을 성가시게 여긴다고 보기 때문이겠지. 그런 상황이라면 미움이 점점 커져 이전의 고마운 마음이 작아질 위험이 있네. 하지만 자네가 그들이 일할 수 있도록 격려한다면, 그들이 자네를 이롭게 하는 것을 보면서 자네는 그들을 좋아할 것이고, 그들도 자네가 자기들을 흐뭇하게 여기는 줄 알게 되면서 자네를 좋아하게 될 걸세. 자네도 그들도 이전에 베푼 호의를 회고하는 것이 즐겁고 그 호의가 낳은 감사하는 마음은 더 강해질 것이며, 그러면 자네들은 서로 친해지고 서로 화목해질 걸세.

(10) 그들은 수치스러운 짓을 하느니 차라리 죽는 편이 더 바람직하다고 하겠지. 하지만 그들이 할 줄 아는 일은 분명 여자들에게 가장 명예롭고 적절한 일로 간주되네. 그리고 누구나 자기가 아는 일은 가장 쉽게, 가장 빠르게, 가장 훌륭하게, 가장 즐겁게 하는 법일세. 그러니 자네는 망설이지 말고 자신은 물론 그들에게도 이익이 되는 일감을 그들에게 제공하게. 그들도 아마 자네의 제의를 반길 걸세."

(11) 아리스타르코스가 말했다. "소크라테스 선생님, 정말로 좋은 조언을 해주신 것 같습니다. 지금까지는 가진 것을 다 지출하고 나면 빌린 돈을 갚을 수 없을 거라고 생각해 돈을 빌릴 엄두를 내지 못했지만, 이제는 사업을 시작하기 위해 당장이라도 돈을 빌릴 수 있을 것 같습니다."

(12) 그리하여 그는 자금을 마련하고 양모를 구입했다. 여인들은 아침식사 전에 일을 시작해 저녁식사 때까지 계속해서 일했다. 여인들은 침울한 대신 즐거웠고, 서로 흘겨보는 대신 즐겁게 미소 지었다. 여

인들은 그를 보호자로서 좋아했고, 그는 여인들이 쓸모가 있어 좋아했다. 마침내 아리스타르코스는 소크라테스를 찾아가 그간에 있었던 일의 자초지종을 즐겁게 들려주며, 이제 자기는 자신의 먹을거리를 구하기 위해 일하지 않는 집안의 유일한 식구라고 비판받는다고 덧붙였다.

(13) 그러자 소크라테스가 물었다. "그러면 그들에게 왜 개에 관한 이야기를 들려주지 않았는가? 사람들이 말하기를, 동물들이 말할 수 있던 때에 양 한 마리가 주인에게 말했다고 하네. '주인님은 참 이상해요. 양모와 새끼 양과 치즈를 제공하는 우리에게는 우리가 땅에서 얻는 것 외에는 아무것도 주시지 않으면서, 그런 것들을 하나도 제공하지 않는 개에게는 몸소 잡수시는 음식을 나누어주시니 말이에요.'

(14) 그러자 개가 듣고 이렇게 말했네. '그야 당연하지. 나는 사람들이 훔쳐가거나 늑대들이 채어가지 못하도록 너희를 지켜주니까. 내가 지켜주지 않으면 너희는 죽임을 당할까 두려워서 풀을 뜯어먹지도 못할걸.' 그래서 양떼는 개의 특권을 인정했다고 하네. 그러니 집안 여인들에게 자네는 그들의 감시견이자 수호자이며, 그들이 누구에게도 핍박받지 않고 안전하고 행복하게 일하며 살아갈 수 있는 것은 자네 덕분이라고 말해주게."

제 8 장

(1) 한번은 오랜만에 옛 친구를 만나 소크라테스가 말했다. "에우테로스,[39] 어디 있다 오는 길인가?"

에우테로스가 말했다. "소크라테스, 전쟁이 끝나서 나는 나라밖에서 돌아왔고, 지금은 이곳에 살고 있네. 우리는 나라밖에 있던 재산을 잃어버렸네. 아버지는 앗티케[40] 땅에 나를 위해 아무것도 남겨놓지 않은 탓에 나는 이제 이곳에 정착하여 육체노동으로 생계를 꾸려나가야 하네. 그러는 것이 남에게 구걸하는 것보다 더 나을 것 같으이. 무엇보다도 돈을 빌리고 싶어도 저당 잡힐 게 아무것도 없다네."

(2) "그러면 자네 몸이 품삯을 벌기 위한 노동을 얼마나 오래 견뎌낼 수 있겠는가?" 하고 소크라테스가 물었다.

"분명 오래 견뎌내지는 못할 것 같네." 하고 에우테로스가 대답했다.

"게다가 늙어갈수록 생활비도 더 드는데, 자네가 육체노동을 해도 품삯을 주려는 사람은 없을 걸세." 하고 소크라테스가 말했다.

(3) "맞는 말이네." 하고 에우테로스가 말했다.

소크라테스가 말했다. "그렇다면 아예 늙어서도 충분한 생활비를 보장해줄 일에 종사하는 게 더 낫겠지. 자네는 도움이 필요한 큰 자산가를 찾아가서 작업 감독 노릇을 하고 수확하는 일을 돕고 재산을 관리해주도록 하게. 그것이 그에게도 이익이 되고 자네에게도 이익이 될 걸세."

(4) 에우테로스가 말했다. "소크라테스, 나는 노예가 되고 싶지는 않네."

"하지만 국가를 다스리거나 공공업무를 수행하는 사람들은 그 때문에 노예가 되었다기보다 더 자유민답다고 여겨지네."

(5) "소크라테스, 간단히 말해 나는 누구에게도 감사(監査)를 받고 싶지 않네."

소크라테스가 말했다. "하지만 에우테로스, 감사받지 않는 직업은 결코 쉽게 구해지지 않는다네. 무슨 일을 하든 실수하지 않기는 어렵고, 설령 실수하지 않는다 해도 부당한 비판을 피하기는 어렵기 때문일세. 지금 자네가 한다는 일만 해도 자네가 전혀 비판받지 않고 해내는 것이 쉽다고 생각한다면 나는 의아하게 여길 걸세.

(6) 그러니 불평을 늘어놓는 자는 피하고 제대로 판단할 줄 아는 주인을 찾도록 하게. 자네가 할 수 있는 일을 하고, 할 수 없는 일은 피하고. 또 무슨 일을 하든 최선을 다하고 성의껏 하게. 그러기만 하면 자네는 십중팔구 비난을 피하고, 어려울 때 구원을 받고, 편안하고 안전하게 살며 노년에 이르기까지 여유 있게 생활할 수 있을 걸세."

39 Eutheros. 에우테로스에 관해서는 달리 알려진 것이 없다.

40 Attike 라/Attica. 그리스반도 동남부 지역에 있으며 그 수도가 아테나이이다.

제 9 장

(1) 내가 알기에 한번은 또 크리톤[41]이 자기 일에 전념하려는 사람은 아테나이에서 살기가 어렵다고 말하는 것을 소크라테스가 들었다. 그때 크리톤은 이렇게 덧붙였다. "사람들은 나한테 불의를 당해서가 아니라, 내가 귀찮은 일에 말려드느니 차라리 돈을 주려 할 거라고 생각하고 나를 제소하니 말일세."

(2) 그러자 소크라테스가 말했다. "이봐 크리톤, 말해주게. 자네는 늑대로부터 양떼를 지키기 위해서 개들을 기르는 것이겠지?"

"그야 물론이지." 하고 크리톤이 말했다. "개들을 기르는 것이 기르지 않는 것보다 내게는 더 득이 되니까."

"그러면 자네에게 불의를 저지르려는 자를 막아주려 하고 또 막아줄 수 있는 사람은 왜 기르지 않는가?"

"정말 그러고 싶네. 그가 어느 날 나에게 덤벼들지 않을까 두렵지만 않다면 말일세." 하고 크리톤이 말했다.

(3) 소크라테스가 말했다. "어떤가? 자네는 자네와 같은 사람과 다투기보다는 호의를 베풂으로써 덕을 보는 편이 훨씬 즐겁다는 것을 보지 못하는가? 잘 알아두게. 이 도시에는 자네와 친한 것을 자랑으로 여길 사람이 많이 있다네."

(4) 그 뒤 그들은 아르케데모스[42]를 찾아냈는데, 그는 말하고 실천하는 데는 능했지만 가난했다. 그는 돈만 된다면 아무 일이나 가리지 않고 하는 그런 사람이 아니라 정직한 사람이고, 또한 무고꾼들에게 벌금을 물리는 것은 쉬운 일이라고 말했다. 그래서 크리톤은 곡물이나 올리브유나 포도주나 양모나 생활에 필요한 그 밖의 다른 농산물을 비축할 때면 그중 일부를 아르케데모스에게 선물했고, 제물을 바칠 때에도 그를 초대했다. 그에게 친절을 베풀 기회가 있으면 절대 놓치지 않았다.

(5) 그러자 아르케데모스는 크리톤의 집을 피난처로 여기고 크리톤을 늘 존경했다. 그는 곧 크리톤을 노리는 무고꾼들이 불의를 많이 저질렀고 그들에게 적이 많다는 것을 알아내고는 그중 한 명을 체벌 또는 벌금형에 처해야 한다며 공개재판에 넘겼다.

(6) 무고꾼은 자기가 저지른 비행이 한두 가지가 아님을 알고 아르케데모스에게서 벗어나기 위해 온갖 짓을 다했다. 그러나 아르케데모스는 그가 크리톤을 노리는 일을 그만두고 피해를 보상할 때까지 그자를 놓아주지 않았다.

(7) 아르케데모스가 이 사건을 비롯해 이와 비슷한 사건들을 깔끔하게 처리하는 것을 보고 크리톤의 많은 친구가 아르케데모스가 자

41 Krion. 소크라테스의 죽마고우. 그는 플라톤의 대화편 『크리톤』에서는 소크라테스와 단둘이서 대화를 나누며, 대화편 『파이돈』(*Phaidon*) 118a에서는 독약을 마시고 죽어가는 소크라테스의 눈을 감겨준다.

42 Archedemos. 크세노폰의 『그리스 역사』(*Hellenika*) 1권 7장 2절에 따르면 아르기누사이 해전이 끝난 뒤 아테나이 장군들을 고발한 사람 중 한 명이다. 아르기누사이 해전에 관해서는 1권 주 11 참조.

신도 보호할 수 있게 해달라고 크리톤에게 간청했다. 마치 한 양치기에게 좋은 개가 있어서 다른 양치기들도 그 개의 덕을 보려고 자기 양떼를 그 양치기 곁에 머물게 하려는 것과도 같다.

(8) 아르케데모스는 크리톤에게 기꺼이 감사한 마음을 표했고, 크리톤과 그의 친구들은 편안하게 지내게 되었다. 아르케데모스의 적 가운데 한 명이 그가 크리톤에게 덕을 보았기 때문에 아첨하는 거라고 말하면 그는 이렇게 대답하곤 했다. "어느 쪽이 수치스러운가? 호의를 받아들이고 호의에 보답함으로써 훌륭한 사람의 친구가 되고 나쁜 사람의 적이 되는 것인가, 아니면 진실로 훌륭한 사람들을 해코지하려 함으로써 그들을 적으로 삼고 나쁜 사람들을 편듦으로써 그들을 친구로 삼으며 나쁜 사람들과 사귀기를 더 좋아하는 것인가?"

그 뒤로 아르케데모스는 크리톤의 친구 가운데 한 명이 되었고, 크리톤의 다른 친구들에게도 존경을 받았다.

제10장

(1) 내가 알기에, 소크라테스는 또 제자 중 한 명인 디오도로스[43]와 이런 대화를 나누었다.

"디오도로스, 말해보게." 하고 소크라테스가 물었다. "자네 하인 중 한 명이 달아나면, 자네는 그를 도로 찾아오려고 노력할 텐가?"

(2) "물론이지요." 하고 디오도로스가 대답했다. "저는 그를 찾아주면 사례를 하겠다며 남에게도 도움을 청한답니다."

"어떤가?" 하고 소크라테스가 물었다. "자네 하인 중 한 명이 병나면 그가 죽지 않게 하려고 의사에게 도움을 청하는가?"

"그야 물론이지요." 하고 디오도로스가 말했다.

"자네 하인들보다 훨씬 쓸모 있는 자네 지인 중 한 명이 가난 때문에 죽을 위험에 처해 있다면, 자네는 그를 구할 조치를 취해야 한다고 생각하지 않는가?

(3) 그런데 자네도 알다시피, 헤르모게네스[44]는 남이 호의를 베풀면 고마워할 줄 알며, 자네가 호의를 베푸는데도 보답하지 못하면 이

43 Diodoros. 그에 관해서는 달리 알려진 것이 없다.

를 수치스럽게 여길 사람일세. 그리고 싹싹하고 충성스럽고 믿음직하며, 지시받은 일만 하는 것이 아니라 지시받지 않고도 자진하여 유익한 일을 해낼 수 있으며, 앞을 내다보고 생각하며 계획할 줄 아는 조력자 한 사람을 두는 것은 분명 여러 명의 하인을 두는 것 못지않은 가치가 있다고 나는 생각하네.

(4) 또한 훌륭한 재산관리인은 값진 물건을 싼값에 살 수 있을 때는 그것을 사라고 말해주네. 그리고 지금은 정치 상황으로 보아 좋은 친구를 아주 싼값에 구할 수 있는 시기네."

(5) 그러자 디오도로스가 말했다. "고맙습니다, 소크라테스 선생님. 저를 찾아가보라고 헤르모게네스에게 말해주세요."

"나는 그러지는 않겠네." 하고 소크라테스가 대답했다. "내 생각에 그를 부르는 것은 자네가 몸소 그에게 가는 것만 못하고, 이 일이 성사되면 그가 얻는 이익보다 자네가 얻는 이익이 더 크기 때문일세."

(6) 그래서 디오도로스는 헤르모게네스를 찾아갔고, 그리하여 디오도로스는 어떻게 하면 말과 행동으로 자신을 이롭게 하고 기쁘게 할 수 있을지 궁리하는 것을 일로 삼는 친구를 큰돈을 들이지 않고도 얻었다.

44 Hermogenes. 부자인 힙포니코스(Hipponikos)의 아들. 그가 아버지에게서 물려받을 재산은 이복아우인 칼리아스가 가로챘다. 그는 죽기 전에 소크라테스와 대화를 나눈다. 이 책 4권 8장 4절 이하와 크세노폰의 『소크라테스의 변론』(*Apologia Sokratous*) 참조. 그에 관해서는 크세노폰의 『향연』(*Symposion*) 1장 3절, 3장 8·14절, 4장 23·46~49절, 6장 1~4절, 8장 3·12절. 『그리스 역사』 4권 8장 13절과 플라톤의 대화편 『크라튈로스』(*Kratylos*) 384c, 391c 참조.

제 3 권

제 1 장

(1) 나는 이제 고매한 것을 추구하는 자들이 자신들이 추구하는 목표를 달성하기 위해 노력할 수 있게 함으로써 소크라테스가 그들에게 어떻게 도움을 주었는지 설명하려 한다. 한번은 디오뉘소도로스[1]가 아테나이에 도착하여 어떻게 하면 장군이 될 수 있는지 가르치겠다고 선언했다는 말을 듣고 소크라테스는 자기가 알기에 국가에서 장군직을 얻고 싶어하는 한 제자에게 이렇게 말했다.

(2) "이것 봐 젊은이, 국가에서 장군이 되고 싶어하는 사람이 어떻게 하면 장군이 될 수 있는지 배울 기회를 놓치는 것은 분명 수치스러운 일일세. 그런 사람은 조각하는 법을 배우지도 않고 조각하는 자보다 국가로부터 더 엄벌을 받아 마땅하네.

(3) 전쟁의 위기 때는 국가 전체의 운명이 장군의 손에 맡겨지므로, 그가 성공하면 이익이 크고 그가 실패하면 손해가 크기 때문일세. 그래서 장군이 되는 법을 배우기는 소홀히 하면서 장군으로 선출되는 데[2]만 열을 올리는 자는 벌받아 마땅하네."

(4) 소크라테스는 제자가 디오뉘소도로스에게 가서 배우도록 그런 말로 설득했다. 제자가 공부를 마치고 돌아왔을 때 소크라테스는 이런 말로 놀려댔다. "여보게들, 호메로스는 아가멤논을 '위엄 있다'[3]고

했는데, 여기 있는 우리 친구는 장군이 되는 법을 배운 지금 더 위엄 있어 보이지 않는가? 키타라[4] 연주법을 배운 사람은 키타라를 연주하지 않아도 키타라 연주자이고, 의술을 배운 사람은 개업하지 않더라도 의사이듯이, 여기 있는 우리 친구도 설령 아무도 그에게 투표하지 않는다 하더라도 앞으로 영원히 장군일 테니 말일세. 하지만 무지한 자는 장군도 아니고 의사도 아니네. 설령 만장일치로 선출된다 하더라도 말이야."

(5) 소크라테스는 이렇게 말을 이었다. "우리 가운데 한 명이 자네 휘하에서 연대장이나 중대장이 될 경우 전술에 관해 더 잘 이해할 수 있도록, 군대를 통솔하는 기술에 관해 그가 자네에게 무엇부터 가르쳤는지 우리에게도 말해주게."

제자가 대답했다. "그는 시작도 끝도 같은 것을 가르쳤습니다. 그는 내게 용병술[5] 말고는 아무것도 가르치지 않았으니까요."

(6) 소크라테스가 말했다. "하지만 그것은 장군의 업무 가운데 작은 일부에 지나지 않네. 장군은 전쟁물자를 비축하고 군사들의 먹을거리도 마련해야 하네. 말하자면 장군은 창의적이고, 활동적이고, 세심

1 Dionysodoros. 키오스(Chios) 섬 출신의 소피스트로 아우인 에우튀데모스(Euthydemos)와 함께 수사학과 군사학을 가르쳤다. 플라톤의 대화편 『에우튀데모스』(273c)에 소크라테스가 이들 형제와 대화를 나누는 장면이 나온다.

2 당시 아테나이에서는 해마다 10명의 장군(strategos)이 민회에서 선출되었다.

3 geraros. 『일리아스』 3권 170행. 아가멤논(Agamemnon)은 트로이아전쟁 때 그리스 연합군 총사령관이다.

4 kithara. 현의 길이가 같은 고대 그리스의 발현악기.

5 ta taktika.

하고, 강인하고, 기민하고, 상냥하면서도 냉혹하고, 솔직하면서도 교활하고, 잘 보호해주면서도 잘 훔치고, 후하면서도 탐욕스럽고, 지키기도 잘하지만 공격도 잘해야 하네. 훌륭한 장군이 되려면 그 밖에 많은 자질을 갖추어야 하는데, 그중 어떤 자질은 타고나며, 어떤 자질은 배울 수 있네.

(7) 용병술을 안다는 것은 좋은 일이지. 부대를 제대로 배치하는 것과 아무렇게나 배치하는 것은 큰 차이가 있으니까. 돌과 벽돌과 목재와 기와가 무질서하게 쌓여 있을 때처럼 말일세. 그러나 돌이나 기와처럼 썩거나 삭지 않는 자재를 맨 아래와 맨 위에 배치하고, 벽돌과 목재를 그 사이에 배치하면 그 결과물은 집이라는 값진 재산이 될 걸세."

(8) 그러자 제자가 말했다. "소크라테스 선생님, 참으로 적절한 비유를 드셨습니다. 전쟁 때도 가장 강한 부대는 선두와 후미에 배치하고 가장 약한 부대는 중간에 배치하여, 전위대가 이들을 이끌고 후위대가 이들을 앞으로 밀게 하니까요."

(9) 소크라테스가 말했다. "그야 그렇지. 만약 그가 훌륭한 사람과 열등한 사람을 구별하는 법도 자네에게 가르쳐주었다면 말일세. 하지만 그걸 가르쳐주지 않았다면, 자네가 배운 것이 무슨 소용 있겠는가? 그도 그럴 것이 질 좋은 화폐와 질 나쁜 화폐를 구별하는 법을 가르쳐주지 않고 가장 질 좋은 화폐는 앞과 뒤에 놓고 가장 질 나쁜 화폐는 중간에 놓으라고 그가 명령한다면 그건 자네에게 아무런 도움도 되지 못할 걸세."

제자가 말했다. "그것은 그가 가르쳐주지 않았어요. 그러니 우리가 알아서 훌륭한 사람과 열등한 사람을 구별해야 할 것입니다."

(10) "그러면 우리가 어떻게 해야 이 문제와 관련해 실수를 피할 수 있을지 검토해보는 것이 좋겠지?"

"동의합니다." 하고 제자가 말했다.

소크라테스가 말했다. "만약 우리가 돈을 약탈해야 한다면 금전욕이 가장 강한 자들을 선두에 세우는 것이 옳지 않을까?"

"제 생각도 그렇습니다."

"위험을 무릅쓰려고 할 때는 어떤가? 가장 야심 많은 자들을 선두 대열에 배치해야 하지 않을까?"

"그들은 명예를 위해 위험을 무릅쓰려는 사람들입니다. 그들은 숨어 있지 않고 어디서나 눈에 띄는지라 쉽게 찾아낼 수 있지요." 하고 제자가 말했다.

(11) 소크라테스가 말했다. "말해보게. 그는 부대를 어떻게 배치할 것인지만 가르쳐주던가, 아니면 각 대형(隊形)을 언제 어떻게 이용할 것인지도 설명해주던가?"

"그런 것은 전혀 가르쳐주지 않았어요."

"하지만 상황에 따라 부대 배치와 행군 방법을 바꾸어야 할 때도 적지 않네."

"단언컨대 그는 그 점은 설명해주지 않았습니다." 하고 제자가 말했다.

소크라테스가 말했다. "그렇다면 가서 그에게 다시 물어보게. 만약 그가 그것을 알고 있고 파렴치한 자가 아니라면 자네에게 돈을 받고 나서 불완전하게 가르쳐서 돌려보낸 것을 부끄러워할 걸세."

제 2 장

⑴ 한번은 소크라테스가 장군으로 선출된 사람을 만나 물었다. "그대는 호메로스가 왜 아가멤논을 백성의 목자[6]라고 부른다고 생각하시나요? 목자는 양떼가 안전하고 생존에 필요한 것을 갖고 양떼를 치는 목적이 달성되도록 보살펴야 하듯이, 장군은 병사들이 안전하고 생존에 필요한 것을 갖고 싸우는 목적이 달성되도록 보살펴야 하기 때문이 아닐까요? 그리고 병사들이 싸우는 것은 적을 제압함으로써 더 행복해지기 위해서가 아닐까요?

⑵ 아니면 호메로스가 왜 아가멤논을 이렇게 칭찬했겠소?

> 훌륭한 왕이자 동시에 강력한 창수(槍手)이다.

그런데 '강력한 창수'가 되려면 혼자서 적군과 용감하게 싸우는 것이 아니라 병사 전체를 그렇게 만들어야 하며, '훌륭한 왕'이 되려면 자기 삶만 잘 꾸려나가는 데서 나아가 백성도 행복하게 만들어야 하지 않을까요?

⑶ 왕으로 선출된 자는 자기만 잘 보살피는 것이 아니라 자기를 선출해준 사람들의 행복도 보살펴야 하니까요. 또한 모든 사람은 최대

한 훌륭한 삶을 살기 위해 싸움터로 나아가며, 그리고 이러한 목표로 이끌어달라고 장군을 선출한다오.

(4) 따라서 장군은 자기를 장군으로 선출해준 사람들을 위해 그런 목표를 달성해야만 하오. 그보다 더 명예로운 것도, 그와 반대되는 것보다 더 치욕스러운 것도 찾기 쉽지 않기 때문이지요."

그렇게 훌륭한 지도자의 미덕이 무엇인지 검토함으로써 소크라테스는 다른 미덕은 모두 벗겨버리고, 부하들을 행복하게 하는 능력만 남겨놓았다.

6 『일리아스』 2권 243행. 아가멤논(Agamemnon)은 트로이아전쟁 때 그리스 연합군 총사령관이다.

제 3 장

(1) 내가 알기에 소크라테스는 기병대장[7]으로 선출된 누군가와 이렇게 대화를 나누었다.

소크라테스가 말했다. "젊은이, 자네가 왜 기병대장이 되고 싶어 했는지 우리에게 말해줄 수 있겠나? 자네는 분명 다른 기병들의 선두에서 말달리는 것을 원하지 않았던 듯하니까. 그것은 기마 궁수의 특권일세. 아무튼 그들은 기병대장 앞에서 말달리네."

"맞는 말씀입니다." 하고 젊은이가 말했다.

"눈길을 모으기 위해서도 아닌 것 같네. 미치광이도 모든 사람의 눈길을 모으니 말일세."

"그 역시 맞는 말씀입니다." 하고 젊은이가 대답했다.

(2) "그것은 아마도 자네가 기병대를 더 나은 상태로 국가에 돌려주고, 기병대를 쓸 필요가 있을 경우 기병대장으로서 국가에 봉사할 거라고 생각하기 때문이겠지?"

"물론입니다."

소크라테스가 말했다. "그것은 분명 훌륭한 일일세. 자네가 그럴 수 있다면. 자네가 선출된 직책은 아마도 말과 기수(騎手)를 통솔하는 일일 걸세."

"아닌 게 아니라 그렇습니다." 하고 젊은이가 말했다.

(3) "자, 그렇다면 우리에게 먼저 자네가 어떤 방법으로 말들을 더 훌륭하게 만들 작정인지 말해주게."

그러자 젊은이가 말했다. "그것은 내 직무가 아닙니다. 각자의 말은 각자가 보살펴야 하니까요."

(4) 소크라테스가 말했다. "만약 자네 대원들이 타고 나타나는 말 가운데 어떤 말은 발이나 다리의 상태가 좋지 못하거나 허약하고, 어떤 말은 보조를 맞출 수 없을 만큼 영양 상태가 나쁘고, 어떤 말은 배치된 곳에 가만히 서 있지 못할 만큼 훈련이 덜 돼 있고, 어떤 말은 차는 버릇이 있어 줄을 세울 수 없다면, 자네의 기병대가 자네에게 무슨 덕이 되겠나? 자네는 그런 기병대를 이끌고 어떻게 국가를 위해 봉사하겠는가?"

그러자 젊은이가 말했다. "지당한 말씀입니다. 최선을 다해 말들을 보살피겠습니다."

(5) 소크라테스가 말했다. "어떤가? 자네는 더 훌륭한 기수들을 만들려고 노력하지 않을 텐가?"

"노력할 겁니다." 하고 젊은이가 말했다.

"그렇다면 자네는 먼저 그들이 말을 더 잘 타도록 훈련시키겠지?"

"그래야겠지요. 그래야만 그들 중 누가 말에서 떨어지더라도 살아남을 가능성이 높아질 테니까요." 하고 젊은이가 말했다.

7 당시 아테나이에서는 해마다 2명의 기병대장(hipparches)이 민회에서 선출되었다.

(6) “어떤가? 자네가 전투를 치러야 할 경우 자네들이 평소에 훈련하던 모래땅으로 적군을 유인하라고 그들에게 명령하든지, 아니면 적군이 차지하고 있는 것과 같은 지형에서 그들을 훈련시키려 하겠지?”

“그러는 것이 분명 더 좋겠습니다.” 하고 젊은이가 대답했다.

(7) “어떤가? 되도록 많은 자네 대원이 말을 탄 채 창을 던지도록 해주고 싶겠지?”

젊은이가 대답했다. “그러는 것 역시 분명 더 좋겠습니다.”

“자네 기병대가 기상이 씩씩해지고 적군에게 적개심을 품음으로써 더 용맹스러워지게 만들 생각은 해보았는가?”

“그렇지 못하다면 지금이라도 그렇게 되도록 노력하겠습니다.” 하고 젊은이가 말했다.

(8) “기병대가 자네에게 복종하도록 할 생각은 해보았는가? 복종하지 않는다면 말과 기수가 아무리 훌륭하고 용맹스럽다 해도 아무짝에도 소용없으니 말일세.”

“맞는 말씀입니다.” 하고 젊은이가 말했다. “하지만 소크라테스님, 그들을 복종하게 만들 최선의 방법은 무엇입니까?”

(9) “자네도 알다시피, 매사에 인간은 가장 훌륭하다고 여겨지는 사람에게 가장 기꺼이 복종한다네. 그래서 인간은 병이 나면 의사에게, 배 위에서는 선장에게, 농사에는 농사일에 가장 능하다고 여겨지는 농부에게 가장 기꺼이 복종하는 것일세.”

“그야 물론입니다.” 하고 젊은이가 말했다.

그러자 소크라테스가 말했다. “그렇다면 십중팔구 승마술에서도 어떻게 해야 하는지 가장 명확히 아는 사람에게 남들이 가장 기꺼이 복종할 걸세."

(10) 젊은이가 말했다. "그렇다면 소크라테스님, 내가 그들 중 분명 가장 훌륭한 기수라면, 그들이 내게 복종하게 하는 데 그것이면 충분할까요?"

소크라테스가 말했다. "그렇다네. 거기에 더하여 자네에게 복종하는 것이 더 명예롭기도 하고 안전에 더 도움이 되기도 하다는 것을 자네가 그들에게 보여줄 수 있다면 말일세."

"내가 그것을 어떻게 보여줄 수 있을까요?" 하고 젊은이가 말했다.

소크라테스가 말했다. "제우스에 맹세코, 그것은 나쁜 것이 좋은 것보다 더 훌륭하고 더 유익함을 보여주어야 할 때보다 훨씬 쉽다네"

(11) 젊은이가 물었다. "기병대장은 다른 직무에 더하여 훌륭한 연설가가 되려고도 노력해야 한다는 말씀인가요?"

소크라테스가 대답했다. "자네는 기병대장은 침묵을 지켜야 한다고 생각했는가? 아니면 자네는 관습이 우리에게 가르쳐준 모든 이상, 말하자면 우리에게 사는 방법을 가르쳐주는 이상을 우리가 대화를 통해 배웠으며, 누군가 그 밖의 다른 훌륭한 것을 배운다면 대화를 통해 배우며, 가장 훌륭한 교사는 무엇보다도 대화를 이용하며, 가장 중요한 주제에 관해 가장 심오한 지식을 가진 사람은 누구보다 탁월한 담론가라는 것을 알아채지 못했는가?

(12) 아니면 자네는 이 나라에서 델로스[8]섬에 보내는 것과 같은 합창가무단이 선출될 때마다 다른 나라에서 파견된 어떤 합창가무단도 이 나라에서 파견한 합창가무단에 비견될 수 없으며, 어느 나라에서

도 이 나라에서만큼 훌륭한 남자들의 집단을 찾아볼 수 없다는 것을 알아채지 못했는가?"

"맞는 말씀입니다." 하고 젊은이가 말했다.

(13) "아테나이인들이 다른 나라 사람들보다 우수한 것은 아름다운 목소리나 체격이나 체력 때문이 아니라 명예욕 덕분인데, 명예욕이야말로 고매하고 명예로운 행위를 부추기는 가장 강력한 동인(動因)일세."

"그 또한 맞는 말씀입니다." 하고 젊은이가 말했다.

(14) 소크라테스가 말했다. "그렇다면 누군가 이 나라 기병대를 애써 돌본다면 그들도 무구와 말과 훈련과 적에 맞설 각오에서 다른 나라 기병을 크게 능가할 거라고 생각하지 않는가? 만약 그들이 그럼으로써 영광과 명예를 얻을 거라고 생각한다면 말일세."

"그럴 것 같습니다." 하고 젊은이가 말했다.

(15) 소크라테스가 말했다. "그렇다면 머뭇거리지 말고 그러도록 자네 대원들을 고무하게. 그러면 자네도 덕을 보고, 동료 시민도 자네 덕을 볼 걸세."

"제우스에 맹세코, 그렇게 해보겠습니다." 하고 젊은이가 말했다.

제 4 장

(1) 한번은 니코마키데스[9]가 투표장에서 돌아오는 것을 보고 소크라테스가 물었다. "누구누구가 장군으로 선출되었는가, 니코마키데스?"

그러자 니코마키데스가 대답했다. "소크라테스님, 그들은 정말로 아테나이인답지 않나요? 그들은 징병 명부에 오른 뒤로 온갖 힘든 일을 해내고 대대장 또는 연대장으로 봉사했으며 적군에게 이런 부상까지 입은 나를—그렇게 말하며 그는 옷을 걷어 올리고 흉터를 보여주었다—선출하지 않고, 대신 중무장 보병으로 근무한 적도 없고 기병대에서 두각을 나타낸 적도 없으며 돈벌이 말고는 아무것도 모르는 안티스테네스[10]를 뽑았으니 말입니다."

8 Delos. 에게해의 서남부에 있는 퀴클라데스(Kyklades) 군도의 중앙에 위치한 섬. 그리스신화에 따르면 아폴론(Apollon)과 아르테미스(Artemis) 쌍둥이 남매 신은 이 섬에서 태어났다고 한다. 남매 신을 기리기 위해 4년마다 이 섬에서 개최되는 축제에 그리스 각 도시에서 파견된 합창가무단이 참가해 경연을 벌였다.

9 Nikomachides. 그에 관해서는 달리 알려진 것이 없다.

10 2권 5장에 나오는 안티스테네스와는 다른 사람인 것 같다.

(2) 소크라테스가 말했다. "그 역시 좋은 일이 아니겠는가? 만약 그가 병사들에게 생필품을 조달할 수 있다면 말일세."

니코마키데스가 말했다. "돈벌이라면 상인도 할 수 있어요. 그렇다고 해서 상인이 장군이 될 수 있는 것은 아니지요."

(3) 그러자 소크라테스가 말했다. "하지만 안티스테네스는 이기기를 좋아하는데, 그것은 장군에게 어울리는 자질일세. 자네는 그가 합창가무단을 후원할 때마다[11] 그가 후원하는 합창가무단이 번번이 우승하는 것을 보지 못했는가?"

니코마키데스가 말했다. "물론 보았지요. 하지만 합창가무단을 맡는 것과 군대를 맡는 것은 별개입니다."

(4) 소크라테스가 말했다. "하지만 안티스테네스는 노래하거나 합창가무단을 훈련시킨 경험이 없었음에도 이 분야의 전문가들을 찾아내는 데 성공했네."

그러자 니코마키데스가 말했다. "그러면 그는 군대에서도 자기 대신 지휘할 다른 사람과 전투를 수행할 다른 사람을 찾아내겠네요."

(5) 소크라테스가 말했다. "만약 그가 합창가무단을 훈련시킬 때 그랬듯이 군사작전에 가장 훌륭한 사람을 찾아내어 선발한다면 십중팔구 군사작전에서도 성공을 거둘 걸세. 그 밖에 그는 자기가 속한 부족을 위해 합창가무단 경연에서 우승하는 데 쓰는 것보다 온 나라를 위해 전쟁에서 승리하는 데 더 많은 비용을 쓸 각오가 되어 있을 걸세."

(6) 니코마키데스가 물었다. "소크라테스님, 합창가무단을 성공적으로 후원하는 사람이 군사작전에도 성공할 것이란 말씀인가요?"

소크라테스가 대답했다. "내 말은 통솔하는 사람이 필요한 것이 무엇인지 알고 그것을 마련할 수 있다면 그가 통솔하는 것이 합창가무단이든 재산이든 도시든 군대든 훌륭한 통솔자가 될 것이라는 뜻일세."

(7) 니코마키데스가 말했다. "소크라테스님, 그대한테서 훌륭한 재산관리인이 훌륭한 장군일 수 있다는 말을 듣다니 정말 뜻밖이네요."

소크라테스가 말했다. "자, 이들 각각의 임무를 검토하여, 그것들이 같은지 다른지 알아보기로 하세."

"당연히 그래야겠지요." 하고 니코마키데스가 말했다.

(8) "부하들을 고분고분하고 말을 잘 듣게 만드는 것이 이 둘의 임무가 아닐까?" 하고 소크라테스가 말했다.

니코마키데스가 말했다. "물론이지요."

"어떤가? 인재를 적재적소에 배치하는 것은?"

"그 또한 이 둘의 임무입니다."

"나쁜 자를 벌주고 훌륭한 사람을 존중하는 것도 이 둘이 할 일인 것 같네."

"물론입니다." 하고 니코마키데스가 말했다.

(9) "부하들의 호감을 사는 것도 이 둘에게 당연히 좋은 일이겠지?"

11 당시 아테나이에서는 경연에 참가하는 합창가무단(choros)의 의상비와 훈련 경비나 함선을 의장하는 경비는 국가가 지정하는 부유한 시민들이 도맡았다. 이런 봉사를 '공공봉사'(leitourgia)라고 하며, 합창가무단의 후원자는 코레고스(choregos)라고 했다.

"그 또한 좋은 일입니다."

"자네는 동맹군과 조력자를 끌어들이는 것이 이 둘에게 도움이 된다고 생각하는가, 아니면 도움이 되지 않는다고 생각하는가?"

"물론 도움이 되겠지요." 하고 니코마키데스가 말했다.

"이 둘은 가진 재산을 지킬 수 있어야겠지?"

"물론이지요."

"또한 이 둘은 조심스럽게 열심히 자신들의 임무를 수행해야겠지?"

(10) 니코마키데스가 말했다. "이 모든 것은 이 둘에게 공통되지만, 싸우는 것은 이 둘에게 공통되지 않아요."

"그러나 이 둘에게는 아무튼 적이 생길 걸세."

"그 또한 그렇습니다."

"이 둘에게는 적에게 이기는 것이 중요하겠지?"

(11) 니코마키데스가 말했다. "물론입니다. 하지만 싸워야 할 때 재산관리 능력이 무슨 도움이 되는지는 설명해주시지 않는군요."

소크라테스가 말했다. "그럴 때야말로 가장 도움이 될 걸세. 왜냐하면 훌륭한 재산관리인은 싸움터에서는 적에게 이기는 것만큼 이익이 되고 덕이 되는 것이 없고, 적에게 지는 것만큼 이익이 안 되고 손해가 되는 것이 없다는 것을 알기에 적에게 이기는 데 도움이 될 만한 것을 열심히 찾아내고 마련할 것이기 때문이네. 또한 그는 적에게 이길 만큼 준비가 되었다 싶으면 힘껏 싸울 것이며, 무엇보다도 준비가 불충분하다 싶으면 적과 교전하지 않을 걸세."

(12) 소크라테스가 말을 이었다. "니코마키데스, 재산관리인을

무시하지 말게. 개인 업무의 처리와 공공업무의 처리는 양(量)에서만 차이가 날 뿐이네. 다른 점에서는 이 둘은 같은 것이라네. 둘 중 어느 것도 사람들 없이는 해낼 수 없으며, 개인 업무에서 부리는 사람이나 공공업무에서 부리는 사람이나 같다는 점에서 특히 그러하네. 공공업무를 보는 사람은 개인 업무를 볼 때와 같은 사람을 부리기 때문이네. 그리고 이들을 부릴 줄 아는 사람은 공공업무도 개인 업무도 성공적으로 수행하지만, 부릴 줄 모르는 사람은 공공업무에서도 개인 업무에서도 실패할 걸세."

제 5 장

(1) 한번은 대(大)페리클레스의 아들[12]과 대화를 나누다가 소크라테스가 이렇게 말했다. "페리클레스, 자네가 장군으로 선출되었으니, 나는 우리 도시가 전쟁을 더 효과적으로 수행하여 이름을 날리고 적군을 이기리라는 희망에 부풀어 있다네."

그러자 페리클레스가 말했다. "소크라테스님, 저도 그대의 말처럼 되었으면 좋겠어요. 하지만 어떻게 해야 그럴 수 있는지 모르겠네요."

그러자 소크라테스가 물었다. "자네는 나와 함께 이 주제에 관해 논의하며 어떻게 해야 그런 일이 가능한지 검토해보고 싶은가?"

"그러고 싶어요." 하고 페리클레스가 대답했다.

(2) 소크라테스가 말했다. "아테나이인들이 보이오티아[13]인들보다 수적으로 열세가 아니라는 것은 자네도 알 테지?"

"알고말고요."

"자네는 훌륭하고 잘 단련된 신체를 어디에서 더 많이 고를 수 있다고 생각하는가? 보이오티아인가 아테나이인가?"

"그 점에서도 아테나이인들이 뒤지지 않는 것 같아요."

"어느 쪽 사람들이 서로 더 화목하다고 생각하는가?"

"아테나이인들입니다. 많은 보이오티아인들이 테바이에 착취당하는 것에 분개하지만, 아테나이에서는 그런 것을 볼 수 없으니까요."

(3) "또한 아테나이인들은 다른 나라 사람보다 더 명예를 사랑하고 더 고결한데, 이런 자질이야말로 명예와 조국을 위해 자기희생을 감수하게 하는 가장 강력한 동기일세."

"그 점에서도 아테나이인들은 비난받지 않을 겁니다."

"또한 선조의 위대한 업적을 아테나이만큼 많이 물려받은 나라는 없는데, 아테나이인들 가운데 많은 사람이 그런 본보기에 고무되어 미덕을 함양하고 자신이 용감한 전사임을 보여주려 한다네."

(4) "그것은 모두 맞는 말씀입니다, 소크라테스님. 하지만 보시다시피 레바다이아에서 톨미데스와 수천 명이, 그리고 델리온에서 힙포크라테스가 참패한 뒤로[14] 아테나이인들과 보이오티아인들의 관계는

12 유명 정치가이자 장군인 대(大) 페리클레스(1권 2장 40절 이하, 2권 6장 13절 참조)와 그의 애첩 아스파시아(2권 6장 36절 참조) 사이에서 태어난 서자 페리클레스를 말한다. 그는 기원전 406년 장군으로 선출되었다가 아르기누사이 해전(1권 1장 18절 참조) 때 물에 빠진 병사들을 풍랑에서 구하지 않고 전사자들을 거두려 하지 않았다는 이유로 처형당한 여섯 명의 아테나이 장군 가운데 한 명이다.

13 Boiotia. 테바이(Thebai)가 수도인 보이오티아 지방은 아테나이를 수도로 하는 앗티케 지방의 북서쪽에 있는데 이 두 지방은 오랜 적수였다.

14 기원전 447년 보이오티아 지방의 레바다이아(Lebadaia) 전투에서 톨미데스(Tolmides) 휘하의 아테나이군이 보이오티아 지방의 추방당한 과두정체 지지자들이 이끄는 군대에게 참패한다. 투퀴디데스(Thoukydides), 『펠로폰네소스전쟁사』(*Ho polemos ton Peloponnesion kai Athenaion*) 1권 108, 113장 참조. 기원전 424년 앗티케에서 가까운 보이오티아의 변경 도시 델리온(Delion)에서 힙포크라테스(Hippokrates) 휘하의 아테나이군이 보이오티아군에게 참패한다. 투퀴디데스, 『펠로폰네소스전쟁사』 4권 96~97장 참조. 소크라테스가 이 전투에 참가한 일에 관해서는 플라톤(Platon)의 『향연』(*Symposion*) 221a, 『라케스』(*Laches*) 181b 참조.

뒤바뀌어 보이오티아인들에 대한 아테나이인들의 위세는 꺾이고 테바이인들의 긍지는 높아졌습니다. 그 결과 전에는 자기 나라 안에서도 라케다이몬인들과 다른 펠로폰네소스인들의 도움 없이는 감히 아테나이인들에 맞서지 못하던 보이오티아인들이 지금은 스스로의 힘으로 앗티케를 침공하겠다고 위협하고 있으며, 전에는 [보이오티아인들이 혼자일 때] 보이오티아를 약탈하던 아테나이인들은 보이오티아인들이 앗티케를 약탈하지 않을까 두려워하고 있어요."

(5) 그러자 소크라테스가 말했다. "나도 그 점은 잘 알고 있네. 하지만 지금은 우리 나라의 분위기가 훌륭한 지도자에게 더 우호적인 것 같네. 자만심은 부주의와 게으름과 불복종을 낳지만, 두려움은 사람들이 경각심을 더 갖게 하고 더 잘 복종하게 하며 질서를 더 잘 지키게 하기 때문일세.

(6) 선원들의 태도가 좋은 예(例)가 될 걸세. 선원들은 아무것도 두려울 것이 없으면 완전히 제멋대로이지만, 폭풍이나 적의 공격이 예상되면 무슨 명령이든 수행할뿐더러 합창가무단의 단원들처럼 아무 말 없이 다음 명령이 떨어지기만을 기다리니 말일세."

(7) 페리클레스가 말했다. "그들이 명령에 고분고분 복종할 것이라면, 이번에는 우리가 어떻게 해야 그들이 이전의 미덕과 명성과 행복을 그리워하도록 만들 수 있겠는지 논의할 때인 것 같아요."

(8) 소크라테스가 말했다. "만약 우리가 남이 가진 재물에 대해 아테나이인들이 권리를 주장하기를 원한다면, 그들이 그 재물을 점유하도록 부추기는 가장 좋은 방법은 그것은 그들이 선조에게 물려받은 그들 고유의 재물이라는 것을 증명하는 것일세. 그리고 우리는 그들이

미덕에서 탁월하려고 노력하기를 원하는 만큼, 미덕은 오래전부터 그들 것이었으며 미덕을 함양하려고 노력함으로써 그들이 세상에서 가장 훌륭한 사람이 될 것임을 보여주어야 하네."

(9) "우리가 어떻게 그들에게 그것을 가르쳐줄 수 있을까요?"

"생각건대 우리가 알고 있고 그들도 전해 들은 그들의 옛 선조가 더없이 훌륭한 분들이었음을 상기시키면 될 걸세."

(10) "케크롭스[15]와 그의 조언자들이 그의 미덕에 힘입어 판결을 내린 신들의 영유권 다툼[16] 말씀인가요?"

"그렇다네. 그리고 에렉테우스[17]의 탄생과 양육, 그의 시대에 치러진 모든 인접국과의 전쟁, 헤라클레스[18]의 아들들과 펠로폰네소스인들과의 전쟁,[19] 테세우스[20] 치세에 치러진 모든 전쟁도. 이 모든 전투에서

15 Kekrops. 아테나이의 전설적 왕.

16 그리스신화에 따르면, 해신(海神) 포세이돈(Poseidon)과 전쟁과 직조의 여신 아테나(Athena)가 앗티케 지방의 영유권을 차지하려고 서로 다투었을 때 포세이돈은 삼지창으로 아크로폴리스에 샘을 뚫어 주었으나 아테나는 올리브나무를 선물로 주어 아테나이인들에게 승자로 판정받았다고 한다. 참고로 소크라테스 시대에만 해도 역사와 전설이 엄격히 구분되지 않았다.

17 Erechtheus. 아테나이의 전설적 왕으로 대장장이 신 헤파이스토스(Hephaistos)의 정액이 대지(Gaia)에 쏟아져 태어났으며 아테나 여신이 그를 양육했다.

18 Herakles. 인류를 위협하던 괴물들을 퇴치한 그리스의 대표적인 영웅.

19 헤라클레스의 자녀들이 펠로폰네소스반도의 강자 뮈케네(Mykene) 왕 에우뤼스테우스(Eurystheus)에게 쫓길 때 아테나이인들이 그들을 도와주었다.

20 Theseus. 앗티케 지방을 아테나이를 중심으로 한 강력한 국가공동체로 묶은 영웅. 그가 치른 전투 중에서는 여자 전사로 구성된 아마조네스족(Amazones)과의 전투와 상반신은 사람이고 하반신은 말인 켄타우로스(Kentauros)들과의 전투가 유명하다.

우리 선조는 자신들이 그 시대의 가장 탁월한 인간임을 명백히 보여주었네.

(11) 또한 우리 시대 얼마 전에 살았던 그분들의 자손이 이룩한 위업도 있네. 그중 더러는 이들이 아시아 전역과 마케도니아에 이르는 에우로페[21]를 호령하던 자들이나 이전의 어떤 나라보다 더 큰 힘과 부를 갖고 가장 큰 업적을 이룩한 자들과 남의 도움도 받지 않고 싸워서 쟁취한 것들이고, 더러는 이들이 펠로폰네소스인들과 힘을 모아 육지와 바다에서 힘껏 싸워 쟁취한 것들일세.[22] 이들 아테나이인도 당대의 어느 누구보다도 훨씬 더 탁월했다고 하네."

"아닌 게 아니라 그렇다고들 하더군요." 하고 페리클레스가 말했다.

(12) "그래서 헬라스에 이주 행렬이 수없이 이어졌어도 아테나이인들은 자기 나라에 그대로 살았고,[23] 소송에 휘말린 수많은 사람이 그들에게 중재를 요청했으며,[24] 억압의 희생자들에게 그들은 종종 피난처를 제공했다네."[25]

(13) 그러자 페리클레스가 말했다. "소크라테스님, 우리 나라가 어쩌다가 이렇게 퇴보했는지 이해가 안 돼요."

소크라테스가 말했다. "내 생각에 운동선수가 실력이 너무 뛰어나 쉽게 우승하면 방심해서 경쟁자들에게 뒤지듯이, 아테나이인들도 너무 뛰어난 나머지 자신을 소홀히 한 탓에 퇴보한 것 같네."

(14) 페리클레스가 물었다. "어떻게 하면 그들이 이전의 탁월함을 되찾을 수 있을까요?"

소크라테스가 대답했다. "그 답변은 어려운 것 같지 않네. 그들이 선조의 생활방식을 받아들여 선조보다 더 열심히 거기에 따른다면 선조 못지않게 훌륭해질 걸세. 그럴 수 없을 경우 오늘날 헬라스 세계에서 주도적인 역할을 하는 자들[26]을 본보기로 삼아 이들의 생활방식을 따라야 하네. 똑같은 열의를 갖고 거기에 따른다면 그들은 이들 못지않게 훌륭해질 것이고, 더 열의를 갖고 따른다면 그들은 이들보다 더 훌륭해지기도 할 걸세."

(15) 페리클레스가 말했다. "우리 나라는 진정한 훌륭함[27]에서 멀리 떨어져 있다는 말씀이군요. 아테나이인들은 아버지를 비롯하여 나이 많은 사람을 무시하는데, 그런 그들이 언제쯤 라케다이몬인들처럼 노인을 공경하게 될까요? 또는 아테나이인들은 체력단련을 소홀히 할뿐더러 체력단련에 힘쓰는 사람을 비웃는데, 그런 그들이 언제쯤 라케다이몬인들처럼 체력단련을 하게 될까요?

(16) 아테나이인들은 통치자를 무시하는 것을 자랑으로 여기는데, 그런 그들이 언제쯤 라케다이몬인들처럼 통치자에게 복종하게 될

21 Europe. 유럽 대륙.

22 기원전 5세기 초에 일어난 페르시아전쟁을 말한다.

23 아테나이인들은 자기들이 본토박이임을 자랑으로 여겼다.

24 아이스퀼로스(Aischylos), 『자비로운 여신들』(*Eumenides*) 참조.

25 예를 들어 헤라클레스의 아들들에게(3권 주19 참조), 아드라스토스(Adrastos)와 '테바이를 공격한 일곱 장수'의 미망인들에게(에우리피데스(Euripides)의 『탄원하는 여인들』(*Hiketides*) 참조), 오이디푸스에게(소포클레스(Sophokles)의 『콜로노스의 오이디푸스』(*Oidipous epi Kolonoi*) 참조) 제공했다는 말이다.

26 이를테면 스파르테인들.

27 '진정한 훌륭함'(he kalokagathia).

까요? 또는 아테나이인들은 언제쯤 라케다이몬인들처럼 한 마음 한뜻이 될 수 있을까요? 지금 아테나이인들은 공동의 이익을 위해 서로 협력하는 대신 남들보다도 자기들끼리 더 시기하고 더 모욕하며, 공적인 모임에서나 사적인 모임에서나 다투기 좋아하며, 걸핏하면 서로 고소하고, 협동보다는 그런 식으로 상대방에게서 이득을 얻기를 선호하고, 공적인 임무를 자기와는 무관한 것으로 여기며 그 때문에도 다투며, 무엇보다도 자신들에게 그런 말다툼을 할 능력이 있는 것을 흐뭇해합니다.

(17) 그 결과 수많은 해악과 재해가 우리 나라에 뿌리내리고 있으며, 상호간의 심한 적대감과 증오심이 시민들 사이에 생겨나고 있어요. 그래서 나는 견딜 수 없는 재앙이 우리 나라를 덮치지 않을까 늘 두렵답니다."

(18) 그러자 소크라테스가 말했다. "페리클레스, 아테나이인들이 그렇게 치유할 수 없을 만큼 타락했다고 생각하지 말게. 그들의 해군이 얼마나 잘 훈련되어 있고, 육상경기에서 그들이 심판에게 얼마나 잘 복종하며, 합창가무단 단원일 때 훈련시키는 이의 지시에 누구 못지않게 잘 따르는 것을 자네는 보지 못하는가?"

(19) 페리클레스가 말했다. "참 이상한 일이에요. 그런 사람들은 윗사람의 지시를 잘 따르는데, 시민 중에서 가장 훌륭하다고 여겨지는 중무장 보병대와 기병대가 누구보다도 말을 잘 안 들으니 말입니다."

(20) 그러자 소크라테스가 물었다. "여보게 페리클레스, 아레이오스 파고스[28]의 법정은 어떤가? 그 법정은 누구보다 권위를 인정받은 사람들로 구성되어 있지 않은가?"

"물론입니다." 하고 페리클레스가 대답했다.

소크라테스가 계속해서 물었다. "그렇다면 자네는 자기들에게 배정된 사건과 그 밖의 다른 업무를 이들보다 더 훌륭하게, 더 적법하게, 더 권위 있게, 더 올바르게 처리하는 다른 단체를 알고 있는가?"

페리클레스가 대답했다. "그들을 나무라지는 않겠어요."

소크라테스가 말했다. "그렇다면 아테나이인들이 규율을 지키지 않는다고 절망할 필요는 없네."

(21) "하지만 절제와 훈련과 복종이 가장 필요한 군복무와 관련해서는 우리 나라에서 그런 자질에 주목하는 사람은 아무도 없어요." 하고 페리클레스가 말했다.

소크라테스가 말했다. "그것은 아마도 최소한의 전문지식도 없는 자들이 이 분야를 담당하기 때문일 걸세. 전문지식이 없는 사람은 어느 누구도 키타라 연주자나 합창가무단 단원이나 무용수에게 지시를 내리려 하지 않는 것을 자네는 보지 않는가? 이 점은 레슬링 선수나 팡크라티온[29] 선수의 경우도 마찬가지일세. 이들 분야에서 권위자들은 누구나 자신의 전문기술을 어디서 배웠는지 말해줄 수 있네. 그러나 우리

28 아레이오스 파고스(Areios pagos 라/Areopagus '아레스의 언덕')는 아테나이의 아크로폴리스 서쪽에 있는 언덕으로 대개 그곳에 있는 최고 법정을 가리킨다. 초기에는 퇴임 아르콘(archon)들이 자동적으로 위원이 되어 국가의 중대사를 논의하며 막강한 권력을 행사했다. 그러나 기원전 5세기 아테나이가 완전히 민주화되고 나서는 주로 살인사건을 다루는 법정이 되면서 권위와 실권이 약화되어 유명무실한 기관이 되었다.

29 pankration. 권투와 레슬링을 합친 격투기.

나라 장군들은 대부분 스승 없이 혼자 힘으로 배웠네.

(22) 하지만 나는 자네가 그런 부류의 장군이라고 생각하지 않으며, 자네가 언제 용병술을 배우기 시작했는지를 언제 레슬링을 배우기 시작했는지 만큼이나 쉽게 말할 수 있으리라고 확신하네. 나는 또 자네가 아버지에게 많은 용병술을 물려받아 간직하고 있으며, 용병술에 도움이 될 만한 것을 배울 수 있는 곳이라면 어디서나 많은 것을 배워 모았을 것이라 생각하네.

(23) 또한 나는 자네가 용병술에 도움이 될 만한 것 가운데 모르는 게 있다 싶으면 알아내지 않고는 못 배기며, 모르는 게 있는 줄 알면 그 분야의 전문가를 찾아내어 그들한테서 자네가 모르는 것을 배우고 훌륭한 조력자를 구하기 위해 선물도 호의도 아끼지 않으리라 생각하네."

(24) 페리클레스가 말했다. "소크라테스님, 나는 그대가 그런 말을 하는 것은 내가 그런 것을 공부하지 않는다고 생각해서가 아니라 장군이 되려는 사람은 그런 것을 모두 공부해야 한다는 것을 내게 보여주기 위해서라는 것을 모르지 않으며, 나도 거기에 동의합니다."

(25) 소크라테스가 물었다. "여보게 페리클레스, 자네는 우리 국경이 보이오티아 지방까지 뻗어 있는 큰 산들의 보호를 받고 있고, 그 산들을 지나 우리 나라로 들어오는 길들은 가파르고 좁으며, 우리 나라 안쪽 지역은 바위산들로 둘러싸여 있다는 것을 아는가?"

"물론 알지요." 하고 페리클레스가 대답했다.

(26) "어떤가? 자네는 페르시아 왕의 영토 중에서 아주 험준한 지역을 차지하고 사는 뮈시아인들과 피시다이족[30]이 경무장했을 뿐인

데도 독립을 유지할뿐더러 페르시아 왕의 영토를 약탈함으로써 큰 손해를 끼친다는 말을 들었는가?"

(27) "네, 그런 말도 들었어요." 하고 페리클레스가 말했다.

소크라테스가 말했다. "민첩한 아테나이 젊은이들이 경무장을 하고 우리 나라를 보호해주는 산악지대를 차지하고 있으면 적에게는 해롭겠지만 우리 나라 백성에게는 침입을 막아주는 강력한 보루가 될 거라고 생각하지 않는가?"

페리클레스가 말했다. "소크라테스님, 그런 것들도 모두 쓸모가 있겠지요."

(28) 소크라테스가 말했다. "여보게 페리클레스, 그런 것들이 마음에 든다면 한번 시도해보게. 자네가 그중 어느 것을 실행에 옮긴다면 자네에게는 명예가 되고 국가에는 이득이 될 걸세. 그리고 자네가 그중 어느 것에 실패하더라도 국가에 해가 되지 않고 자네에게는 불명예가 되지 않을 걸세."

30 뮈시아(Mysia)는 소아시아 북서부 지방이고, 피시다이족(Pisidai)은 소아시아 동남부 내륙지방에 살던 부족이다.

제 6 장

(1) 아리스톤의 아들 글라우콘[31]이 20세도 채 안 되어 국가의 우두머리가 되고 싶어서 대중 연설가가 되려고 했을 때 연단에서 끌려 내려오고 웃음거리가 되고는 했지만 친척이나 친구는 아무도 그를 말릴 수 없었다. 노(老)글라우콘의 아들 카르미데스와 플라톤[32] 때문에 그에게 호의적이던 소크라테스만이 그를 말릴 수 있었다.

(2) 한번은 소크라테스가 글라우콘을 우연히 만났을 때 멈춰 세우고 이렇게 말함으로써 먼저 그의 관심을 끌었다. "글라우콘, 자네는 국가의 우두머리가 되기로 마음을 정했는가?"

"네, 마음을 정했어요. 소크라테스 선생님." 하고 글라우콘이 말했다.

소크라테스가 말했다. "제우스에 맹세코, 확실히 그보다 더 명예로운 야심은 세상에 없을 걸세. 자네가 그럴 수만 있다면 원하는 것은 무엇이든 얻고, 친구들에게 도움을 주고, 가문의 명예를 드높이고 국력을 신장할 것이 분명하니 말일세. 또한 자네는 먼저 국내에서, 나중에는 헬라스에서, 그리고 어쩌면 테미스토클레스[33]처럼 이민족들 사이에서도 명성을 드날릴 걸세. 그리고 어디에 있든 모두 자네를 우러러볼 걸세."

(3) 이 말을 듣고 글라우콘은 우쭐해져 기꺼이 멈춰 섰다.

그러자 소크라테스가 말을 이었다. "그러니까 글라우콘, 자네가 존경받고 싶다면 국가를 이롭게 해야 함이 분명하지 않은가?"

"물론이지요." 하고 글라우콘이 말했다.

소크라테스가 말했다. "그렇다면 제발 숨기지 말고, 국가를 이롭게 하기 위해 무엇부터 할 것인지 말해주게."

(4) 글라우콘은 아무 대꾸도 하지 않았는데, 무엇부터 할 것인지 분명 처음으로 생각하는 것 같았다. 그러자 소크라테스가 말했다. "친구의 재산을 늘려주고 싶으면 자네는 친구를 더 부유하게 만들려 할 걸세. 그러니 자네는 나라를 더 부유하게 만들려 하겠지?"

"물론입니다." 하고 글라우콘이 대답했다.

(5) "세수(稅收)가 늘면 나라가 더 부유해지겠지?"

"아무래도 그렇겠지요." 하고 글라우콘이 대답했다.

소크라테스가 말했다. "그렇다면 지금 우리 나라의 세원(稅源)은 무엇이며 세입(歲入) 총액은 얼마인지 말해보게. 부족분은 늘리고 누락

31 글라우콘(Glaukon)은 아리스톤(Ariston)과 페리크티오네(Periktione)의 아들로 플라톤의 형이며, 플라톤의 대화편 『국가』(*Politeia*)에서는 플라톤의 또 다른 형 아데이만토스(Adeimantos)와 더불어 소크라테스와 대화하는 주 대담자이다.

32 노(老)글라우콘은 플라톤의 외할아버지이며 그의 아들 카르미데스(Charmi-des)는 플라톤의 외삼촌이다. 크세노폰이 플라톤을 언급한 유일한 대목이며, 플라톤이 크세노폰을 언급한 대목은 없다.

33 Themistokles(기원전 524년경~459년경). 아테나이의 정치가이자 장군으로 기원전 480년 살라미스(Salamis) 해전에서 페르시아 함대를 격파하여 페르시아가 다시는 그리스를 침공하지 못하게 만들었다.

분은 추징하기 위해 자네는 틀림없이 이 문제를 검토해보았을 테니까."

글라우콘이 말했다. "제우스에 맹세코, 저는 그 문제는 검토해보지 않았어요."

(6) 소크라테스가 말했다. "자네가 그 문제를 빠뜨렸다면, 우리나라의 세출(歲出)은 얼마인지 말해보게. 초과분은 삭감할 계획을 세워야 하니 말일세."

글라우콘이 말했다. "저는 사실 그런 것까지 검토할 여가가 없었어요."

소크라테스가 말했다. "그렇다면 나라를 더 부유하게 만드는 문제는 뒤로 미루기로 하세. 세입과 세출이 얼마인지도 모르고 어떻게 이 문제를 해결할 수 있겠는가?"

(7) "하지만 소크라테스 선생님, 적의 재산으로 나라를 부유하게 만드는 것은 가능합니다." 하고 글라우콘이 말했다.

소크라테스가 말했다. "물론 가능하겠지. 자네가 적보다 더 강하다면 말일세. 하지만 자네가 더 약하다면 이미 가진 것조차 잃게 될 걸세."

"맞는 말씀입니다." 하고 글라우콘이 말했다.

(8) 소크라테스가 말했다. "그러니 누구와 교전할지 조언하기 위해서는 자기 나라의 힘과 적국의 힘을 알아야 하네. 자기 나라가 더 강하면 교전하도록 설득하고, 더 약하면 조심하도록 설득하기 위해서는 말일세."

"옳은 말씀입니다." 하고 글라우콘이 말했다.

(9) 소크라테스가 말했다. "그렇다면 먼저 우리 나라의 육군력과

해군력을 말하고, 이어서 적국의 육군력과 해군력을 말해보게."

글라우콘이 말했다. "저는 그런 것을 사전준비 없이 즉석에서 말씀드릴 수는 없어요."

소크라테스가 말했다. "적어둔 게 있으면 가져오게. 나는 꼭 그 답을 듣고 싶네."

"아직은 적어둔 것이 없습니다."

(10) 소크라테스가 말했다. "그렇다면 우리는 전쟁에 관해 조언하는 일도 일단 뒤로 미루어야 할 것 같네. 자네는 이제 막 국가의 우두머리가 된 터라 그런 중대한 문제를 검토할 시간이 없었나 보군. 그러나 자네는 영토를 수호하는 문제는 이미 검토해보았을 테니 얼마나 많은 수비대가 알맞은 장소에 배치되고 얼마나 많은 수비대가 그러지 못하는지, 어느 정도의 병력이면 충분하고 어느 정도의 병력으로는 부족한지도 생각해보았을 줄 아네. 그러니 자네는 알맞은 장소에 배치된 수비대는 강화하고 불필요한 수비대는 없애라고 권유할 걸세."

(11) "제우스에 맹세코, 저는 수비대를 모두 없애라고 권유할 겁니다." 하고 글라우콘이 말했다. "그들이 지켜도 우리 나라에서 나는 것은 모두 도둑맞으니까요."

소크라테스가 말했다. "하지만 수비대를 없애면 원하는 사람은 누구나 마음대로 우리를 약탈할 거라고 생각하지 않는가? 그런데 자네는 몸소 시찰했는가, 아니면 수비대가 엉터리로 지킨다는 것을 어떻게 알았는가?"

"제 짐작입니다."

"그렇다면 이 문제도 우리가 단순히 짐작하는 것이 아니라 사실을 알았을 때 논의해야겠구먼?"

"그러는 것이 더 좋을 것 같아요." 하고 글라우콘이 말했다.

⑿ 다시 소크라테스가 말했다. "내가 알기에 자네는 은광(銀鑛)들[34]에는 가본 적이 없으니 그곳에서 나오는 수익이 왜 이전보다 줄었는지 설명해줄 수 없을 걸세."

"아닌 게 아니라 저는 그곳에는 가본 적이 없어요." 하고 글라우콘이 말했다.

"물론 가본 적이 없겠지." 하고 소크라테스가 말했다. "그 지역은 건강에 좋지 않다고들 하니 자네가 이 문제와 관련해 조언을 해야 할 때 그런 변명이면 충분할 걸세."

"절 놀리시는군요." 하고 글라우콘이 말했다.

⒀ 소크라테스가 말했다. "그러나 이 문제는 자네가 소홀히 하지 않았으리라고 믿네. 말하자면 자네는 틀림없이 국내에서 생산한 식량으로 얼마나 오랫동안 주민을 부양할 수 있으며, 해마다 얼마나 많은 식량이 별도로 필요한지 계산해보았을 것이란 말일세. 자네는 자네도 모르게 나라에 식량 부족 사태가 벌어지기를 바라는 것이 아니라, 그런 줄 알고 나라를 돕고 생필품에 관해 조언함으로써 나라를 구하기 원하니 말일세."

글라우콘이 말했다. "선생님께서 말씀하시는 것은 엄청난 업무입니다. 누가 그런 일까지 보살펴야 한다면 말입니다."

⒁ 소크라테스가 말했다. "하지만 필요한 것을 모두 알면서 이를 충족시켜주려고 애쓰지 않는 사람이라면 자기집도 제대로 관리하지 못할 걸세. 우리 나라 가구(家口) 수는 1만이 넘고 그토록 많은 가

구를 동시에 돌본다는 것은 어려운 일일세. 그런데 자네는 왜 우선 그 중 한 가구라도 일으켜 세우려 하지 않는가? 자네 삼촌[35]네 가구 말일세. 그럴 필요가 있으니까 하는 말일세. 그리고 자네가 그럴 수 있다면 돌보는 가구 수를 늘려야 할 걸세. 그러나 자네가 한 가구도 이롭게 하지 못한다면, 어떻게 그 많은 가구를 이롭게 하겠는가? 예를 들어 1탈란톤[36]의 무게를 들 수 없는 사람은 그 이상을 들려고 시도해서는 안 되는 것은 자명하지 않은가?"

(15) 글라우콘이 말했다. "저야 삼촌네 가구를 이롭게 할 수 있지요. 삼촌께서 제 말을 듣겠다면 말입니다."

소크라테스가 말했다. "그러니까 자네는 삼촌도 설득하지 못하면서 자네 삼촌을 포함한 모든 아테나이인들이 자네 말을 듣도록 설득할 수 있으리라 생각한단 말인가?"

(16) 소크라테스가 말을 이었다. "글라우콘, 조심하게. 자네가 명성을 탐하다가 그 반대쪽 길로 들어서지 않도록 말일세. 알지도 못하는 것을 말하거나 행하는 것이 얼마나 위험한지 보지 못하는가? 지인 가운데 자네가 알기에 분명 자기가 모르는 걸 말하거나 행하는 사람들을 생각해보게. 자네가 보기에 그런 사람들은 칭찬받을 것 같은가, 아니면 비난받을 것 같은가?

34 앗티케 지방의 동남단에 있는 수니온(Sounion)곶에서 멀지 않은 라우레이온(Laureion)산에서는 은이 많이 채굴되었는데, 이것이 아테나이의 주요 수입원이었다.

35 글라우콘과 플라톤의 외삼촌 카르미데스를 말한다. 본권 주 32 참조.

36 1탈란톤(talanton)은 무게의 단위로, 약 26킬로그램이다.

(17) 이어서 자기가 말하고 행하는 것을 아는 사람들을 생각해 보게. 분명 자네는 모든 분야에서 존경과 찬탄은 가장 잘 아는 사람들의 몫이고, 불명예와 경멸은 가장 무지한 자들의 몫이라는 것을 발견할 걸세.

(18) 그러니 자네가 나라에서 이름을 날리고 찬탄받고 싶다면 자네가 행하고자 하는 걸 철저히 알려고 노력하게. 자네가 이 점에서 남을 능가한 뒤에 정계에 입문한다면, 자네가 바라던 것을 아주 쉽게 이룬다 해도 나는 놀라지 않을 걸세."

제 7 장

(1) 노(老)글라우콘의 아들 카르미데스가 저명인사이고 당대의 현역 정치가들보다 더 유능함에도 대중 연설을 하고 정계에 입문하기를 망설이자 소크라테스가 말했다. "카르미데스, 말해보게. 어떤 사람이 큰 경기에서 우승할 수 있어 자신의 명예를 드높이고 헬라스 세계에서 자기 조국이 이름을 날리게 할 능력이 있는데도 경기에 참가하기를 거부한다면, 자네는 그런 사람을 어떤 사람이라고 생각하는가?"

"분명 소심한 겁쟁이라고 생각하겠지요." 하고 카르미데스가 말했다.

(2) 소크라테스가 말했다. "정계에 입문하여 나라를 부강하게 하고 자신의 명예도 드높일 능력이 있는데도 입문을 망설이는 사람이 있다면, 그런 사람을 겁쟁이로 여기는 것은 당연하지 않을까?"

"그렇겠지요. 하지만 왜 제게 그런 걸 물으시죠?" 하고 카르미데스가 물었다.

소크라테스가 대답했다. "자네가 능히 할 수 있고 또 시민으로서 당연히 해야 할 일을 행하기를 망설인다고 생각하기 때문일세."

(3) 카르미데스가 물었다. "왜 그렇게 생각하세요? 선생님께서는 어떤 일에서 제게 그런 능력이 있는 것을 발견하셨지요?"

소크라테스가 대답했다. "정치인들과의 관계에서 발견했네. 보아하니, 그들이 자네와 의논하면 자네가 훌륭한 조언을 해주고, 그들이 실수를 하면 자네가 건전한 비판을 해주더구먼."

(4) 카르미데스가 말했다. "하지만 소크라테스 선생님, 사적인 대담과 군중 앞에서 토론하는 것은 별개입니다."

소크라테스가 말했다. "하지만 계산을 잘하는 사람은 혼자일 때 못지않게 군중 앞에서도 계산을 잘하고, 혼자일 때 키타라를 잘 연주하는 사람은 군중 앞에서도 그에 못지않게 잘 연주하는 법이라네."

(5) 카르미데스가 말했다. "하지만 수줍음과 두려움은 인간이 타고난 성질로 사적인 모임에서보다는 대중이 모인 앞에서 더 강한 영향을 미친다는 것은 선생님께서도 아시지 않습니까?"

소크라테스가 말했다. "내 자네에게 한 가지 가르쳐주겠네. 자네는 가장 지혜로운 사람들 앞에서는 수줍어하지 않고 가장 강력한 사람들은 두려워하지 않으면서 가장 어리석고 가장 허약한 청중 앞에서 연설하기를 부끄러워하네.

(6) 자네가 부끄러워하는 것은 어떤 자들인가? 그들은 마전장이나 제화공이나 목수나 대장장이나 농부나 무역상이나 물건을 싸게 사서 비싸게 팔 생각만 하는 시장의 소매상일세. 민회(民會)[37]는 이 모든 사람들로 구성되니 말일세.

(7) 자네가 하는 행동과 어떤 사람이 단련된 선수에게 이길 수 있으면서도 풋내기를 두려워하는 것이 무슨 차이가 있다고 생각하는가? 자네는 국가의 1인자들(그중 일부는 자네를 무시하네)과는 편안하게 대담할뿐더러 보통 정치가들보다 훨씬 더 말을 잘하네. 그런 자네가 나

랏일을 맡아본 적도 없고 자네를 무시한 적도 없는 사람들 앞에서는 연설하기를 부끄러워하다니! 웃음거리가 될까 두려워서 말일세."

(8) "어떤가요?" 하고 카르미데스가 물었다. "민회에서는 옳은 말을 하는 사람들도 가끔 웃음거리로 만든다고 생각하지 않으세요?"

소크라테스가 대답했다. "다른 사람들도 그러기는 마찬가지지. 그래서 나는 자네가 국가의 1인자들이 그러면 잘 견디면서 민회의 회원들이 그러면 견디지 못할 거라고 생각하니 놀라움을 금치 못하는 걸세.

(9) 여보게, 자네는 자신을 몰라서는 안 되고, 통상적인 실수를 저질러서는 안 되네. 대부분의 사람은 남의 일은 예의 주시하면서도 자기를 성찰하는 일은 소홀히 하기에 하는 말일세. 그러니 이런 임무를 회피하지 말고 자네 자신에게 더 진지하게 주의를 기울이게. 그리고 개선할 수 있다면 나랏일을 소홀히 하지 말게. 나랏일이 잘되면 다른 시민뿐 아니라 자네 친구들에게도 이익이 되고, 무엇보다도 자네 자신에게 이익이 될 걸세."

37 ekklesia.

제 8 장

(1) 아리스팁포스[38]가 전에 자신이 소크라테스에게 당한 것처럼 소크라테스를 논박하려 했을 때 소크라테스는 제자들에게 도움이 되게 하고 싶어서, 자신의 말뜻이 왜곡되지 않도록 조심하는 사람이 아니라, 마땅히 해야 할 일을 하기로 작정한 사람처럼 대답했다.

(2) 아리스팁포스는 좋은 것을 아느냐고 물었는데, 소크라테스가 먹을거리, 마실 거리, 돈, 건강, 체력, 용기 같은 것을 말하면, 그런 것이 나쁠 때도 있다는 것을 보여주기 위해서였다. 그러나 소크라테스는 무엇인가가 우리를 괴롭히면 고통을 멈춰줄 것이 필요하다는 것을 알고 가장 효과적인 답변을 했다.

(3) "자네는 내가 신열(身熱)에 좋은 것을 아느냐고 묻는 것인가?"

"아니, 그게 아닙니다." 하고 아리스팁포스가 말했다.

"그러면 눈병에 좋은 것 말인가?"

"그것도 아닙니다."

"그러면 굶주림에 좋은 것 말인가?"

"아니, 굶주림에 좋은 것도 아닙니다."

"자네가 무(無)에 좋은 것을 아느냐고 내게 묻는 것이라면 나는 알지도 못하고 알고 싶지도 않네." 하고 소크라테스가 말했다.

⑷ 한번은 또 아리스팁포스가 아름다운 것을 아느냐고 물었을 때, 소크라테스가 대답했다. "아주 많이 알고 있지."

아리스팁포스가 물었다. "그것들은 모두 서로 비슷한가요?"

소크라테스가 대답했다. "천만의 말씀. 어떤 것들은 전혀 비슷하지 않네."

"그렇다면 아름다운 것과 비슷하지 않은 것이 어떻게 아름다울 수 있지요?" 하고 아리스팁포스가 물었다.

소크라테스가 대답했다. "제우스에 맹세코, 그것은 아름다운 레슬링 선수는 아름다운 달리기 선수와 비슷하지 않고, 방어하기 아름다운 방패는 힘차게 재빨리 던지기 아름다운 투창과 전혀 비슷하지 않기 때문이네."

⑸ "선생께서는 좋은 것을 아느냐고 내가 물었을 때와 같은 대답을 하시는군요."

소크라테스가 말했다. "자네는 좋은 것 다르고 아름다운 것 다르다고 생각하나? 자네는 모든 것이 같은 것과 관련하여 아름답기도 하고 좋기도 하다는 것을 모르는가? 첫째, 미덕은 어떤 것과 관련해서는 좋은 것이고, 다른 것과 관련해서는 아름다운 것이 아니라네. 둘째, 사람들은 같은 관점에서 같은 것과 관련하여 아름답고 좋다고 불린다네. 우리가 사용하는 그 밖의 모든 것도 같은 기준에 따라, 즉 쓰이는 목적에 따라 아름답고 좋다고 여겨진다네."

38 2권 주 1 참조.

(6) 아리스팁포스가 물었다. "그렇다면 똥바가지도 아름답겠네요?"

"물론이지. 황금 방패도 때론 추한 법이네. 어떤 것은 용도에 맞게 잘 만들어졌으나 다른 것은 잘못 만들어졌다면 말일세." 하고 소크라테스가 대답했다.

"같은 것이 아름답기도 하고 추하기도 하다는 말씀인가요?" 하고 아리스팁포스가 물었다.

(7) "물론이지. 게다가 좋기도 하고 나쁘기도 하지." 하고 소크라테스가 대답했다. "가끔은 굶주림에 좋은 것이 신열에는 나쁘고, 신열에 좋은 것이 굶주림에는 나쁘며, 가끔은 달리기에 아름다운 것이 레슬링에는 추하고, 레슬링에 아름다운 것이 달리기에는 추하기 때문이지. 만물은 목적에 맞으면 좋고 아름다우며, 목적에 맞지 않으면 나쁘고 추하니까."

(8) 소크라테스는 또 집은 아름답기도 하고 쓸모도 있어야 한다고 주장했는데, 집을 어떻게 지어야 하는지 가르쳐주기 위해 그런 말을 한 것 같다.

소크라테스는 이렇게 문제를 검토했다. "우리가 제대로 된 집을 가지려면 되도록 쾌적하고 살기 편리하도록 지어야겠지?"

(9) 사람들이 이에 동의하자 소크라테스가 물었다. "쾌적하려면 여름에는 시원하고 겨울에는 따뜻해야겠지?"

이에도 모두가 동의하자 소크라테스는 이렇게 말을 이었다. "남향 집의 경우 겨울에는 햇빛이 집안까지 들지만 여름에는 우리의 머리와 지붕 위를 지나며 그늘을 드리워주네. 그러니 이게 최선의 배치라면 겨울에 해가 드는 것을 차단하지 않기 위해 남쪽은 더 높이 짓고, 찬바람에 노출되는 것을 막기 위해 북쪽은 더 낮게 지어야 하네.

(10) 간단히 말해, 주인이 사시사철을 가장 쾌적하게 보낼 수 있고 소유물을 가장 안전하게 보관할 수 있는 집이 아마도 가장 쾌적하고 안전한 집이겠지. 벽화와 장식은 즐거움을 주기보다는 앗아가는 경우가 더 많다네."

또 소크라테스는 신전과 제단을 짓기에 가장 적합한 장소는 눈에 잘 띄면서도 사람의 발길이 잘 닿지 않는 곳이라며, 그런 곳을 바라보며 기도하는 것도 즐겁고 정결한 마음으로 그런 곳에 다가가는 것도 즐겁기 때문이라고 했다.

제 9 장

(1) 한번은 용기는 가르칠 수 있는 것인가 아니면 타고난 것인가라는 질문을 받았을 때 소크라테스는 이렇게 대답했다. "나는 어떤 사람의 몸이 다른 사람의 몸보다 노동에 선천적으로 더 강하듯이, 어떤 사람의 혼은 다른 사람의 혼보다 위험에 선천적으로 더 용감하다고 생각하네. 같은 법률과 관습 밑에서 자란 사람들도 용기에서 큰 차이가 나는 것을 보기 때문일세.

(2) 하지만 나는 모든 사람의 본성은 학습과 훈련에 따라 더 용감해질 수 있다고 생각하네. 분명 스퀴타이족과 트라케[39]인들은 청동 방패와 창을 들고 감히 라케다이몬인들과 싸우려 하지 않을 것이며, 라케다이몬인들은 가벼운 방패와 투창을 들고 트라케인들과 싸우거나 활을 들고 스퀴타이족과 결전을 벌이려 하지 않을 걸세.[40]

(3) 내가 보기에 인간은 다른 점에서도 타고난 능력이 서로 다른데, 훈련을 통해 그런 능력을 크게 계발하네. 따라서 분명 모든 사람은 타고난 재능이 평균 이상이든 평균 이하든 자기가 인정받고 싶어하는 자질을 익히고 훈련해야 하네."

(4) 소크라테스는 지혜[41]와 절제를 구별하지 않고 아름답고 좋은 것을 알고 실천하는 사람과 추한 것을 알고 피하는 사람은 지혜롭고도

절제 있다고 판단했다. 또 무엇을 해야 하는지 알면서도 그와 반대로 행하는 사람을 지혜롭고도 무절제하다고 생각하느냐는 질문을 받았을 때 소크라테스는 대답했다. "아닐세. 오히려 지혜롭지도 못하고 무절제하다고 생각하네. 나는 모든 사람이 가능한 것 중에 자기에게 가장 유리하다고 생각되는 것을 행한다고 믿네. 그래서 나는 올바르지 않게 행동하는 사람은 지혜롭지도 못하고 절제도 없다고 생각하는 것이라네."

(5) 소크라테스는 정의[42]와 그 밖의 모든 미덕은 지혜라고 말했다. "올바른 것과 그 밖의 미덕에 따라 행해지는 모든 것은 아름답고 좋은 것이니까. 아름답고 좋은 것을 아는 사람은 다른 것은 선택하지 않을 것이며, 아름답고 좋은 것을 모르는 사람은 그런 것을 행할 수 없으며, 설령 행하려 하더라도 실패할 걸세. 그러니 지혜로운 사람은 아름답고 좋은 것을 행하고, 지혜롭지 못한 사람은 그런 것을 행할 수 없고 행하려 해도 실패하는 걸세. 이렇듯 올바른 것과 그 밖에 아름답고 좋은 것은 모두 미덕에 따라 행해지기에, 정의와 그 밖의 다른 미덕은 모두 지혜라는 것이 분명하네."

(6) 또 소크라테스는 광기[43]가 지혜와 반대되는 거라고 말했다. 하지만 무지를 광기로 여기지 않고, 자기 자신을 모르는 것과 모르는

39 Thraike. 에게해 북안 지방과 지금의 불가리아를 말한다.

40 청동 방패와 창은 라케다이몬인들의 무구이고, 가벼운 방패와 투창은 트라케인들의 무구이며 스퀴타이족은 말을 타고 활을 쏘는 데 능했다.

41 sophia.

42 dikaiosyne.

43 mania.

것을 안다고 가정하고 생각하는 것을 광기에 가장 가깝다고 여겼다. 소크라테스는 말했다. "하지만 대부분의 사람은 보통 사람들이 알 수 없는 일에 실수하는 사람을 미치광이라고 말하지 않고, 누구나 다 아는 일에 실수하는 사람을 미치광이라고 부른다네.

(7) 예를 들어 어떤 사람이 성문을 통과할 때 자기는 고개를 숙여야 할 만큼 키가 크다고 생각하거나, 자기는 힘이 세다고 믿고 집을 들어올리려 하거나, 그 밖에 누가 봐도 불가능한 것이 명백한 일을 하려 든다면, 사람들은 그런 사람을 미치광이라고 부르네. 사람들은 대개 사소한 실수를 저지르는 자를 미치광이라고 부르지 않고, 마치 강렬한 욕구를 사랑이라 부르듯이 심한 망상을 광기라고 부른다네."

(8) 소크라테스는 질투가 무엇인지 고찰하다가 질투가 일종의 고통이라는 것을, 하지만 친구의 불행에서 비롯하는 것도 아니고, 적의 행운에서 비롯하는 것도 아님을 발견했다. 그는 친구의 성공을 괴로워하는 자들만이 질투한다고 말했다. 자기가 사랑하는 사람이 성공하면 괴로워한다는 것은 이상하다고 몇몇 사람이 말하자, 소크라테스는 많은 사람이 남과 맺는 관계에서 남이 어렵고 불운할 때는 모른 체하지 않고 도와주지만 남이 성공하면 괴로워한다는 점을 일깨워주었다. 그리고 그런 일은 사려 깊은 사람에게는 일어나지 않지만 어리석은 자는 늘 경험하는 일이라고 말했다.

(9) 소크라테스는 여가가 무엇인지 고찰하다가 대부분의 사람은 무엇인가를 행한다는 결론을 내렸노라며, 주사위놀이를 하는 사람이나 어릿광대도 무엇인가를 행하기 때문이라고 했다. 그러나 그는 그런 사람은 모두 '여가가 있다'고 했는데, 그들은 가서 더 좋은 일을 할 수

있기 때문이라고 했다. 그러나 어느 누구도 더 좋은 일에서 더 나쁜 일로 옮겨갈 여가는 없는데, 만약 그런다면 여가가 없는데도 그런 짓을 하므로 잘못하는 거라고 했다.

(10) 소크라테스가 말하기를, 왕과 통치자는 왕홀(王笏)을 쥔 자도, 대중에게 선출된 자도, 제비뽑기에 당첨된 자도, 권력을 힘이나 기만으로 빼앗은 자도 아니며, 통치할 줄 아는 사람이라고 했다.

(11) 치자(治者)의 직분은 명령하는 것이고 피치자의 직분은 복종하는 것임에 누군가 동의할 때면, 소크라테스는 선상(船上)에서는 배를 아는 사람이 명령하고 선주와 다른 승선자는 배를 아는 사람에게 복종해야 한다는 점을 지적하곤 했다. 또한 농사일에는 밭주인이, 병이 나면 환자가, 체력단련에는 체력을 단련하는 사람이, 무엇이든 돌볼 필요가 있는 것을 가진 사람은 누구나 자신이 필요한 지식을 갖고 있다고 생각한다면 자신이 돌보되, 그렇지 않다면 전문가가 그 자리에 있을 경우에는 그의 조언에 따르고 그 자리에 없을 경우에는 일을 그르치는 일이 없도록 전문가를 불러와야 한다는 점을 지적했다. 소크라테스는 또 양털을 잣는 일에서 여자들은 어떻게 작업해야 하는지 알고 남자들은 모르므로 여자들이 남자들을 지배하는 거라고 지적하기도 했다.

(12) 참주는 좋은 조언을 해도 거부할 거라고 누가 이의를 제기하면 소크라테스는 이렇게 되물었다. "좋은 조언을 무시하면 벌을 받게 되는데 어떻게 거부할 수 있겠는가? 좋은 조언을 무시하는 사람은 과오를 범하기 마련이고, 과오를 범하면 벌을 받기에 하는 말일세."

(13) 참주는 충신을 죽일 수 있다고 누가 이의를 제기하자 소크라테스는 이렇게 말했다. "자네는 가장 강력한 동맹군을 죽인 자가 벌받

지 않거나 경미한 벌을 받을 거라고 생각하는가? 어떻게 생각하는가? 그가 그런 짓을 하면 안전할 것 같은가, 아니면 자신의 파멸을 재촉할 것 같은가?"

(14) 남자에게 가장 훌륭한 활동은 무엇이라고 생각하는지 누가 물었을 때 소크라테스가 대답했다. "제대로 행하는 것이지."[44] 또 행운도 활동이라고 생각하느냐는 질문을 받았을 때 그는 대답했다. "나는 운과 행위는 정반대라고 생각하네. 나는 찾지 않고도 필요한 무엇인가와 우연히 마주치는 것을 행운이라 부르고, 무엇인가를 공부하고 연습한 뒤에 잘하는 것은 제대로 행하는 것이라 부르네. 그리고 내가 보기에 그러는 사람이 제대로 행하는 사람인 것 같네."

(15) 소크라테스가 말을 이었다. "농사든 의술이든 정치든 자기 일을 제대로 하는 사람이 가장 훌륭하고 신에게 가장 사랑받는 사람일세. 반면 아무것도 제대로 하지 못하는 사람은 아무짝에도 쓸모없고 신에게도 사랑받지 못한다네."

제10장

(1) 소크라테스는 기술을 직업으로 삼는 장인들과 대화할 때도 그들에게 도움을 주었다. 하루는 소크라테스가 화가 파르라시오스[45]를 방문했을 때 그와 대화하면서 물었다. "파르라시오스, 그림이란 눈으로 본 것을 표현하는 것이겠지? 아무튼 자네들 화가는 물감을 사용하여 형상을 높고 낮게, 밝고 어둡게, 거칠고 부드럽게, 젊고 늙게 재현하네."

"맞는 말씀입니다." 하고 파르라시오스가 대답했다.

(2) "또한 자네들은 아름다운 형상을 그릴 때 모든 세부 사항에서 완벽한 모델을 구하기가 어려워서 여러 사람의 아름다운 세부 사항을 한데 모음으로써 형상 전체가 아름답게 보이도록 만들려 하네."

(3) "아닌 게 아니라 우리는 그렇게 한답니다." 하고 파르라시오스가 말했다.

"어떤가?" 하고 소크라테스가 물었다. "자네들은 혼의 성격도 재

44 eupraxia. 문맥에 따라 '잘나가는 것'으로 옮길 수도 있다.
45 Parrhasios. 소아시아 에페소스(Ephesos) 시 출신의 유명 화가로 아테나이에서 활동했으며 소크라테스보다는 젊었던 것 같다.

현하는가? 우리의 아주 매력적이고 애교 있고 상냥하고 호감이 가고 사랑스러운 부분 말이네. 아니면 그런 것은 모방할 수 없는가?"

파르라시오스가 대답했다. "소크라테스님, 형상도 색깔도 없고 그 밖에 방금 말씀하신 다른 자질이 하나도 없어 볼 수조차 없는 것을 어떻게 모방할 수 있겠습니까?"

(4) 소크라테스가 말했다. "하지만 사람은 대개 눈빛으로 호감과 적대감을 표현하겠지?"

"나는 그런다고 생각합니다." 하고 파르라시오스가 말했다.

"그러면 그것은 표정으로 모방할 수는 있겠구먼?"

"물론입니다."

"자네는 친구에게 좋은 일이 있거나 궂은일이 있을 때 친구를 걱정하는 자나 걱정하지 않는 자나 똑같은 표정을 지으리라고 생각하는가?"

"제우스에 맹세코, 그러지 않습니다." 하고 파르라시오스가 말했다. "친구를 걱정하는 자는 친구에게 좋은 일이 있으면 환한 표정을, 친구에게 궂은일이 있으면 낙담한 표정을 짓겠지요."

"그러면 그런 얼굴 표정도 모방할 수 있겠구먼?" 하고 소크라테스가 물었다.

"물론입니다." 하고 파르라시오스가 대답했다.

(5) "또한 위엄 있음과 자유민다움, 야비함과 노예다움, 분별 있음과 사려 깊음, 오만함과 저속함도 얼굴 표정과, 서 있든 움직이든 몸의 자세에 나타날 걸세."

"맞는 말씀입니다."

"그렇다면 그런 것도 모방할 수 있겠구먼?"

"물론입니다."

"자네는 어느 쪽을 보는 것이 더 즐거우리라고 생각하는가? 아름답고 좋고 사랑스러운 성격을 보이는 사람일까, 아니면 추하고 사악하고 혐오스러운 성격을 보이는 사람일까?"

"소크라테스님, 둘 사이에는 정말이지 엄청난 차이가 있습니다." 하고 파르라시오스가 말했다.

(6) 또 한번은 소크라테스가 조각가 클레이톤[46]을 방문하여 대화를 나누다가 이렇게 말했다. "클레이톤, 나는 자네가 만드는 달리기 선수나 레슬링선수나 권투선수나 팡크라티온 선수가 아름답다는 것을 보아서 알고 있네. 그런데 자네는 보는 사람에게 가장 매력적인 살아 있는 것 같은 느낌을 조각에 어떻게 불어넣는가?"

(7) 클레이톤이 어리둥절하여 즉시 대답을 못하자, 소크라테스가 덧붙여서 말했다. "자네 조각이 살아 있는 것처럼 보이는 것은 살아 있는 모델의 겉모습을 정확하게 재현하기 때문이 아닐까?"

"물론입니다." 하고 클레이톤이 말했다.

"그렇다면 자네가 만든 신체의 여러 부분이 더 살아 있는 것 같고 더 설득력 있는 것은 자세에 따라 신체의 여러 부분을 오목하거나 볼록하게, 눌리거나 펴지게, 팽팽하거나 이완되게 재현하기 때문이겠지?"

"전적으로 동의합니다."

46 Kleiton. 그에 관해서는 달리 알려진 것이 없다.

(8) "그런데 행동하는 사람의 감정이 재현된 것을 보는 것도 보는 사람에게 어떤 즐거움을 주지 않을까?"

"그럴 것 같아요." 하고 클레이톤이 말했다.

"그렇다면 전사의 위협적인 눈을 재현한 것도, 승리자의 의기양양한 표정을 모방한 것도 즐거움을 주겠지?"

"그러고말고요."

소크라테스가 말했다. "그러면 조각가는 자기 작품에서 혼의 움직임을 재현해야 하네."

(9) 소크라테스는 가슴받이 제작자 피스티아스[47]를 방문했을 때 그가 잘 만든 가슴받이들을 보여주자 이렇게 말했다. "피스티아스, 참으로 훌륭한 발상이구먼. 가슴받이가 보호할 필요가 있는 부위들은 가리면서도 손을 사용하는 것을 방해하지 않으니 말일세."

(10) "하지만 피스티아스, 말해보게." 하고 소크라테스가 말을 이었다. "자네의 가슴받이는 더 튼튼한 것도 아니고 제작 비용이 더 많이 드는 것도 아닌데 무슨 이유로 다른 제작자보다 더 비싼 값을 매기는지 말일세."

"소크라테스님, 제가 남들보다 균형이 더 잘 잡히게 만들기 때문이지요."

"그렇다면 자네의 가슴받이에 더 비싼 값을 매길 때 자네는 그것이 균형 잡혔음을 어떻게 보여주는가? 치수로인가, 무게로인가? 자네는 아마도 모든 가슴받이를 똑같이 또는 비슷하게 만들지는 않을 테니 말일세. 자네가 그것을 잘 맞게 만든다면 말일세."

"물론 잘 맞게 만들지요. 그러지 못한 가슴받이는 아무짝에도 못

쓰니까요." 하고 피스티아스가 말했다.

(11) "하지만 인간의 몸은 더러는 균형이 잘 잡혀 있지만, 더러는 균형이 제대로 잡히지 않은 상태겠지?"

"전적으로 동의합니다."

"그러면 균형이 잘 잡히지 않은 몸에 잘 맞는 가슴받이를 어떻게 균형이 잘 잡히게 만들 텐가?" 하고 소크라테스가 물었다.

"잘 맞게 만듦으로써 그렇게 할 겁니다. 잘 맞는 것은 균형이 잘 잡혀 있으니까요." 하고 피스티아스가 대답했다.

(12) 소크라테스가 말했다. "내가 보기에, 자네는 '균형이 잘 잡혔다'는 말을 절대적인 의미가 아니라 사용자와 관련하여 쓰는 것 같네. 자네는 방패나 외투도 누군가에게 잘 맞으면 균형이 잘 잡혀 있다고 말하고, 이런 논리는 자네 주장대로라면 그 밖의 모든 것에도 적용될 것 같으니 말일세.

(13) 잘 맞음에는 또다른 중요한 이점도 있는 것 같네."

"아신다면 가르쳐주세요, 소크라테스님." 하고 피스티아스가 말했다.

소크라테스가 말했다. "잘 맞는 가슴받이는 같은 무게라도 잘 안 맞는 것보다 입고 다니기가 덜 무거울 것이네. 잘 안 맞는 가슴받이는 어깨에서 축 늘어지거나 다른 신체 부위를 내리눌러 입고 다니기 불편하고 무거울 테지만, 잘 맞는 가슴받이는 그 무게를 쇄골과 견갑골(肩

47 Pistias. 그에 관해서는 달리 알려진 것이 없다.

胛骨)과 어깨와 가슴과 등과 배에 분산시켜, 짐이라기보다는 거의 몸의 부속물처럼 여겨질 테니 말일세."

(14) "그런 이점 때문에 저는 제 제품이 가장 값어치 있다고 생각합니다. 하지만 어떤 사람은 장식을 하고 금도금을 한 가슴받이를 사고 싶어하지요."

소크라테스가 말했다. "하지만 그렇다고 몸에 잘 맞지도 않는 것을 산다면 나는 그들이 장식을 하고 금도금을 한 허섭스레기를 사는 거라고 생각하네.

(15) 또한 몸은 언제나 한 가지 자세를 취하는 것이 아니라 때로는 구부러지고 때로는 곧은데 꼭 끼는 가슴받이가 어떻게 잘 맞겠는가?"

"잘 맞지 않지요." 하고 피스티아스가 말했다.

"자네가 잘 맞는다고 하는 것은 꼭 끼는 것이 아니라 사용하기에 불편하지 않다는 것을 뜻하는가?" 하고 소크라테스가 물었다.

"소크라테스님, 내가 할 말을 그대가 하시는군요. 그대는 정곡을 찌르셨어요." 하고 피스티아스가 대답했다.

제 11 장

(1) 전에 아테나이에 테오도테[48]라는 미녀가 있었는데, 그녀는 마음에 드는 남자와는 누구와도 동거했다. 그런데 함께한 사람 가운데 한 명이 그녀를 언급하며 그녀의 아름다움은 무어라고 형용할 길이 없노라고 말했다. 그리고 화가들이 초상화를 그리려고 그녀를 방문했을 때 그녀는 그들에게 예의범절에 어긋나지 않는 한 자신을 다 보여주었다고 그가 덧붙여 말했을 때, 소크라테스가 말했다. "우리가 가서 보았어야 하는 건데. 듣기만 해서는 무엇이 형용할 길이 없는지 알 수 없으니 말일세."

(2) 그러자 그녀 이야기를 들려준 사람이 말했다. "그럼 당장 나랑 같이 가세요." 그리하여 그들은 테오도테의 집으로 가서 화가 앞에서 포즈를 잡고 있는 그녀를 눈여겨보았다. 화가가 일을 끝마치자 소크라테스가 말했다. "친구들이여, 자신의 아름다움을 보여준 테오도테에게 우리가 고마워해야 하는가, 아니면 자기를 보아주었다고 그녀가

48 Theodote. 테오도테는 아테나이의 유명한 고급 매춘부로 나중에는 알키비아데스의 첩이 되었다. 일설에 따르면 알키비아데스가 소아시아 프뤼기아(Phrygia)에서 살해되었을 때 그녀가 묻어주었다고 한다.

우리에게 고마워해야 하는가? 자신을 보여준 것이 그녀에게 더 이롭다면 그녀가 우리에게 고마워해야 하고, 그녀를 본 것이 우리에게 더 이롭다면 우리가 그녀에게 고마워해야겠지?"

(3) 누군가 그의 말이 옳다고 대답하자 소크라테스가 말을 이었다. "그렇다면 그녀는 이미 우리의 찬사를 받았고, 우리가 소문을 퍼뜨린다면 더욱더 이득을 볼 걸세. 반면 우리는 이미 우리가 본 것을 만져보고 싶어하고, 들떠서 이곳을 떠나게 되고, 떠나고 나서는 그녀를 그리워할 걸세. 그러면 우리는 당연히 그녀를 숭배하게 되고, 그녀는 우리에게 숭배의 대상이 될 걸세."

테오도테가 말했다. "그렇다면 당연히 나를 보아준 여러분에게 내가 고마워해야겠네요."

(4) 이어서 소크라테스는 그녀가 화려하게 몸치장을 하고 있고, 그녀 곁에 있는 어머니도 예사롭지 않은 옷과 장신구를 걸치고 있고, 그녀를 시중드는 수많은 하녀도 세심한 보살핌을 받고 있으며, 그녀의 집도 사치스럽게 장식되어 있음을 보고는 말했다. "테오도테, 말해주게. 자네는 농장을 갖고 있는가?"

"나는 갖고 있지 않아요." 하고 테오도테가 말했다.

"아니면 집세라도 받는가?"

"나는 집이 없어요."

"아니면 기술자가 몇 명 있나 보군."

"나는 기술자도 없어요."

"그렇다면 어떻게 생계를 유지하는가?" 하고 소크라테스가 물었다.

"내 남자친구가 된 사람이 내게 잘해주면 그게 생계지요." 하고 테오도테가 대답했다.

(5) 그러자 소크라테스가 말했다. "테오도테, 확실히 한 무리의 친구는 훌륭한 재산이며, 한 무리의 양떼나 염소 떼나 소떼를 가진 것보다 훨씬 낫네. 하지만 말해보게. 자네는 남자친구가 날아와 파리처럼 자네에게 앉기를 기다리며 이를 운에 맡기는가, 아니면 나름대로 방법이 있는가?"

(6) "그런 방법을 내가 어떻게 찾을 수 있겠어요?" 하고 테오도테가 말했다.

소크라테스가 말했다. "그렇다면 확실히 거미보다는 훨씬 편리하겠구먼. 자네도 알다시피 거미는 몸소 사냥해서 먹고사네. 거미는 거미줄을 쳐놓고 거기에 걸려드는 것을 먹고사니까."

(7) "나도 사냥 그물 같은 것을 짜라고 권하시는 것인가요?"

"아닐세. 남자친구라는 더없이 귀중한 사냥감을 그렇게 조잡한 방법으로 사냥하려 해서는 안 되지. 산토끼처럼 보잘것없는 사냥감을 사냥할 때도 사냥꾼들이 여러 방법을 이용하는 것을 보지 못하는가?

(8) 첫째, 산토끼는 밤에 풀을 뜯어먹으므로 사냥꾼들은 야간 사냥에 적합한 개를 구해 산토끼를 사냥해야 하네. 또한 산토끼는 날이 새면 도망치므로 산토끼가 풀을 뜯던 곳에서 굴로 도망친 길을 냄새를 맡아 찾아내는 다른 무리의 사냥개를 구해야 하네. 게다가 산토끼는 민첩하여 눈에 띄어도 달아날 수 있으므로 사냥꾼들은 뒤쫓아가서 잡을 날랜 개떼도 구해야 하네. 산토끼 중에는 그래도 달아나는 녀석들이 있으므로 달아나는 길목에 그물을 쳐서 녀석들이 그물에 뛰어들어 걸리

게 해야 하네."

(9) "그럼 나는 그중 어떤 방법으로 남자친구들을 사냥할 수 있을까요?"

소크라테스가 대답했다. "자네가 아름다운 것을 사랑하고 돈이 많은 자들을 수소문해 찾아낸 다음 그들이 그물에 걸려들도록 궁리하는 인간 사냥개를 구한다면 물론 남자친구들을 사냥할 수 있네."

(10) "그물이라면 내가 어떤 종류의 것을 갖고 있나요?" 하고 그녀가 물었다.

소크라테스가 대답했다. "꼼짝 못하게 얽어 감는 그물이 하나 있지. 자네의 몸 말일세. 그리고 그 안에는 혼이 있어, 어떻게 보아야 자네가 우아하게 보이고 어떤 말을 해야 상대방이 좋아하는지 가르쳐주며, 진지한 구혼자는 따뜻하게 환영하되 버릇없는 구혼자에게는 문을 닫으라고 일러주지. 말하자면 남자친구가 병에 걸리면 정성껏 보살피고, 그가 뜻밖의 행운을 만나면 진심으로 축하해야 하네. 또한 그가 마음속 깊이 자네를 염려해주면 온 마음으로 고마워해야 하네. 사랑이라면 나는 자네가 수동적으로 사랑할 줄도 알고 애정을 갖고 사랑할 줄도 알 거라고 믿네. 또한 나는 자네가 자네 남자친구들을 좋아한다는 것을 말이 아닌 행동으로 설득하리라고 확신하네."

테오도테가 말했다. "솔직히 말해서 나는 그중 어떤 방법도 사용하지 않아요."

(11) 소크라테스가 말을 이었다. "대인관계는 자연스럽고 올바른 것이 훨씬 좋네. 자네는 분명 억지로는 남자친구를 붙잡을 수도 붙잡아 둘 수도 없네. 남자친구라는 사냥감은 호의를 베풀고 즐겁게 해주어야

붙잡을 수도 붙잡아둘 수도 있는 법이라네."

"옳은 말씀이에요." 하고 테오도테가 말했다.

(12) 소크라테스가 말했다. "그러니 첫째, 자네는 쉽게 이루어질 수 있는 호의만을 남자친구들에게 요구해야 하네. 그다음 그들이 베푼 호의를 같은 방법으로 갚아야 하네. 그래야만 그들이 자네의 진정한 친구가 되고 자네를 오래오래 사랑하고 가장 후대할 걸세.

(13) 또한 그들이 요구할 때 베풀어야 자네의 호의가 가장 높이 평가받을 걸세. 자네도 알다시피, 아무리 진수성찬이라도 먹고 싶지 않을 때 내놓으면 입맛이 당기지 않고, 배불리 먹은 사람에게는 역겹기까지 하네. 그러나 하찮은 음식이라도 허기질 때 내놓으면 아주 맛있어 보이는 법이지."

(14) 그녀가 물었다. "그렇다면 어떻게 해야 내가 내놓는 것에 그들이 허기를 느끼게 할 수 있을까요?"

소크라테스가 대답했다. "첫째, 자네는 그들이 배가 부를 때는 포만감이 사라지고 다시 욕구를 느낄 때까지 호의를 베풀거나 그런 뜻을 비쳐서는 안 되네. 그다음, 그들이 욕구를 느낄 때는 그런 뜻을 비치되 최대한 예의 바르고 요구에 응할 마음이 내키지 않는 것처럼 행동하고 그들의 욕구가 강해질 때까지 피해야 하네. 그러면 같은 선물이라도 원하지 않을 때 주는 것과는 큰 차이가 있기 때문이지."

(15) 테오도테가 말했다. "그렇다면 소크라테스님, 왜 남자친구들을 사냥할 수 있도록 나를 도와주지 않으세요?"

소크라테스가 말했다. "제우스에 맹세코, 자네가 나를 설득할 수 있다면 그럴 수도 있겠지."

"내가 어떻게 해야 그대를 설득할 수 있을까요?" 하고 그녀가 물었다.

소크라테스가 대답했다. "그 방법은 자네가 찾아내게. 내 도움이 필요하다면 말일세."

"그렇다면 가끔 방문해주세요." 하고 테오도테가 말했다.

(16) 소크라테스는 자신의 한가한 삶을 놀림감으로 삼으며 말했다. "테오도테, 나로서는 그럴 짬을 내기가 그리 쉽지 않네. 나는 사적으로 공적으로 할 일이 태산 같으니까. 또한 내게는 여자친구가 몇 명 있어 그들이 사랑의 주술과 주문을 배우느라 밤낮으로 나를 붙들고 놓아주지 않거든."

(17) 그녀가 물었다. "소크라테스님, 그대는 그런 것도 아세요?"

소크라테스가 대답했다. "자네는 여기 있는 아폴로도로스[49]와 안티스테네스가 왜 내 곁을 떠난 적이 없으며, 케베스와 심미아스[50]가 테바이에서 왜 나를 찾아왔다고 생각하는가? 단언컨대 내게 사랑의 주술과 주문과 마법의 물레[51]가 많이 없었다면 그런 일은 일어나지 않았을 게야."

(18) 그녀가 말했다. "그렇다면 그 마법의 물레를 내게 좀 빌려주세요. 그것을 돌려 먼저 그대부터 붙잡게요."

"그건 안 되지." 하고 소크라테스가 말했다. "내가 자네에게 끌리는 것은 싫어. 자네가 나에게 오면 좋겠어."

그녀가 말했다. "내가 갈게요. 날 받아주기나 하세요."

"자네를 받아주겠네. 더 사랑스러운 여인이 내 곁에 있지 않다면 말일세." 하고 소크라테스가 말했다.

제 12 장

(1) 제자 가운데 한 명인 에피게네스[52]가 젊은이 치고는 몸 상태가 빈약한 것을 보고 소크라테스가 말했다. "자네는 체력단련을 하지 않는구먼."

에피게네스가 말했다. "아닌 게 아니라 저는 체력단련을 하지 않아요, 소크라테스 선생님."

49 Apollodoros. 소크라테스의 열렬한 추종자로 플라톤에 따르면 소크라테스가 사형 선고를 받을 때도(『소크라테스의 변론』 34a 참조), 소크라테스가 독배를 마시고 죽을 때도 함께 있었다고 한다(『파이돈』 117d 참조). 플라톤의 『향연』은 그 자리에 있었던 아리스토데모스(Aristodemos) 한테서 그가 전해 들은 것을 친구들에게 들려주는 형식으로 되어 있다.

50 케베스와 심미아스는 테바이에서 찾아온 소크라테스의 제자들이다. 1권 2장 48절 참조.

51 핀다로스(Pindaros)에 따르면(『퓌토 경기 우승자에게 바치는 송가』(*Pythionikai*) 4가(歌) 214행 참조) '마법의 물레'는 메데이아(Medeia)가 이아손(Iason)과 사랑에 빠지게 하려고 아프로디테(Aphrodite) 여신이 발명한 거라고 한다. 핀다로스(기원전 518~446년 이후)는 테바이 근처에서 태어난 그리스 서정시인으로 그리스 4대 경기에서 우승한 자들을 위해 써준 승리의 송시(epinikion)들이 유명하다.

52 Epigenes. 안티폰(Antiphon)의 아들로 플라톤에 따르면 소크라테스가 죽을 때 함께 있었다고 한다. 『파이돈』 59b, 『소크라테스의 변론』 33e 참조.

소크라테스가 말했다. “자네는 올림피아 경기[53]에 참가하려는 선수 못지않게 체력단련을 해야 하네. 아니면 자네는 아테나이인들이 언젠가 치를, 사생결단으로 적과 벌일 전투를 사소한 일로 여기는가?

(2) 전쟁의 위험 속에서 적잖은 사람이 몸 상태가 좋지 않아 죽거나 아니면 수치스럽게 살아남는다네. 또 많은 사람이 같은 이유에서 포로가 되고, 일단 포로가 되면 여생을 더없이 가혹한 종살이를 하거나, 극심한 고생을 하다가 때로는 자신의 전 재산을 합친 것보다 더 많은 몸값을 낸 뒤 궁핍하고 비참하게 살아간다네. 또 많은 사람이 몸이 허약한 탓에 겁쟁이로 보이기에 나쁜 평판을 듣는다네.

(3) 자네는 체력단련을 소홀히 한 이런 대가를 우습게 보고 그런 것쯤이야 쉽게 견딜 거라고 생각하는가? 하지만 내 생각에 체력단련을 위해 애쓰는 사람이 견뎌야 하는 것이 그보다는 훨씬 더 쉽고 더 즐거운 것 같네. 아니면 자네는 나쁜 몸 상태가 좋은 몸 상태보다 건강에 더 좋고 다른 점에서도 더 유익하다고 생각하는가? 아니면 좋은 몸 상태의 결과를 우습게 보는가?

(4) 하지만 체력단련을 한 결과와 하지 않은 결과는 정반대일세. 체력단련을 한 사람은 건강하고 강하기 때문일세. 그리하여 그들 중 대다수가 싸움터에서 무사히 귀환하고 전쟁의 위험에서 벗어난다네. 또한 대다수가 친구들을 도와주고 나라를 위해 좋은 일을 하고, 그래서 고맙다는 말을 듣고 명성을 크게 드날리고 명예가 크게 드높아지며, 그래서 여생을 더 즐겁고 더 훌륭하게 살고 자식들에게는 더 훌륭한 살림 밑천을 남겨놓는다네.

(5) 우리 나라가 군사훈련을 국비로 지원하지 않는다고 해서 개

인도 이를 핑계로 군사훈련을 소홀히 해서는 안 되네. 잘 알아두게. 전쟁 외에 다른 경쟁이나 행위에서도 체력을 단련해서 손해 볼 일은 결코 없네. 인간의 모든 활동에는 몸이 필요하고, 몸이 필요한 모든 활동에는 몸을 최선의 상태로 유지하는 것이 대단히 중요하기 때문일세.

(6) 몸이 가장 덜 필요할 것 같은 사고 행위에서도 가끔은 건강이 나쁘기 때문에 중대한 실수를 저지른다는 것을 누가 모르겠는가? 몸 상태가 나쁘기 때문에 기억상실증과 우울증과 과민증과 광증이 사람 마음을 엄습하여 갖고 있던 지식조차 잃어버리는 경우가 비일비재하다네.

(7) 그러나 몸 상태가 좋은 사람은 안심해도 좋으며, 적어도 몸 상태가 나빠 그런 변을 당할 위험은 없네. 아마도 몸 상태가 좋은 것은 몸 상태가 나쁜 데서 비롯한 것들과는 정반대 결과를 낳는 데 이바지할 걸세. 지각 있는 사람이라면 사실 방금 말한 것과 정반대되는 결과를 얻기 위해서 무엇인들 감내하지 않겠는가?

(8) 또한 몸의 아름다움과 힘을 최고도로 계발함으로써 자네가 어떤 인물이 될지 보기도 전에 순전히 부주의 때문에 노쇠해간다면 그것은 수치가 아닐 수 없네. 자네가 체력단련을 소홀히 한다면 그것을 볼 수 없을 걸세. 그런 것은 대개 저절로 이루어지지 않으니까."

53 고대 그리스의 4대 경기 가운데 가장 규모가 컸던 올륌피아 경기(ta Olympia)는 최고신 제우스를 기리기 위해 펠로폰네소스(Peloponnesos)반도 서북부 엘리스(Elis) 지방의 소도시 올륌피아(Olympia)에서 4년마다 개최되었다.

제 13 장

(1) 한번은 어떤 사람이 자기는 인사를 하는데 상대방이 인사를 받지 않는다고 화를 내자 소크라테스가 말했다. "몸 상태가 더 나쁜 사람을 만났더라면 화내지 않았을 자네가 마음 상태가 더 조야한 사람을 우연히 만났다고 해서 괴로워하다니, 웃기는 일일세."

(2) 또 어떤 사람이 자기는 먹는 것이 즐겁지 않다고 말하자 소크라테스가 말했다. "그런 병을 위해서라면 아쿠메노스[54]가 좋은 약방문을 내고 있네." 그가 "그게 뭐죠?" 하고 묻자, 소크라테스가 대답했다. "금식이네. 금식하면 비용을 덜 들이고도 더 즐겁고 더 건강하게 살 걸세."

(3) 또 어떤 사람이 자기가 집에서 마시는 물이 따뜻하다고 불평하자 소크라테스가 말했다. "그렇다면 자네가 따뜻한 물에 목욕하고 싶을 때는 따뜻한 물이 항상 준비되어 있겠구먼."

"하지만 목욕하기에는 너무 차가워요." 하고 그 사람이 말했다.

소크라테스가 물었다. "그렇다면 자네 집 하인들도 그 물을 마시거나 그 물로 목욕할 때 불평하는가?"

그 사람이 대답했다. "아니요. 나는 그들이 그 물을 마시고 그 물로 목욕하는 데 만족하는 것을 보고 가끔 놀라곤 하지요."

소크라테스가 물었다. "어느 쪽 물이 마시기에 더 따뜻한가? 자네 집의 물인가, 아니면 아스클레피오스[55] 신전의 물인가?"

"아스클레피오스 신전의 물입니다." 하고 그 사람이 대답했다.

"어느 쪽 물이 목욕하기에 더 차가운가? 자네 집의 물인가, 아니면 암피아라오스[56] 사당의 물인가?"

"암피아라오스 사당의 물입니다." 하고 그 사람이 대답했다.

"소크라테스가 말했다. "잘 생각해보게. 자네는 하인들이나 병자들[57]보다 성미가 더 까다로운 것 같구먼."

(4) 또 어떤 사람이 자기 하인을 엄하게 처벌하는 것을 보고 왜 하인에게 화를 내는지 소크라테스가 물었다.

그 사람이 대답했다. "이 녀석은 바보스럽기 짝이 없으면서 더없는 미식가이고, 게으르기 짝이 없으면서 더없이 돈 욕심이 많기 때문이지요."

"자네는 자네와 자네 하인 가운데 어느 쪽이 더 많은 매를 맞아야 마땅한지 생각해본 적이 있는가?"

54 Akoumenos. 아테나이의 유명 의사로 플라톤의 『파이드로스』(*Phaidros*) 227a, 268a~b에서 소크라테스의 친구로 나오며, 플라톤의 『향연』 176c에서 사랑에 관해 자신의 견해를 피력하는 의사 에뤽시마코스(Eryximachos)의 아버지이다.

55 Asklepios. 의술의 신. 에피다우로스(Epidauros)에 있던 그의 신전이 특히 유명했으나, 따뜻한 물이 솟는 그의 신전은 아테나이에 있었다고 한다.

56 Amphiaraos. 이른바 '테바이 성을 공격한 일곱 장수' 가운데 한 명으로 전설적 영웅이자 예언가. 그의 사당은 보이오티아 지방의 오로포스(Oropos) 시에 있었다고 한다.

57 병자들은 앞서 말한 신전과 사당에서 나는 물로 자기 전에 목욕했다고 한다.

(5) 또 어떤 사람이 올륌피아로 여행하기를 두려워하자 소크라테스가 물었다. "어째서 여행하기를 두려워하는가? 자네는 집에 있을 때도 거의 온종일 걸어서 돌아다니지 않는가? 올륌피아로 가면 자네는 잠시 걷다가 점심식사를 하고 이어서 또 잠시 걷다가 저녁식사를 하고 나서 휴식을 취할 걸세. 자네가 닷새 또는 엿새 동안 걷는 것을 합치면 아테나이에서 올륌피아까지의 거리와 맞먹는다는 것도 모르는가? 또한 하루 일찍 출발하는 것이 하루 늦게 출발하는 것보다 더 편안하네. 하루에 걸을 거리를 무리하게 늘리는 것은 불쾌하기 때문이지. 하지만 하루를 더 걸으면 여행하기가 훨씬 수월하네. 그래서 길을 재촉하는 것보다 출발을 서두르는 편이 더 나은 법이라네."

(6) 또 다른 사람이 먼길을 오느라 녹초가 되었다고 말하자 소크라테스가 그에게 짐도 들고 왔느냐고 물었다.

그 사람이 대답했다. "아니요. 외투만 가져왔을 뿐이오."

소크라테스가 물었다. "혼자서 여행했소, 아니면 하인을 데리고 다니시오?"

"데리고 다녀요." 하고 그 사람이 대답했다.

"하인은 맨몸으로 따라왔소, 아니면 무엇인가를 들고 왔소?" 하고 소크라테스가 물었다.

"하인은 물론 내 침구와 그 밖의 다른 짐을 들고 왔지요." 하고 그 사람이 대답했다.

"여행이 끝났을 때 하인은 상태가 어떻던가요?" 하고 소크라테스가 물었다.

그가 대답했다. "내가 보기에 그는 나보다 더 나은 것 같았어요."

"만약 당신이 그의 짐을 들어야 했다면 당신의 상태가 어땠으리라고 생각하시오?"

"물론 나빴겠지요. 아니, 나는 그럴 수 없었겠지요." 하고 그 사람이 대답했다.

"체력단련을 한 사람이라면 힘든 일을 할 능력에서 자기 하인만 못하리라고 생각하시오?"

제 1 4 장

(1) 회식 모임 때 어떤 회원은 음식[58]을 적게 가져오고 어떤 회원은 남보다 많이 가져오면 소크라테스는 시중드는 노예 소년을 시켜 더 작은 기여분은 공동출자분으로 삼게 하거나 회원들 사이에 똑같이 분배하게 했다. 그래서 많이 가져온 자들은 공동출자분에서 자기 몫을 받지 않을 수 없을뿐더러 동시에 자기가 가져온 것을 내놓지 않을 수 없었다. 그래서 그들도 자신들이 가져온 음식을 공동출자분으로 내놓았다. 그리고 그들은 적게 가져온 사람들보다 더 많이 받지 못했기에 음식에 많은 비용을 들이기를 그만두었다.

(2) 한번은 회식 모임의 회원 중 한 명이 빵은 먹지 않고 반찬만 먹는 것을 보았을 때 마침 각 직업에는 어떤 이름을 붙이는 것이 적절한가 하는 것이 대담의 주제였기에 소크라테스가 말했다. "여러분, 어떤 행위에 근거하여 누군가를 '반찬 벌레'라고 부를 수 있을까요? 물론 그럴 수만 있다면 누구나 빵에 반찬을 곁들여 먹지요. 하지만 그런 이유만으로 '반찬 벌레'라고 불리는 사람은 없다고 생각하오."

"없고말고요." 하고 회원 중 한 명이 말했다.

(3) 소크라테스가 물었다. "어때요? 만약 체력단련을 위해서가 아니라 혀를 즐겁게 하려고 빵은 안 먹고 반찬만 먹는 사람이 있다면 그

런 사람이야말로 '반찬 벌레'라고 생각되지 않나요?"

"다른 사람은 '반찬 벌레'라고 부르기 어렵겠지요." 하고 그 사람이 대답했다.

그러자 회원 중 또 한 명이 물었다. "빵은 조금만 먹고 반찬은 많이 먹는 사람은 어떤가요?"

소크라테스가 대답했다. "내 생각에 그런 사람도 '반찬 벌레'라고 불리어 마땅하오. 그리고 다른 사람이 밀 풍년이 들게 해달라고 신들에게 기도할 때 그는 반찬 풍년이 들게 해달라고 기도할 것이오."

(4) 소크라테스가 그렇게 말하자 그 젊은이는 자기를 두고 한 말임을 알아차리고 반찬 먹기를 그만두지는 않고 빵 덩어리를 집어 들었다. 그것을 보고 소크라테스가 말했다. "이 사람 옆에 있는 사람들은 잘 지켜보시오. 그가 빵을 반찬으로 여기는지, 아니면 반찬을 빵으로 여기는지 말이오."

(5) 한번은 또 회식 모임의 회원 중 한 명이 빵 한 조각을 먹을 때마다 여러 반찬을 맛보는 것을 보고 소크라테스가 말했다. "한꺼번에 여러 가지를 먹고 한꺼번에 온갖 양념을 입안에 쑤셔넣는 것보다 더 값비싸고 반찬을 더 망쳐놓는 요리가 있을까요? 아무튼 그런 사람은 요리사보다 더 많은 성분을 배합함으로써 낭비를 하고 요리사가 섞기에 부적절하다고 여기는 성분을 섞으므로, 만약 요리사가 옳다면 그는 잘못하는 것이고 요리사의 기술을 망쳐놓는 것이오.

58 opson. 빵에 곁들여 먹는 반찬.

(6) 주인이 최고의 기술을 갖춘 요리사를 구해놓고 자신은 요리 기술을 알지도 못하면서 요리사가 만든 요리의 맛을 바꾼다면 어찌 우스운 일이 아니겠소? 여러 음식을 한꺼번에 먹는 버릇이 있는 사람에게는 또 다른 문제점이 있소. 여러 음식이 나오지 않으면 그런 사람은 몸에 밴 것이 없어 살림이 궁하다고 느낄 것이오. 그러나 빵 한 조각에 반찬 한 가지를 먹는 버릇이 있는 사람은 여러 음식이 나오지 않더라도 그 한 가지로 만족할 것이오."

(7) 또 소크라테스는 아테나이 방언에서 '잘 먹는다'[59]는 말은 '먹다'[60]와 동의어이며, 여기서 '잘'[61]이란 혼과 몸에 해롭지 않고 구하기 어렵지 않은 음식을 먹는 것을 뜻한다고 말하곤 했다. 이렇듯 그는 잘 먹는 것조차도 정돈된 삶을 사는 사람의 특권으로 여겼다.

59 '잘 먹는다'(euocheisthai).

60 esthiein.

61 eu.

제 4 권

제 1 장

(1) 소크라테스는 매사에 다양한 방법으로 도움을 주었기에 사물을 고찰하고 공정하게 평가하는 사람이라면 누구나 어떤 장소에서건 어떤 상황에서건 소크라테스와 함께하며 그와 더불어 시간을 보내는 것보다 더 유익한 일은 없다는 것을 알 수 있었다. 소크라테스가 그 자리에 없을 때는 그를 회고하는 것만으로도 그와 늘 함께하는 사람들과 제자들에게는 적잖은 도움이 되었다. 소크라테스는 농담할 때도 진지할 때 못지않게 그들에게 유익했기 때문이다.

(2) 이를테면 소크라테스는 가끔 누군가를 사랑한다고 말했지만, 그것은 그가 신체적 아름다움을 타고난 사람이 아니라 정신적 탁월함을 타고난 사람에게 마음이 끌린다는 뜻이라는 것쯤은 누구나 알 수 있었다. 그리고 소크라테스는 그런 탁월한 존재들을 어떤 것에 마음을 기울이건 빨리 배우는 능력, 배운 것을 기억하는 능력, 가정과 국가를 효율적으로 관리하게 해주는 온갖 지식을 얻고자 하는 욕구, 말하자면 사람들과 인간사를 성공적으로 다룰 줄 아는 능력을 보고 판단했다. 그는 그런 사람들이 교육받으면 자신들도 행복하고 가정도 훌륭하게 관리할뿐더러 남과 국가도 행복하게 만들 수 있다고 믿었다.

(3) 소크라테스는 모든 사람에게 같은 방법으로 다가가지 않았

다. 자신은 훌륭한 자질을 타고났다고 믿고 배우기를 업신여기는 자에게는 훌륭한 재능을 타고날수록 그만큼 더 교육을 받아야 한다고 가르치면서, 기개가 넘치고 불같은 좋은 말도 망아지 때 길을 들이면 다루기 쉬운 훌륭한 말이 되지만 길들이지 않으면 다루기 어려운 아주 보잘것없는 말이 되며, 지칠 줄 모르고 사냥감에게 거침없이 덤벼드는 순종 강아지도 제대로 훈련받으면 아주 쓸모 있고 더없이 훌륭한 사냥개가 되지만 훈련받지 않으면 쓸모없고 엉뚱한 짓을 하고 다루기 어렵다는 점을 지적했다.

(4) 마찬가지로 남다른 정신력과 무슨 일을 시작하건 끝까지 해내는 능력을 가진 더없이 훌륭한 자질을 타고난 인간들도 교육을 받고 무엇을 해야 하는지 배운다면 그들이 행할 수 있는 선행은 다양하고 많기에 가장 훌륭하고 가장 쓸모 있는 인간이 되겠지만, 훈련받지 않고 배우지 않는다면 더없이 사악하고 해로운 존재가 될 것이며 무엇이 자신들의 의무인지 분간할 줄 몰라 가끔은 나쁜 짓에 손을 대고 타고난 기질이 거만하고 불같은지라 그들을 제지하고 말리기가 어려울 것이며, 그래서 그들이 저지를 수 있는 악행은 다양하고 많다고 했다.

(5) 자신의 재물을 자랑스럽게 여기며 재물만 있으면 원하는 것을 능히 이루고 세상 사람에게 존경받을 수 있다고 믿고는 자신은 교육받을 필요가 없다고 생각하는 사람들에게 소크라테스는 이렇게 충고했다. "배우지 않고도 유익한 것과 유해한 것을 구별할 수 있다고 생각하는 사람은 바보요. 그런 것도 구별하지 못하면서 재물에 힘입어 원하는 것이면 무엇이든 이룰 수 있고 유익한 일을 할 수 있다고 생각하는 사람 역시 바보요. 그리고 유익한 일을 할 능력이 없으면서 자신은 잘나

가고 있고 행복한 삶을 위한 요건을 갖추고 있다고 생각하는 사람은 얼간이요. 아는 것이 아무것도 없으면서 재산 때문에 자신이 유능하다고 여겨지거나 유능하다고 여겨지지 않더라도 명망을 떨칠 거라고 생각하는 사람도 역시 얼간이요."

제 2 장

(1) 이번에는 자신이 가장 훌륭한 교육을 받았다 여기고 자신의 지혜에 자부심을 갖는 사람들을 소크라테스가 어떻게 대했는지 이야기하려 한다. 소크라테스는 미남 에우튀데모스[1]가 유명 시인과 사상가의 서책을 많이 수집했으며 그에 힘입어 자신이 동년배보다 더 지혜롭다고 여기고 언변과 실행력에서 모든 경쟁자를 능가한다고 자부한다는 것을 알았다. 소크라테스는 에우튀데모스가 나이가 어린 까닭에 민회에 참가할 수 없어 무언가를 관철하고 싶으면 근처 마구 제작공의 가게에 앉아 있다는 것을 알고는 제자 몇 명을 데리고 몸소 그 가게로 갔다.

(2) 첫 번째 방문 때 그중 한 명이 물었다. "테미스토클레스가 동료 시민 가운데 걸출하여 유능한 인물이 필요할 때마다 온 나라가 그를 쳐다본 것은 그가 지혜로운 사람과 교제했기 때문인가요, 아니면 그런 자질을 타고났기 때문인가요?"

소크라테스는 에우튀데모스를 자극하고 싶어 이렇게 대답했다.

1 Euthydemos. 디오클레스(Diokles)의 아들로 소크라테스의 제자인 그는 1권 2장 29절에도 나오고 본권 3, 5, 6장에도 나온다. 그는 소피스트 에우튀데모스와는 다른 사람이며 플라톤의 『향연』 222b에 나오는 사람과는 같은 사람인 것 같다.

"하찮은 기술에서도 유능한 스승의 도움 없이 무엇을 성취한다는 것은 불가능한데, 가장 위대한 성취라 할 국가를 이끄는 기술이 사람들에게 저절로 생긴다고 생각한다면 어리석은 일이지."

(3) 그 뒤 오래지 않아 에우튀데모스를 다시 만났을 때, 소크라테스는 그가 모임에 끼이는 것을 달가워하지 않고 소크라테스의 지혜에 감명 받은 것처럼 보이지 않으려고 애쓰는 것을 보고 말했다. "여보게들, 우리 친구 에우튀데모스가 성년이 되어 나랏일을 논의할 때면 국가에 조언하기를 망설이지 않을 걸세. 그건 그의 태도를 보면 알 수 있네. 그리고 그는 남에게 배운 것은 아무것도 없다는 인상을 주려고 애쓰며 자신의 대중 연설에 멋진 머리말을 덧붙일 걸세. 그는 틀림없이 이런 머리말로 연설을 시작할 걸세.

(4) '아테나이인 여러분, 나는 누구에게 무엇을 배운 적도 없고, 누가 연설과 실행에서 뛰어나다는 말을 듣고 그를 만나보려고 한 적도 없으며, 그런 것을 아는 사람 중에서 누군가를 스승으로 모시려고 애쓴 적도 없습니다. 오히려 나는 늘 남에게 무엇을 배우기를 피했고, 배운다는 인상조차 주지 않으려 했습니다. 하지만 나는 내 머리에 저절로 떠오르는 대로 여러분에게 조언할 것입니다.'

(5) 그런 머리말은 공의(公醫) 지망생에게도 적합할 걸세. 그들은 이렇게 연설을 시작할 걸세. '아테나이인 여러분, 나는 누구에게 의술을 배운 적도 없고, 의사 중에서 누군가를 스승으로 모시려 한 적도 없습니다. 나는 늘 의사들에게 무엇인가를 배우기를 피했고, 의술을 배웠다는 인상조차 주지 않으려 했으니까요. 하지만 나는 여러분이 나를 공의로 임명해주기를 원합니다. 그러면 나는 여러분을 실험 대상으로 삼

아 배우려고 노력하겠습니다.'"

이 머리말에 그 자리에 있던 모든 사람이 웃음을 터뜨렸다.

(6) 이제는 에우튀데모스가 분명 소크라테스가 하는 말에 귀를 기울이기는 하되 침묵을 지킴으로써 사려 깊다는 인상을 줄 수 있다고 믿고는 여전히 입을 열기를 꺼리자 소크라테스가 그의 헛치레를 끝내주려고 이렇게 말했다. "자네도 알다시피 키타라나 피리나 승마나 그와 유사한 다른 기술의 명수가 되려고 하는 사람들은 자신들이 명수가 되려고 하는 분야에서 쉴 새 없이 연습하는데, 혼자서만 그러는 것이 아니라 널리 인정받은 전문가의 지도 아래 그렇게 한다네. 그리고 그들은 자신들이 하는 모든 것을 이들 전문가가 인정할 때까지는 무엇이든 참고 견디는데, 다른 방법으로는 자신들이 그 분야의 명인이 될 수 없다고 생각하기 때문이지. 그런데 유능한 대중 연설가나 정치가가 되려는 사람 가운데 자신은 훈련받거나 공부하지 않고도 갑자기 저절로 그렇게 될 수 있다고 생각하는 사람이 있다면 놀랍지 않은가!

(7) 그런데 이 분야의 기술은 배우기가 더 어렵네. 이 분야의 기술에 뛰어드는 사람은 많지만 성공하는 사람은 소수이니 말일세. 분명 이 분야 기술을 배우려면 더 오랫동안 더 집중적으로 공부해야 하네."

(8) 그 뒤 얼마 동안 소크라테스는 이런 말을 계속했고 에우튀데모스는 듣기만 했다. 그러나 에우튀데모스가 이런 말을 점점 더 잘 참아내고 더 귀담아듣는 것을 알아차리고 소크라테스는 혼자 마구 제작공의 가게에 갔고, 에우튀데모스가 곁에 앉자 이렇게 말했다. "에우튀데모스, 자네는 지혜롭다고 일컬어지는 선현(先賢)들의 서책을 많이 수

집했다고 들었는데 그게 사실인가?"

그러자 에우튀데모스가 말했다. "제우스에 맹세코 사실입니다, 소크라테스 선생님. 그리고 최대한 많은 서책을 가지려고 지금도 모으는 중입니다."

(9) 소크라테스가 말했다. "금이나 은보다 지혜를 쌓기를 택하다니 나는 자네에게 감탄하지 않을 수 없네. 자네는 금이나 은은 사람들을 더 훌륭하게 만들 수 없지만 현인들의 교훈은 그것을 소유한 사람의 미덕을 더 풍성하게 해줄 거라고 생각하고 있음이 분명하니 말일세."

에우튀데모스는 이 말을 듣고 기뻐했으니, 자신이 지혜를 추구하는 방법을 소크라테스가 인정한다고 생각했기 때문이다.

(10) 소크라테스는 자신이 이렇게 인정해주는 것을 에우튀데모스가 좋아한다는 것을 알아차리고 물었다. "에우튀데모스, 말해보게. 자네는 그 서책들을 모음으로써 정확히 어떤 점에서 훌륭해지기를 바라는가?"

어떻게 대답해야 할지 검토하느라 에우튀데모스가 침묵을 지키자 소크라테스가 말을 이었다. "아마도 의사가 되고 싶은 게로군? 의사들이 쓴 논문만도 모으면 엄청나게 많으니까."

"그럴 생각은 추호도 없습니다." 하고 에우튀데모스가 말했다.

"그렇다면 건축가가 되고 싶은 게로군? 그러기 위해서도 많은 지식이 필요하니까."

"그럴 생각 없어요."

"그렇다면 테오도로스[2] 같은 훌륭한 기하학자가 되고 싶은 게로군?" 하고 소크라테스가 물었다.

에우튀데모스가 대답했다. "기하학자도 되고 싶지 않아요."

"그렇다면 천문학자가 되고 싶은 게로군?" 하고 소크라테스가 물었다.

에우튀데모스가 그것도 아니라고 부인하자 소크라테스가 물었다. "그렇다면 음송 시인이 되고 싶은 게로군? 듣자 하니 자네는 호메로스 전집을 갖고 있다더군."

에우튀데모스가 대답했다. "그럴 생각은 추호도 없어요. 제가 알기에 음송 시인들은 시는 잘 암송하지만 그들 자신은 아주 멍청한 편이니까요."

(11) 그러자 소크라테스가 말했다. "에우튀데모스, 자네는 분명 사람들을 훌륭한 정치가와 행정가와 유능한 통치자로 만들고 남과 자신에게 도움이 되는 미덕을 추구하지는 않는 것 같네그려."

에우튀데모스가 말했다. "소크라테스 선생님, 제가 원하는 것은 바로 그런 미덕입니다."

그러자 소크라테스가 말했다. "제우스에 맹세코, 자네가 추구하는 것은 가장 고매한 미덕이자 가장 위대한 기술일세. 그것은 왕의 영역에 속하고 왕도(王道)의 기술이라고 불리니까. 그런데 자네는 정의롭지 않고도 이런 일에 탁월할 수 있는지 숙고해보았는가?"

"물론 숙고해보았지요." 하고 에우튀데모스가 말했다. "정의감 없

2 Theodoros. 북아프리카 퀴레네(Kyrene) 출신 수학자로 플라톤의 대화편 『테아이테토스』(*Thaitetos*)에도 나온다.

이는 훌륭한 시민도 될 수 없어요."

(12) "어떤가? 자네는 그런 자질을 갖추었는가?" 하고 소크라테스가 물었다.

에우튀데모스가 대답했다. "소크라테스 선생님, 저는 누구 못지않게 정의롭다고 생각합니다."

소크라테스가 물었다. "그러면 목수에게 하는 일이 있듯이 정의로운 사람에게도 하는 일이 있는가?"

"있고말고요." 하고 에우튀데모스가 대답했다.

소크라테스가 물었다. "그렇다면 건축가가 자기 작품을 보여줄 수 있듯이 정의로운 사람도 자기 작품을 설명할 수 있는가?"

"정의가 하는 일을 제가 설명할 수 없으리라 생각하세요? 저는 그뿐 아니라 불의가 하는 일도 설명할 수 있답니다. 그런 것은 날마다 보고 들을 기회가 많으니까요."

(13) 소크라테스가 물었다. "어떤가? 우리가 이 칸에는 '정'(正)이라 쓰고 저 칸에는 '부'라고 쓴 다음, 우리가 정의가 하는 일과 불의가 하는 일이라고 생각하는 바를 각각 '정'(正)의 칸과 '부'(否)의 칸에 써넣어볼까?"

"그러는 것이 도움이 된다 싶으면 그러시죠." 하고 에우튀데모스가 대답했다.

(14) 그러자 소크라테스는 말한 대로 쓴 다음 말을 이었다. "거짓말하는 것은 사람들 사이에서 일어나는 일이겠지?"

"그렇습니다." 하고 에우튀데모스가 말했다.

"그렇다면 그것은 어느 칸에 넣을까?"

"분명 '부'의 칸에 넣어야겠지요."

"해코지하는 것은 어떤가?"

"그것도요."

"노예로 팔아버리는 것은?"

"그것도요."

"그러면 에우튀데모스, 우리는 이 가운데 어느 것도 '정'의 칸에 넣지 않겠지?"

"'정'의 칸에 넣는다면 정말 끔찍한 일이겠지요."

(15) "어떤가? 장군으로 선출된 어떤 사람이 불의한 적군을 노예로 팔아버린다면 우리는 그의 행위가 불의하다고 말할까?"

"결코 그렇게 말하지 않을 겁니다."

"우리는 그의 행위가 올바르다고 말하지 않을까?"

"물론입니다."

"어떤가? 그가 전시에 적을 속인다면?"

"그 또한 올바릅니다."

"그가 적의 재산을 훔치거나 약탈한다면 그의 행위는 올바르지 않을까?"

"물론입니다. 하지만 저는 처음에 선생님께서 친구와 관련하여 이런 질문을 하시는 것으로 생각했어요."

"그러면 우리가 '부'의 칸에 배정한 모든 것을 '정'의 칸에도 배정해야겠지?"

"그런 것 같아요."

(16) "그렇다면 우리의 분류를 수정하여 그런 행위를 적에게 하

는 것은 옳지만 친구에게 하는 것은 옳지 못하며, 친구에게는 최대한 솔직해야 한다고 말할까?" 하고 소크라테스가 물었다.

에우튀데모스가 대답했다. "물론입니다."

(17) "어떤가?" 하고 소크라테스가 말을 이었다. "어떤 장군이 군대의 사기가 저하되는 것을 보고는 원군이 오고 있다고 거짓말을 하고 이 거짓말 덕분에 군대의 사기가 저하되는 것을 막는다면, 우리는 이런 기만을 어느 칸에 넣을 텐가?"

"'정'의 칸에 넣어야겠지요." 하고 에우튀데모스가 대답했다.

"또 어떤 사람의 아들이 약을 먹어야 하는데도 약 먹기를 거부하여 아버지가 음식이라고 속여 약을 먹도록 유도하고 이런 거짓말 덕분에 아들이 건강을 회복한다면, 이런 기만은 어느 칸에 넣어야 할까?"

"그것도 같은 칸에 넣어야 할 것 같아요." 하고 에우튀데모스가 말했다.

"어떤가? 어떤 사람이 우울증에 걸린 친구가 자살할까 염려되어 칼이나 그 밖에 그런 무기를 은밀히 또는 공개적으로 치워버린다면, 이것은 또 어느 칸에 넣어야 할까?"

"이것도 '정'의 칸에 넣어야 합니다."

(18) "친구에게도 언제나 솔직하게 대해서는 안 된다는 뜻인가?" 하고 소크라테스가 물었다.

에우튀데모스가 대답했다. "안 되고말고요. 제가 앞서 말한 것을 취소하겠습니다. 그러는 것을 허락해주신다면 말입니다."

소크라테스가 말했다. "허락해야겠지. 그러는 것이 목록을 잘못 작성하는 것보다 더 나을 테니까.

(19) 이번에는 친구를 속여 그에게 손해를 끼치는 경우를 검토해 보세. 그런 경우도 간과해서는 안 되니까. 어느 쪽 기만이 더 불의할까? 고의적 기만일까, 아니면 본의 아닌 기만일까?"

"하지만 소크라테스 선생님, 이제 저는 대답할 자신이 없어요. 앞서 제가 말한 모든 것이 이제는 제가 처음에 생각했던 것과는 달라 보이니까요. 그럼에도 감히 말하자면, 고의적 기만이 본의 아닌 기만보다 더 불의합니다."

(20) "자네는 올바른 것도 자모(字母)처럼 배우고 이해할 수 있다고 생각하는가?"

"저는 그렇다고 생각합니다."

"자네가 판단하기에 어느 쪽이 더 유식한가? 일부러 틀리게 읽거나 쓰는 사람인가, 아니면 본의 아니게 틀리게 읽거나 쓰는 사람인가?"

"일부러 그러는 사람이라고 저는 생각합니다. 그는 원하기만 하면 언제든지 바르게 읽고 쓸 테니까요."

"그렇다면 일부러 틀리게 쓰는 사람은 유식하고, 본의 아니게 틀리게 쓰는 사람은 무식하다고 하겠지?"

"왜 아니겠습니까?"

"올바른 것을 아는 것은 어느 쪽일까? 일부러 거짓말하고 속이는 쪽일까, 아니면 본의 아니게 그러는 쪽일까?"

"분명 일부러 그러는 쪽입니다."

"그러니까 자네 말은 자모를 아는 사람이 자모를 모르는 사람보다 더 유식하다는 뜻인가?"

"네."

"또한 올바른 것을 아는 사람이 올바른 것을 모르는 사람보다 더 올바르다는 뜻인가?"

"그런 것 같습니다. 하지만 여기서도 저는 과연 그런 뜻인지 자신이 없어요."

(21) "어떤 사람이 진실을 말하려 하면서 같은 대상을 놓고 같은 말을 하지 않고, 같은 길을 말하면서 어떤 때는 동쪽을 가리키고 어떤 때는 서쪽을 가리키는가 하면, 합산을 하면서 합계가 어떤 때는 더 많다고 하고 어떤 때는 더 적다고 한다고 가정해보게. 자네는 그런 사람을 어떻게 생각하는가?"

"제우스에 맹세코, 그는 분명 자기가 안다고 생각하는 것을 알지 못합니다."

(22) "자네는 노예근성이 있다고 불리는 사람들이 있다는 것을 알고 있겠지?"

"네, 알아요."

"그들이 그렇게 불리는 것은 지혜 때문인가, 무지 때문인가?"

"분명 무지 때문입니다."

"그들이 그렇게 불리는 것은 대장장이 일에 무지하기 때문일까?"

"결코 그렇지 않습니다."

"그러면 목수 일에 무지하기 때문일까?"

"그 때문도 아닙니다."

"제화공 일에 무지하기 때문일까?"

"그 어느 것 때문도 아닙니다. 오히려 그런 일에 능한 사람들은 대부분 노예근성이 있지요." 하고 에우튀데모스가 말했다.

"그렇다면 아름답고 훌륭하고 올바른 것을 모르는 사람들이 그렇게 불리는 것이겠지?"

"저도 동의합니다." 하고 에우튀데모스가 말했다.

(23) "그러면 우리는 노예근성을 갖지 않기 위해 전력을 다해야겠구먼."

에우튀데모스가 말했다. "소크라테스 선생님, 신들에 맹세코 저는 제가 진실로 훌륭한 사람이 되는 데 필요한 모든 부문에서 최고로 교육해줄 철학에 전념하고 있다고 굳게 믿었어요. 그런데 제가 지금까지 해온 온갖 노력에도 불구하고 반드시 알고 있어야 할 것들에 관한 질문에도 답변하지 못하고, 그런데 저를 더 나은 사람으로 만들어줄 다른 길이 없다는 것을 알고는 얼마나 낙담했는지 선생님은 모르실 거예요."

(24) 그러자 소크라테스가 말했다. "말해보게 에우튀데모스, 자네 델포이에 가본 적이 있는가?"

"두 번이나 가봤어요." 하고 에우튀데모스가 말했다.

"그러면 신전 어딘가에서 '너 자신을 알라!'[3]는 명문(銘文)을 읽은 적도 있겠구먼?"

"네, 읽었어요."

"자네는 그 명문에 전혀 관심이 없었는가, 아니면 그 명문에 주목하며 자신이 어떤 사람인지 고찰하려 했는가?"

3 gnothi sauton.

에우튀데모스가 말했다. "전혀 그러지 않았어요. 제가 누군지 저는 이미 안다고 생각했으니까요. 저 자신을 알지 못한다면 다른 것을 알기는 어렵겠지요."

(25) "자네는 누가 자신을 안다고 생각하는가? 자기 이름만 아는 사람인가, 아니면 말 장수처럼 행동하는 사람인가? 말 장수는 자기가 관심을 갖는 말이 다루기 쉬운지 고집이 센지, 힘이 센지 약한지, 날랜지 느린지, 말을 쓸모 있게 또는 쓸모없게 만드는 그 밖의 모든 자질과 관련하여 어떠한지 충분히 살펴보기 전에는 자기가 그 말을 안다고 생각하지 않는다네. 그런 사람도 인간으로서 자기 자질을 검토함으로써 자기 능력을 확인하기에 하는 말일세."

에우튀데모스가 말했다. "그러고 보니 자기 능력을 모르는 사람은 자신을 모르는 사람인 것 같군요."

(26) 소크라테스가 말을 이었다. "또한 사람들이 자신을 알면 이득을 많이 보고 자기기만에 빠지면 손해를 많이 본다는 것은 분명하지 않은가? 자신을 아는 사람은 어떤 것이 자신에게 적절한지 알고, 자신이 할 수 있는 것과 할 수 없는 것을 구별하네. 그리고 그런 사람은 자신이 이해하는 것을 행함으로써 필요한 것을 구하고 행복해지며, 이해하지 못하는 것을 행하기를 삼감으로써 실수를 범하지 않고 실패를 피한다네. 또한 자신을 알면 남도 알 수 있는지라 그런 사람은 남과의 관계를 통해 자신에게 좋은 것을 구하고 나쁜 것은 피한다네.

(27) 그러나 자신을 모르고 자기 능력과 관련하여 자기기만에 빠진 사람은 남이나 다른 인간사와 관련해서도 같은 상태에 놓이네. 그는 자신이 원하는 것도, 행하는 것도, 자신과 교류하는 사람들도 알지 못

하고, 이 모든 것과 관련하여 실수를 저지름으로써 좋은 것은 놓치고 나쁜 것 속으로 굴러떨어진다네.

(28) 또한 자신이 무엇을 행하는지 아는 사람은 목표를 달성함으로써 명성이 자자해지고 명예가 드높아지네. 또한 그와 대등한 사람들은 그와 사귀고 싶어하고, 뜻을 이루지 못한 사람들은 그에게 조언을 구하고 그가 자신들의 이익을 대변해주기를 바라며 그를 자신들의 희망으로 우러러본다네. 이 모든 이유에서 그들은 그를 누구보다도 소중히 여긴다네.

(29) 그러나 자신이 무엇을 행하는지 알지 못하는 사람은 잘못 선택하고 하는 일마다 실패하여 이와 관련해 직접적으로 손해를 보고 벌을 받을뿐더러 실패로 인하여 체면이 깎이고 웃음거리가 되고 멸시받으며 불명예스럽게 살아간다네.

국가도 마찬가지일세. 자네도 보다시피, 어떤 국가가 제 힘을 알지 못하고 더 강력한 국가와 전쟁을 하면 멸망하거나 자유를 잃고 노예가 되기에 하는 말일세."

(30) 그러자 에우튀데모스가 말했다. "믿어주세요, 소크라테스 선생님. 저도 자신을 아는 것이 무엇보다도 중요하다고 확신해요. 하지만 자기를 아는 일을 어디서부터 시작해야 하는지 설명해주실까 해서 저는 선생님만 쳐다보고 있답니다."

(31) 소크라테스가 물었다. "나는 자네가 어떤 것이 좋고 어떤 것이 나쁜지 알고 있다고 믿어도 되겠지?"

"물론입니다." 하고 에우튀데모스가 대답했다. "제가 그것도 모른다면 노예만도 못한 사람일 테니까요."

"자, 내게 그것을 설명해주게." 하고 소크라테스가 말했다.

에우튀데모스가 말했다. "어렵지 않지요. 먼저 건강 자체는 좋은 것이고 질병은 나쁜 거라고 생각합니다. 그다음 이 두 상태의 여러 원인, 이를테면 마실 거리와 먹을거리와 생활습관 가운데 건강에 도움이 되는 것은 좋은 것이고 질병에 걸리게 하는 것은 나쁜 거라고 생각합니다."

(32) 소크라테스가 말했다. "그러면 건강과 질병도 좋은 것의 원인이 되면 좋은 것이고, 나쁜 것의 원인이 되면 나쁜 것일 걸세."

"하지만 언제 건강이 나쁜 것의 원인이 되고, 질병이 좋은 것의 원인이 되지요?" 하고 에우튀데모스가 물었다.

소크라테스가 대답했다. "그런 경우는 허다하네. 예를 들어 치욕으로 끝난 작전이나 파국으로 끝난 항해나 그 밖에 그런 일에 몸이 건강한 까닭에 참가한 사람들은 죽고 약골이라서 뒤에 처진 자들은 살아남을 때가 그렇다네."

"맞는 말씀입니다." 하고 에우튀데모스가 말했다. "하지만 아시다시피 성공한 모험에도 건장한 사람들이 참가하고 약골들은 뒤에 처집니다."

"그러면 그런 몸 상태는 때로는 이롭고 때로는 해롭기 때문에 나쁜 것이라기보다는 오히려 좋은 것일까?" 하고 소크라테스가 물었다.

(33) "결코 그런 것 같지 않아요, 선생님의 논리대로라면. 하지만 지혜[4]는 이론(理論)의 여지 없이 좋은 것입니다, 소크라테스 선생님. 그도 그럴 것이 지혜로운 사람이 바보보다 더 잘하지 못할 일이 어디 있겠어요?"

소크라테스가 말했다. "과연 그럴까? 자네는 다이달로스[5]가 지혜로웠기에 미노스에게 붙잡혀 종노릇을 하도록 강요당했고 조국과 자유를 동시에 잃었으며, 또 아들을 데리고 도망치려다가 어린 아들을 잃고 자신도 안전하게 달아나지 못하고 이민족의 나라로 끌려가 다시 노예가 되었다는 말을 듣지 못했는가?"

"물론 그런 이야기가 있기는 하지요." 하고 에우튀데모스가 말했다.

4 sophia. 사변적 지혜.

5 Daidalos. 아테나이 출신의 전설적 장인(匠人). 그는 자기 밑에 견습생으로 들어온, 누이의 아들 페르딕스(Perdix 일명 Talos)가 뱀의 아래턱뼈나 물고기 등뼈를 모방하여 톱을 발명하고 기하학자의 컴퍼스와 도공(陶工)의 돌림판을 발명하자 장차 자기를 능가할까 두려워서 그를 죽인다. 이 때문에 아레이오스 파고스(areios pagos) 법정에서 재판을 받게 되자 다이달로스는 크레테로 망명해 미노스(Minos) 왕을 찾아간다. 미노스의 아내 파시파에가 포세이돈이 보내준 황소를 향한 애욕을 참다못해 다이달로스에게 도움을 청하자, 그는 암소 한 마리를 만들어주며 파시파에가 그 안에 들어가 황소와 교합하게 한다. 이들 사이에서 우두인신(牛頭人身)의 식인 괴물 미노타우로스(Minotauros '미노스의 황소')가 태어나자 미노스는 다이달로스에게 미노타우로스를 가둘 미궁(迷宮 labyrinthos)을 짓게 한다. 훗날 미노스는 자기 아들 안드로게오스(Androgeos)가 아테나이에 갔다가 살해되자 아테나이를 공격해 해마다 또는 9년마다 소년 소녀 일곱 명씩을 크레테로 보내게 하여 미노타우로스에게 먹이로 준다. 그러자 아테나이의 영웅 테세우스(Theseus)가 그중 한 명으로 자원해 미노스의 딸 아리아드네(Ariadne)의 도움을 받아 미노타우로스를 제거한다. 아리아드네는 다이달로스의 조언에 따라 테세우스에게 실꾸리를 주어 테세우스가 미노타우로스를 죽인 뒤 미궁에서 무사히 빠져나오게 해준다. 이 사실이 발각되자 미노스는 다이달로스와 그의 아들 이카로스(Ikaros)를 옥에 가두지만, 이들은 날개를 만들어 달고 크레테를 탈출한다. 북쪽으로 날아가다가 이카로스는 너무 높이 날아 태양열에 밀랍(蜜蠟)이 녹으며 날개가 떨어져나가 바다에 빠져 죽고 다이달로스는 서쪽으로 날아가 시칠리아섬 코칼로스(Kokalos) 왕의 궁전에서 일한다.

"자네는 팔라메데스[6]의 이야기도 듣지 못했는가? 물론 들었겠지. 그가 지혜 때문에 시새움을 사서 오뒷세우스에게 살해되었다고 모든 시인이 노래하니 말일세."

"네, 그런 이야기도 있지요." 하고 에우튀데모스가 말했다.

"또한 얼마나 많은 사람이 지혜 때문에 페르시아 왕의 궁전으로 끌려가 그곳에서 노예 생활을 하고 있으리라고 생각하는가?"

(34) 에우튀데모스가 말했다. "소크라테스 선생님, 행복하다는 것은 가장 의심할 나위 없는 좋음인 것 같아요."

소크라테스가 말했다. "에우튀데모스, 그것이 의심스러운 좋음으로 이루어져 있지 않다면 그럴 테지."

"행복의 어떤 구성요소가 의심스러운 건가요?" 하고 에우튀데모스가 물었다.

소크라테스가 대답했다. "어떤 것도 의심스럽지 않네. 우리가 아름다움이나 체력이나 부나 명성 같은 것을 행복에 포함시키지 않는다면 말일세."

"하지만 우리는 당연히 그런 것들을 포함시킬 겁니다. 그런 것들 없이 어떻게 행복하겠어요?"

(35) 소크라테스가 말했다. "그렇다면 포함시키겠네. 하지만 그런 것들은 인류에게 수많은 고난의 씨앗이 될 걸세. 많은 사람이 자신의 미모에 현혹된 숭배자들 때문에 망하고, 많은 사람이 자기 힘에 이끌려 무리한 일을 시도하다가 크게 실패하고, 많은 사람이 부로 인하여 유약해져 음모의 제물이 되고, 많은 사람이 명성과 정치적 영향력 때문에 큰 재난을 당하니 말일세."

(36) 에우튀데모스가 말했다. "제가 행복조차도 제대로 찬양하지 못한다면, 신들에게 무엇을 빌어야 할지 알지 못한다고 고백하지 않을 수 없네요."

소크라테스가 말했다. "자네는 안다고 자신했기 때문에 아마도 이런 문제는 고찰한 적도 없을 걸세. 하지만 자네는 민주정체 국가의 수장이 될 준비를 하는 만큼 민주정체가 무엇인지는 분명히 알 걸세."

"네, 잘 알고 있어요."

(37) "자네는 민중[7]이 무엇인지 알지 못하면서 민주정체가 무엇인지 알 수 있다고 생각하는가?"

"물론 그럴 수 없다고 생각해요."

"자네는 민중이 무엇이라고 생각하는가?"

"시민 가운데 빈민층이라고 생각해요."

"그러면 자네는 빈민층도 알겠구먼?"

"왜 아니겠습니까?"

"그러면 자네는 부유층도 알겠구먼?"

"네, 압니다. 빈민층 못지않게 말입니다."

6 Palamedes. 오뒷세우스가 전쟁터에 가기 싫어 소와 말을 함께 묶어 쟁기질하면서 고랑에 씨앗 대신 소금을 뿌리며 미친 체했을 때, 사절로 방문한 팔라메데스가 오뒷세우스의 갓난 아들 텔레마코스(Telemachos)를 그의 아내 페넬로페(Penelope)의 품에서 낚아채어 밭고랑에 내려놓자 쟁기질을 멈춘 까닭에 거짓 광증임이 발각되고 만다. 오뒷세우스는 이에 앙심을 품고는 훗날 트로이아 앞에서 팔라메데스의 막사에 황금을 숨겨두고 편지를 조작한 다음 그를 적과 내통한다고 무고하여 돌에 맞아 죽게 만든다.

7 demos.

"자네는 어떤 사람들을 빈민층이라 부르고, 어떤 사람들을 부유층이라 부르는가?"

"생각건대 빈민층이란 생필품을 구매할 만큼 충분히 소유하지 못한 사람들이고, 부유층이란 충분하고도 남을 만큼 소유한 사람들입니다."

(38) "자네는 아주 적게 소유한 사람 중 더러는 그것으로 만족할 뿐더러 저축까지 하지만 어떤 사람에게는 그보다 많은 재산도 충분하지 못하다는 것을 보지 못했는가?"

그러자 에우튀데모스가 말했다. "물론 보았지요. 상기시켜주셔서 고맙습니다. 사실 저는 극빈자처럼 가난해서 범죄로 내몰리는 참주도 몇 명 알고 있답니다."

(39) 소크라테스가 말했다. "그게 그렇다면, 우리는 참주는 민중에 포함시키고, 적게 소유한 사람이라도 살림을 잘 꾸려나간다면 부유층에 포함시킬 걸세."

그러자 에우튀데모스가 말했다. "이번에도 동의하지 않을 수 없네요. 분명 제가 어리석었던 탓에 말입니다. 사실 저는 입다무는 것이 상책이 아닌지 고민 중이랍니다. 저는 아는 것이 아무것도 없는 것 같으니까요."

그러고 나서 에우튀데모스는 자신이 경멸스럽고 또 자신이 사실은 노예라는 생각이 들어 의기소침하여 떠나갔다.

(40) 소크라테스에게 이런 일을 당한 사람들은 대부분 다시는 그를 찾지 않았고, 소크라테스는 그들을 멍청하다고 여겼다. 그러나 에우튀데모스는 소크라테스와 함께 되도록 많은 시간을 보내지 않고는 자

기가 이렇다 할 인물이 될 수 없다고 믿었다. 그 뒤로 그는 어쩔 수 없는 경우 말고는 소크라테스의 곁을 떠나지 않았고, 소크라테스의 습관 가운데 일부를 모방하기도 했다. 그리고 소크라테스는 에우튀데모스의 마음가짐이 그렇다는 것을 알고는 더는 그를 놀리지 않았고, 그가 알 필요가 있다고 여겨지는 지식이나 지키는 것이 아주 좋다고 생각되는 습관을 최대한 간단명료하게 설명해주었다.

제 3 장

⑴ 소크라테스는 제자들이 연설을 잘하거나 실천에 능하거나 창의력이 뛰어나기를 촉구하지 않고, 먼저 분별력을 가져야 한다고 생각했다. 분별력 없이 그런 능력들을 갖는다면 더 거리낌없이 불의를 저지를 능력만 커진다고 믿었기 때문이다.

⑵ 그래서 소크라테스는 먼저 제자들이 종교에 대해 분별력을 갖게 만들려고 노력했다. 소크라테스가 이 문제에 관해 누군가와 대화를 나눌 때 그 자리에 있던 다른 사람들이 전하는 바에 따르면 말이다. 하지만 나는 소크라테스가 에우튀데모스와 다음과 같은 대화를 나눌 때 그 자리에 있었다.

⑶ "말해보게, 에우튀데모스." 하고 소크라테스가 운을 뗐다. "자네는 인간들에게 필요한 것을 대주려고 신들이 얼마나 애쓰는지 생각해본 적이 있는가?"

"아니요. 저는 그런 적 없습니다." 하고 에우튀데모스가 대답했다.

"하지만 우리에게 가장 필요한 것은 빛이고, 그것을 우리에게 대주는 것은 신들이라는 것은 자네도 알겠지?" 하고 소크라테스가 물었다.

에우튀데모스가 대답했다. "물론입니다. 빛이 없다면 우리는 눈이 있어도 장님이나 다름없겠지요."

"또한 우리는 휴식이 필요하네. 그래서 신들은 우리에게 달콤한 밤의 휴식시간을 주시는 것이라네."

"물론입니다. 그것에도 우리는 고마워해야 합니다." 하고 에우튀데모스가 말했다.

(4) "또한 해는 밝아서 우리가 낮시간과 그 밖의 모든 것을 구별하게 해주지만, 밤은 어두워서 모든 것이 어렴풋하게 보이게 하므로 신들이 밤에는 별들이 빛나 밤시간을 알리게 하고, 그래서 우리가 해야 할 많은 일을 하게 해주는 것 아닐까?"

"그러고말고요." 하고 에우튀데모스가 말했다.

"또한 달은 우리가 밤의 부분들뿐 아니라 달[8]의 부분들도 볼 수 있게 해주네."

"물론입니다." 하고 에우튀데모스가 말했다.

(5) "어떤가? 우리는 먹을거리가 필요하기에 신들은 대지가 먹을거리를 생산하게 하시며, 이를 위해 적절한 계절들을 주시어 이 계절들이 우리가 원하는 것뿐 아니라 우리가 즐기는 것을 다양하고 넉넉하게 대주게 하신다는 점도 생각해보았는가?"

에우튀데모스가 말했다. "물론입니다. 그 역시 인간을 사랑하는 마음을 드러내신 거지요."

(6) "이 점도 생각해보았는가? 신들은 우리에게 아주 소중한

8 영어의 month.

물을 주시어 우리에게 유익한 모든 것이 생겨나고 자라도록 대지와 계절들을 돕게 하는가 하면 물 자체도 우리 몸을 양육하도록 돕게 하고, 우리를 부양하는 모든 것과 섞임으로써 그것들이 소화가 더 잘되고 몸에 더 좋고 맛이 더 좋게 만드신다네. 또한 우리는 물이 많이 필요하기에 신들은 물을 대량으로 대주신다네."

"그것도 신들이 사려 깊다는 것을 보여줍니다." 하고 에우튀데모스가 말했다.

(7) "이 점도 생각해보게. 신들은 우리에게 추위와 어둠을 물리칠 불을 주셨는데, 불이야말로 모든 기술과 인류가 자기 편익을 위해 마련하는 모든 것에서 조력자라는 점 말일세. 간단히 말해 사람이 살아가는 데 도움이 되는 중요한 것들 치고 불의 도움 없이 마련된 것은 없네."

"그 또한 신들이 인간을 남다르게 사랑하는 마음을 드러내신 것이지요." 하고 에우튀데모스가 말했다.

(8) "이 점도 생각해보았는가? 동지(冬至)가 지나고 나면 태양이 다가와 어떤 작물은 익게 만들고 전성기가 지난 다른 작물은 시들게 만든다는 점 말일세. 그런 작업을 끝마친 뒤 태양은 지나친 열로 우리를 해치지 않으려고 조심하며 더는 접근하지 않고 물러간다네. 그리고 태양이 도로 물러가다가 더이상 물러가면 우리가 추워서 얼어버릴 것이 확실한 곳에 이르면 다시 방향을 바꿔 다가오며 우리에게 가장 큰 도움을 주는 하늘의 영역을 횡단한다네."

에우튀데모스가 말했다. "제우스에 맹세코, 인간을 위해 그 모든 일이 일어나는 것 같습니다."

(9) "이 점도 생각해보았는가? 갑작스러운 열기와 냉기는 견딜

수 없기에 양극단 가운데 어느 한쪽에 이르러도 우리가 이를 알아차리지 못하도록 태양은 차즘차즘 다가와서 차즘차즘 물러간다는 것 말일세."

에우튀데모스가 말했다. "저는 신들에게 인간을 돌보는 것 말고 다른 일이 있는지 숙고하는 중입니다. 한 가지 걸림돌은 동물도 그런 혜택을 누린다는 것입니다."

(10) 소크라테스가 말했다. "따지고 보면 동물이 태어나고 사육되는 것도 분명 인간을 위해서가 아닐까? 그도 그럴 것이 어떤 다른 동물이 염소, 양, 소, 말, 당나귀에게서 인간만큼 많은 혜택을 보는가? 내 생각에 인간은 식물보다도 이런 동물에게서 더 많은 혜택을 보는 것 같네. 아무튼 인간에게는 식물 못지않게 이런 동물이 먹을거리를 대주고 돈벌이 수단이 되네. 사실 많은 인간 종족이 대지에서 나는 것을 먹을거리로 삼지 않고 가축에서 얻는 젖과 치즈와 고기를 먹고 살아간다네. 또한 모든 사람이 유용한 동물을 길들이고 훈련시켜 전쟁이나 그 밖의 많은 다른 일에 조력자로 삼지 않는가."

에우튀데모스가 말했다. "저는 그 점에도 동의합니다. 우리보다 훨씬 강한 동물도 고분고분해져서 우리가 마음대로 부릴 수 있으니까요."

(11) "이 점도 생각해보았는가? 신들이 우리를 에워싸고 있는 상이한 종류의 아름다운 것과 유익한 것에 적합한 감각적 지각을 우리에게 부여한 덕분에 우리가 온갖 좋은 것이 베푸는 혜택을 누린다는 것 말일세. 또한 신들이 우리 안에 추리하는 능력을 심어준 덕분에 우리는 지각의 대상을 사고하고 기억할 수 있으며, 각각의 대상이 어떤 혜택을

주는지 알아 좋은 것은 즐기고 나쁜 것은 물리칠 여러 방법을 강구한다네.

(12) 또한 신들은 우리에게 표현 능력을 부여했으며, 그 덕분에 우리는 온갖 좋은 것을 가르침을 통해 남과 나누어 가지며, 법률을 제정하여 국가를 경영한다네."

"소크라테스 선생님, 아닌 게 아니라 신들은 인간을 위해 여러모로 자상하게 마음을 쓰시는 것 같습니다."

"이 점도 생각해보았는가? 앞날을 위해 무엇이 유익한지 우리가 스스로의 힘으로는 내다볼 수 없을 때 신들은 묻는 사람에게 예언을 통해 결과를 드러내고, 어떻게 해야 최선의 결과를 얻을 수 있는지 가르침으로써 도움을 주신다네."

에우튀데모스가 말했다. "소크라테스 선생님, 신들은 다른 사람보다 선생님과는 더 친한 사이인 것 같아요. 묻지 않아도 선생님께서 무엇을 하고 무엇을 하지 말아야 하는지 신들이 일러주신다는 것이 사실이라면 말입니다."

(13) "내 말이 참말이라는 것은 자네도 알 걸세. 자네가 신들이 몸소 나타나기를 기다리지 않고 그분들의 행적을 보기에 그분들을 찬양하고 존경하는 것으로 만족한다면 말일세. 그 이유를 신들 자신이 암시한다는 것을 명심하게. 다른 신들도 좋은 선물을 주실 때 선물을 들고 몸소 우리 앞에 모습을 드러내지 않으며, 특히 우주 전체를 그것의 온갖 좋고 아름다운 내용물과 함께 제어하고 통할하시네. 우리가 쓰라고 그것을 언제나 손상되지 않고 건강하고 늙지 않은 상태로 베풀되 생각보다 더 빨리 어김없이 우리에게 봉사하게 하시는 신께서는 가

장 큰일을 하실 때는 눈에 보이지만 그 세세한 과정은 눈에 보이지 않는다네.

(14) 또 생각해보게. 모두에게 보인다고 생각되는 태양조차도 인간이 응시하는 것을 용납하지 않고 뻔뻔스럽게도 자신을 뚫어지게 보려는 사람이 있으면, 그의 시력을 빼앗아버린다네. 자네는 신들의 조력자도 눈에 보이지 않음을 발견할 걸세. 벼락은 분명 위에서 내던져져 충돌하는 것은 무엇이든 제압하지만, 그것이 다가오는 것도, 충돌하는 순간도, 사라지는 것도 눈에 보이지 않으니 말일세. 바람도 그 자체는 눈에 보이지 않지만 바람이 하는 일은 우리에게 분명하며, 우리는 바람이 다가오는 것을 감지할 수 있네. 또한 인간의 어떤 부분보다 더 많이 신적(神的)인 것[9]에 관여하는 인간의 혼(魂)도 우리를 안에서 다스리고 있음이 분명하지만, 그 자체는 눈에 보이지 않는다네.

우리는 이런 점을 명심하여 눈에 보이지 않는다고 무시하지 말고, 그 결과를 통해 그 힘을 알고 신적인 것을 존중해야 하네."

(15) 에우튀데모스가 말했다. "소크라테스 선생님. 단언컨대 저는 신적인 것을 조금도 무시하지 않을 겁니다. 하지만 저는 신들의 은혜에 적절히 보답할 사람은 아무도 없을 것 같아 의기소침해집니다."

(16) 소크라테스가 말했다. "에우튀데모스, 낙담하지 말게. 자네도 알다시피, '어떻게 해야 제가 신들의 마음에 들겠습니까?'라는 질문에 델포이의 신[10]께서는 '나라의 법[11]을 따르라'라고 대답하셨네. 그리

9 '신적인 것'(to theion).

고 나는 자기 능력에 맞는 제물로 신들을 기쁘게 해드리는 것이 어디서나 법이라고 생각하네.

어떻게 해야 신들이 시키는 대로 하는 것보다 더 훌륭하고 더 경건하게 신들을 공경하겠는가?

(17) 신들을 공경하되 자기 능력 이하로 해서는 안 되네. 그렇게 하는 사람은 신들을 공경하지 않음이 확실하니까. 능력껏 신들을 공경하는 사람은 신들이 가장 큰 복을 내려주실 거라고 자신하고 기대해도 좋네. 가장 큰 복을 줄 수 있는 분들 말고 다른 데서 더 큰 복을 기대하는 것도, 그분들을 기쁘게 해드리는 것 말고 다른 방법으로 더 큰 복을 기대하는 것도 사려 깊지 못한 행동이니까. 또한 신들에게 고분고분 복종하지 않는다면 어떻게 그분들을 기쁘게 해드리겠는가?"

(18) 이렇게 말하고 스스로 본보기를 보임으로써 소크라테스는 제자들을 더 경건하고 더 사려 깊게 만들었다.

제 4 장

(1) 소크라테스는 정의에 관한 자신의 견해를 숨기지 않고 행동으로 보여주었다. 그는 모든 사인(私人)과 법을 준수하고 도움을 주는 방향으로 교류했고, 시내에 있을 때나 원정 나갔을 때나 법에 부합하면 상사(上司)의 명령에 고분고분 복종했다. 그래서 그는 이 점에서 누구보다 뛰어났다.

(2) 또한 소크라테스는 민회의 의장이 되었을 때 민중이 불법적 동의(動議)를 투표로 통과시키는 것을 허용하지 않고, 법을 받들기 위해 다른 사람 같으면 누구도 견뎌내지 못했을 민중의 충동에 저항했다.

(3) 소크라테스는 '30인 참주'[12]의 불법적 명령에 복종하기를 거부했다. 첫째, 그는 젊은이들과 대화하지 말라는 그들의 요구를 무시했고 둘째, 그들이 처형하기 위해 어떤 시민[13]을 체포해 오라고 그와 몇몇 다른 사람에게 명령했을 때 그들의 명령이 위법하다는 이유로 그만이

10 아폴론.

11 nomos. 문맥에 따라 '관습'으로 옮길 수도 있다.

12 '30인 참주'(triakonta)는 펠로폰네소스전쟁에서 아테나이가 스파르테에 패한 뒤 기원전 404~403년에 아테나이를 통치한 과두정체 지지자들을 말한다.

복종하지 않았다.

(4) 멜레토스[14]에게 고발당하여 재판받았을 때 다른 피고인들은 배심원들의 비위를 맞추고 아첨하고 법을 어기며 호소하는 것이 관행이라 보아 실제로 많은 피고인이 그런 방법으로 무죄방면되었지만 소크라테스는 법정에서의 그런 불법적 관행을 전적으로 거부했다. 조금만 그런 수법을 썼어도 배심원들이 쉽게 무죄방면했을 텐데도 그는 법을 어기고 사느니 법을 지키며 죽기를 택했다.

(5) 소크라테스는 여러 사람과 대화하며 종종 그런 견해를 피력했다. 나는 또 소크라테스가 언젠가 엘리스의 힙피아스[15]와 정의(正義)에 관해 다음과 같은 대화를 나눈 것을 알고 있다. 힙피아스가 오래간만에 아테나이로 돌아와 소크라테스를 만났을 때 소크라테스는 몇몇 사람에게 이렇게 말하고 있었다. 어떤 사람을 제화공이나 목수나 대장장이나 기수로 만들고 싶으면 그런 기술을 배우기 위해 어디로 보내야 하는지 알며, 또 말이나 소를 제대로 훈련시키기를 원한다면 도처에 선생이 넘쳐난다고 말하는 사람도 있지만, 정의가 무엇인지 몸소 배우고 싶거나 아들이나 하인이 배우기를 원한다면 선생을 구하기 위해 어디로 가야 할지 알지 못하는 것은 이상한 일이라고.

(6) 이 말을 듣고 힙피아스가 조롱하듯 말했다. "소크라테스, 그대는 내가 이미 오래전에 들었던 것과 같은 말을 아직도 하는 거요?"

그러자 소크라테스가 말했다. "그렇소, 힙피아스, 같은 말을 하고 있소. 게다가 더 놀라운 것은 같은 주제에 관해 같은 말을 하고 있다는 거요. 그대는 박학다식하니까 아마도 같은 주제에 관해 결코 같은 말을 하지 않겠지요."

힙피아스가 말했다. "물론이오. 나는 매번 새로운 것을 말하려고 노력하오."

(7) 소크라테스가 말했다. "그대가 알고 있는 것에 관해 그런다는 뜻인가요? 예를 들어 어떤 사람이 'Sokrates'에는 얼마나 많은 자모와 어떤 자모가 들어 있느냐고 물으면 그대는 이번에는 전에 말한 것과 다른 것을 말하려고 노력한다는 뜻인가요? 아니면 수와 관련하여 5의 2배는 10이냐고 누가 물으면, 그대는 이번에는 전과 같은 대답을 하지 않나요?"

힙피아스가 말했다. "소크라테스, 자모와 수에 관해서는 나도 그대처럼 언제나 같은 말을 하오. 하지만 정의에 관해서는 나는 지금 그대도 다른 사람도 반박할 수 없는 것을 말할 자신이 있소이다."

(8) 소크라테스가 말했다. "헤라[16]에 맹세코, 그대가 말하는 것은 대단한 발견이오. 만약 배심원들이 둘로 나뉘어 투표하기를 그만두고, 시민들이 정의와 관련하여 서로 반박하고 고발하고 당파싸움 하기를 그만두고, 국가들이 옳은 것과 관련하여 의견을 달리하여 교전하기를 그만둔다면 말이오. 나로서는 그대의 그 엄청난 발견에 관해 듣기 전

13 '30인 참주'가 소크라테스와 다른 네 사람에게 살라미스(Salamis)로 도망친 부자 레온(Leon)을 체포해 오라고 명령한 일에 관해서는 크세노폰의 『그리스 역사』(*Hellenika*) 2권 3장 39절 및 플라톤의 『소크라테스의 변론』 32c~d 참조.

14 Meletos.

15 Hippias(기원전 481년경~411년). 펠로폰네소스반도 서북부 엘리스(Elis) 지방 출신의 박학다식한 소피스트로 주로 수사학을 가르쳤다.

16 Hera. 제우스의 누이이자 아내.

에 어떻게 그대의 곁을 떠날 수 있을지 모르겠소이다."

(9) 힙피아스가 말했다. "하지만 제우스에 맹세코, 먼저 정의에 대한 그대의 의견을 말하기 전에는 그대는 결코 그것을 듣지 못할 것이오. 그대는 누구에게도 설명하거나 어떤 것에 관한 자신의 의견은 말하지 않으면서 아무에게나 질문하고 시험함으로써 남을 조롱하는 것으로 만족하니 말이오."

(10) 소크라테스가 말했다. "아니, 무슨 말씀이오? 힙피아스, 내가 무엇을 정의라고 생각하는지 끊임없이 밝히고 있다는 것을 그대는 알아차리지 못했나요?"

힙피아스가 물었다. "그대가 말하는 설명이란 대체 어떤 것이오?"

소크라테스가 대답했다. "내가 그걸 말로 밝히지 못한다고 하더라도 행동으로는 밝히고 있소. 그대는 행동이 말보다 더 믿음직한 증거라고 생각하지 않나요?"

힙피아스가 말했다. "물론 훨씬 더 믿음직한 증거라고 생각하오. 올바른 것을 말하면서 올바르지 못한 짓을 하는 사람은 많아도, 올바른 짓을 하는 사람은 아무도 올바르지 않을 수가 없으니까요."

(11) "그렇다면 그대는 내가 언제 거짓증언을 하거나, 중상모략하거나, 친구들이나 동료 시민들 사이에 분쟁을 일으키거나, 그 밖의 다른 불의한 짓을 하는 것을 본 적이 있나요?"

"나는 본 적이 없소." 하고 힙피아스가 말했다.

"그대는 불의를 멀리하는 것이 정의라고 생각하지 않나요?"

힙피아스가 말했다. "소크라테스, 지금 그대는 무엇을 정의라고 생각하는지 설명하기를 분명 피하려 하고 있소. 그대는 올바른 사람이 무엇을 하는지가 아니라 무엇을 하지 않는지 말하고 있으니까요."

(12) 소크라테스가 말했다. "좋아요. 나는 불의를 저지르기를 원치 않는 것이야말로 올바름을 입증하는 충분한 증거라고 생각했소. 이에 동의하지 않는다면 이것이 더 마음에 드는지 살펴보시오. 나는 적법한 것이 올바른 거라고 말하겠소."

"소크라테스, 적법한 것과 올바른 것은 같은 것이란 뜻인가요?"

(13) "그렇소." 하고 소크라테스가 말했다.

"내가 묻는 것은 그대가 말하는 적법한 것과 올바른 것이 무엇을 의미하는지 이해하지 못하기 때문이오."

"그대는 '나라의 법'이 무엇인지는 알겠지요?" 하고 소크라테스가 물었다.

"네, 압니다." 하고 힙피아스가 대답했다.

"그러면 그대는 '나라의 법'이 무엇이라고 생각하시오?"

힙피아스가 말했다. "무엇을 해야 하고 무엇을 하지 말아야 할지 시민들이 합의한 뒤에 기록해둔 협약이라고 생각하오."

소크라테스가 말했다. "그러면 그런 협약에 맞게 살아가는 시민은 법을 준수하는 사람이고, 그런 협약을 위반하는 시민은 무법자이겠지요?"

"전적으로 동의합니다." 하고 힙피아스가 대답했다.

"그러면 그런 협약을 준수하는 사람은 올바르게 행위하고, 그런 협약을 어기는 사람은 불의한 짓을 하는 것이겠지요?"

"전적으로 동의합니다."

"그러면 올바르게 행하는 사람은 올바르고, 불의한 짓을 하는 사람은 불의하겠지요?"

"왜 아니겠소?"

"그렇다면 법을 준수하는 사람은 올바르고, 무법자는 불의하오."

(14) 그러자 힙피아스가 말했다. "소크라테스, 법을 제정한 사람들 자신이 때로는 법을 폐기하거나 수정하는데, 어떻게 법이나 법 준수를 중대한 일로 여길 수 있겠소?"

소크라테스가 말했다. "국가들도 교전하다가 가끔은 강화조약을 체결하지요."

"물론입니다." 하고 힙피아스가 말했다.

소크라테스가 말했다. "그대는 법률이 폐지될 수 있다는 이유로 법 준수를 경시하는 것과 강화조약이 체결될 수 있다는 이유로 전시에 나라를 도운 사람들을 비판하는 것 사이에 어떤 차이가 있다고 생각하시오? 아니면 그대는 전시에 나라를 열심히 도운 사람들을 정말로 비난하는 거요?"

(15) "제우스에 맹세코, 나는 비난하지 않아요." 하고 힙피아스가 말했다.

소크라테스가 말했다. "그대는 라케다이몬의 뤼쿠르고스[17]도 남달리 시민들이 법률을 준수하게 하지 않았다면 스파르테를 다른 국가보다 조금도 나을 것이 없는 국가로 만들었을 거라는 것을 알아차렸소? 국가의 통치자 중에서는 무엇보다도 시민들이 법률을 준수하게 만드는 통치자가 가장 훌륭하며, 시민들이 법을 가장 잘 준수하는 국가가 평화시에는 가장 훌륭하게 살며 전시에는 무적이라는 것을 그대는 모른단 말이오?

(16) 또한 화합[18]은 국가를 위한 가장 큰 좋음으로 여겨지며, 국가의 원로원과 가장 훌륭한 자들은 시민들에게 화합하기를 노상 권유하오. 그리고 헬라스 어디에나 시민들은 화합하며 살겠다고 선서해야 한다는 법률이 있으며 또 어디서나 그렇게 선서하오. 내 생각에 그렇게 하는 목적은 시민들이 같은 합창가무단에 투표하거나 같은 피리 연주자를 칭찬하거나 같은 시인을 선택하거나 같은 것을 즐기게 하기 위해서가 아니라, 시민들이 같은 법을 따르게 하기 위함이오. 왜냐하면 국가는 시민들이 법을 준수할 때 가장 강해지고 가장 행복해지기 때문이오. 하지만 화합 없이는 어떤 국가도 잘 다스려질 수 없으며 어떤 가정도 잘 관리될 수 없소.

(17) 개개인도 법을 준수하는 것 말고 어떻게 해야 국가로부터 벌은 더 적게 받고, 명예는 더 많이 받겠소? 어떻게 해야 법정에서 패소할 가능성은 더 적어지고 승소할 가능성은 더 많아질까요? 누구를 더 믿고 재산이나 아들이나 딸을 맡길 수 있을까요? 국가 전체는 법을 준수하는 사람보다 누구를 더 믿음직하다고 생각할까요? 부모, 친족, 하인, 친구, 동료 시민 또는 외지인은 그런 사람 말고 누구한테서 더 정당한 대우를 받을까요? 휴전이나 강화조약과 관련하여 적은 누구를 더 신뢰할까요? 사람들은 법을 준수하는 사람 말고 누구를 동맹군으로 택하고 싶어할까요? 그리고 동맹군은 누구에게 통수권이나 성채의 방어나

17 Lykourgos. 스파르테의 전설적 입법자.

18 homonoia.

도시를 더 기꺼이 맡길까요? 누군가 은혜를 베풀었을 때, 법을 준수하는 사람 말고 누구에게 더 확실히 은혜를 갚을 거라고 기대할까요? 또는 사람들은 은혜를 갚을 것으로 기대되는 사람보다 누구에게 더 은혜를 베풀고 싶어할까요? 사람들은 누구와 더 친구가 되고 싶어하고, 누구와 적이 되기를 더 피하고 싶어할까요? 그리고 사람들은 자기 친구이기를 가장 바라고 자기 적이기를 가장 원치 않으며, 대다수가 자기 친구이자 동맹군이기를 원하고, 극소수만이 적대자이자 적군이기를 원하는 사람보다 누구와 교전하기를 덜 원할까요?

(18) 힙피아스, 그래서 나는 법을 지키는 것과 올바른 것은 같다고 주장하오. 그대는 그와 반대라고 판단한다면 설명해주시오."

그러자 힙피아스가 말했다. "소크라테스, 나는 내 의견이 정의에 관해 그대가 말한 것과 결코 반대된다고 생각하지 않아요."

(19) 소크라테스가 물었다. "힙피아스, 그대는 '불문율'(不文律)이 무엇을 의미하는지 알지요?"

힙피아스가 대답했다. "그렇소. 모든 나라에서 똑같이 지켜지는 법률이지요."

소크라테스가 물었다. "그대는 불문율을 만든 것은 사람이라고 주장할 수 있겠소?"

힙피아스가 대답했다. "어떻게 그럴 수 있겠소? 모든 사람이 함께 모일 수도 없고 같은 언어를 사용하는 것도 아닌데 말이오."

소크라테스가 물었다. "그렇다면 그대는 누가 이 불문율을 만들었다고 생각하시오?"

힙피아스가 대답했다. "나는 신들이 인간을 위해 이 불문율을 만들었다고 생각하오. 인간들 사이에서는 신들을 경배하는 것이 으뜸가는 법이니까요."

(20) "그렇다면 부모에게 효도하는 것도 어디서나 적용되는 또 다른 법이 아닐까요?"

"그것도 신들이 만든 것이오." 하고 힙피아스가 말했다.

"부모는 자식과, 자식은 부모와 교합해서는 안 되는 것은?"

힙피아스가 말했다. "나는 그것은 신이 만든 법이 아니라고 생각하오."

"왜 그렇지요?" 하고 소크라테스가 물었다.

힙피아스가 대답했다. "내가 알기에 그 법을 어기는 자가 더러 있기 때문이오."

(21) "그런 사람들은 다른 법도 많이 어기지요." 하고 소크라테스가 말했다. "하지만 신들이 정해준 법을 어기는 자는 인간이 만든 법을 어긴 자가 들키지 않거나 폭력을 써서 벌을 피하는 것과 같은 방법으로는 결코 피할 수 없는 벌을 받지요."

(22) 힙피아스가 물었다. "그러면 소크라테스, 부모가 자식과, 자식이 부모와 교합하는 경우 어떤 벌을 피할 수 없나요?"

"제우스에 맹세코, 가장 큰 벌을 피할 수 없지요." 하고 소크라테스가 대답했다. "왜냐하면 인간이 자식을 출산할 때 불량한 자식을 출산하는 것보다 더 큰 벌이 어디 있겠소?"

(23) 힙피아스가 물었다. "어떻게 부모가 불량한 자식을 낳을 수 있지요? 아버지도 훌륭하고 어머니도 훌륭하지 말란 법이 없는데 말이오."

소크라테스가 대답했다. "제우스에 맹세코, 양쪽 부모가 모두 훌륭하다는 것만으로는 충분하지 못하기 때문이오. 그들의 몸 또한 한창때여야 하오. 아니면 그대는 한창때에 있는 자들의 씨가 아직 한창때에 이르지 않았거나 이미 한창때를 지난 자들의 씨와 같으리라고 생각하시오?"

힙피아스가 말했다. "물론 같지 않겠지요."

"그렇다면 어느 쪽이 더 훌륭할까요?"

"분명 한창때에 있는 자들의 씨가 더 훌륭하겠지요."

"그렇다면 한창때가 아닌 자들의 씨는 대단한 것이 아니겠지요?"

"물론 대단한 것은 아닌 것 같소." 하고 힙피아스가 말했다.

"그렇다면 그런 경우에는 아이를 출산해서는 안 되겠지요?"

"물론 안 돼요."

"그러니 그렇게 출산하는 자들은 불량한 자식을 출산하겠지요?"

"나는 그렇다고 생각하오." 하고 힙피아스가 말했다.

"그러면 그들 말고 누가 불량한 부모일까요?"

"그 점에서도 나는 그대에게 동의하오." 하고 힙피아스가 말했다.

(24) "어떻소? 호의를 호의로 갚는 것 역시 어디서나 관습이 아닐까요?"

"관습이지요. 하지만 그것 또한 지켜지지 않고 있소." 하고 힙피아스가 말했다.

"그리고 이 관습을 어기는 자는 좋은 친구를 잃게 되고 자기를 미워하는 자들을 따라다닐 수밖에 없는 벌을 받는 것이 아닐까요? 아니면 사귀는 사람에게 잘해주는 사람은 좋은 친구인 반면, 호의에 보답하지 않는 자는 배은망덕한 탓에 미움을 사면서도 호의를 베푸는 사람과 사귀는 것이 가장 덕이 되기에 그런 사람을 가장 집요하게 따라다닌다는 것은 사실이 아닐까요?"

힙피아스가 말했다. "소크라테스, 이 모든 것은 확실히 신들의 작품인 것 같소. 법률 자체가 그것을 어기는 자를 벌하는 규정을 내포한다는 것은 인간 입법자보다 더 훌륭한 입법자에게서 비롯하는 것 같으니까요."

(25) "그렇다면 힙피아스, 그대는 신들이 어느 것을 입법한다고 생각하시오? 올바른 것이오, 아니면 올바른 것과 다른 것이오?"

"제우스에 맹세코, 다른 것은 아니요." 하고 힙피아스가 말했다. "신이 올바른 것을 입법하지 않는다면 다른 입법자는 어느 누구도 그럴 수 없기 때문이오."

"그렇다면 힙피아스, 신들도 올바른 것과 법을 지키는 것이 같음을 인정하시는 거라오."

이런 말과 행동으로 소크라테스는 자기와 가까이 지내는 사람들을 더욱더 올바르게 만들었다.

제 5 장

(1) 이번에는 소크라테스가 제자들을 훌륭한 실무가(實務家)로 만들려 했다는 점을 말할까 한다. 무언가 훌륭한 일을 해내려고 하는 자는 자제력을 갖추는 것이 좋다고 믿고 소크라테스는 먼저 자신이 자제력에서는 누구 못지않게 잘 훈련되어 있다는 것을 제자들에게 보여주었고, 그다음에는 대화를 통해 무엇보다도 자제력을 기르도록 제자들을 격려했다.

(2) 소크라테스는 미덕을 함양하는 일에 도움이 되는 것을 항상 마음에 되새기며 모든 제자에게 일깨워주었다. 그리고 나는 그가 언젠가 자제력에 관해 에우튀데모스와 다음과 같은 대화를 나눈 것을 알고 있다.

소크라테스가 말했다. "말해보게, 에우튀데모스. 자네는 자유가 개인에게도 국가에도 훌륭하고 대단한 재산이라고 생각하는가?"

에우튀데모스가 말했다. "네. 의심할 여지 없이 그렇다고 생각합니다."

(3) "그러면 자네는 몸의 쾌락에 지배받으며, 그런 쾌락 때문에 가장 훌륭한 것을 행할 수 없는 사람을 자유롭다고 생각하는가?"

"조금도 그렇다고 생각하지 않아요." 하고 에우튀데모스가 말했다.

"그것은 아마도 자네가 보기에 가장 훌륭한 것을 행하는 것이 자유이고, 따라서 그런 활동을 방해하는 상전을 두는 것은 종살이라고 생각하기 때문이겠지?"

"전적으로 동의합니다." 하고 에우튀데모스가 말했다.

(4) "그러면 자네는 자제력 없는 자가 종살이하는 자라는 데 전적으로 동의하겠구먼?"

"그야 물론이지요."

"자네가 생각하기에 자제력 없는 사람은 가장 고매한 것을 하지 못하게 방해받기만 하는가, 아니면 가장 수치스러운 행위를 하도록 강요받기도 하는가?"

에우튀데모스가 말했다. "제 생각에 그런 사람은 가장 고매한 것을 하지 못하게 방해받는 것 못지않게 가장 수치스러운 행위를 하도록 강요받는 듯해요."

(5) "자네는 가장 훌륭한 것을 방해하고 가장 나쁜 것을 강요하는 자를 어떤 종류의 상전이라고 생각하는가?"

"제우스에 맹세코, 최악의 상전이라고 생각해요." 하고 에우튀데모스가 말했다.

"자네는 어떤 종살이를 최악이라고 생각하는가?"

"최악의 상전 밑에서 종살이하는 것이 최악이겠지요."

"그렇다면 자제력 없는 사람이 최악의 종살이를 하겠지?"

"저는 그렇다고 생각해요." 하고 에우튀데모스가 말했다.

(6) "자네는 무절제가, 최고의 축복인 지혜에서 사람들이 멀어지

게 하며 지혜와 반대되는 것으로 몰아간다고 생각하지 않는가? 아니면 자네는 쾌락을 추구하게 함으로써 무절제가 사람들이 유익한 것을 공부하고 이해하는 것을 방해하며, 때로는 사람들이 선과 악을 착각하여 더 좋은 것 대신 더 나쁜 것을 선택하게 한다고 생각하지 않는가?"

(7) "그럴 수 있겠지요." 하고 에우튀데모스가 말했다.

"에우튀데모스, 우리는 무절제한 자보다 절제가 누구와 더 무관하다고 말할 수 있을까? 절제가 하는 일과 무절제가 하는 일은 분명 정반대이기에 하는 말일세."

"거기에도 저는 동의합니다." 하고 에우튀데모스가 말했다.

"자네는 올바른 것을 돌보는 일에 무절제보다 더 방해되는 것이 있다고 생각하는가?"

"아니요, 저는 그렇게 생각하지 않아요." 하고 에우튀데모스가 말했다.

"자네는 유익한 것 대신 해로운 것을 선택하게 하고, 해로운 것은 돌보되 유익한 것은 소홀히 하도록 권하며, 자제력이 시키는 것과 정반대되는 것을 하도록 강요하는 것보다 사람에게 더 나쁜 것이 있다고 생각하는가?"

"없다고 생각해요." 하고 에우튀데모스가 말했다.

(8) "그러면 자제력은 당연히 사람들에게 무절제가 가져다주는 것과 정반대되는 결과를 가져다주겠지?"

"물론입니다."

"그렇다면 무절제가 가져다주는 것과 정반대되는 결과를 가져다주는 것은 당연히 가장 좋다고 하겠지?"

"그런 것 같아요."

"그렇다면 에우튀데모스, 자제력이야말로 인간에게 가장 좋은 것 같네."

"그런 것 같아요, 소크라테스 선생님."

(9) "에우튀데모스, 자네 이런 생각해본 적 있나?"

"어떤 생각 말씀이죠?"

"무절제는 쾌락에 이르게 하는 유일한 길라잡이라고 생각되지만 그 자체는 우리가 쾌락에 이르게 할 수 없으며, 자제력만큼 확실하게 우리가 쾌락을 경험하게 해주는 것은 아무것도 없다는 생각 말일세."

"어째서 그렇지요?" 하고 에우튀데모스가 물었다.

"무절제는 우리가 배고픔이나 목마름이나 성욕이나 수면부족을 참고 견디는 것을 허용하지 않네. 그런 것들이야말로 먹는 것과 마시는 것과 성교하는 것과 쉬는 것과 잠자는 것을 즐거운 것으로 만드는 유일한 것인데도 말일세. 우리는 그런 것들이 가장 즐거운 것이 될 때까지 참고 기다려야 하는데도, 무절제는 우리가 가장 필요하고 규칙적으로 반복되는 행위에서 이렇다 할 쾌락을 경험하는 것을 방해한다네. 하지만 자제력은 유일하게 앞서 말한 그런 것들을 참고 견디게 해주며, 따라서 유일하게 앞서 말한 것들에서 우리가 이렇다 할 쾌락을 경험하게 해준다네."

"전적으로 맞는 말씀입니다."

(10) "또한 아름답고 훌륭한 것을 배우는 즐거움과, 그것에 힘입어 사람이 자기 몸을 잘 조절하고 가정을 성공적으로 꾸려나가고 친구들과 국가에 쓸모 있는 인간이 되고 적군을 물리칠뿐더러 가장 큰 이익

과 가장 큰 즐거움을 주는 활동들에 매진하는 즐거움이 있는데, 그런 활동들에서 비롯하는 즐거움은 자제력 있는 사람의 몫이고, 무절제한 자는 거기에 참여하지 못한다네. 그도 그럴 것이 가장 가까운 쾌락을 추구하는 데 열중해 있기에 그런 활동들을 하지 못하는 사람보다 누가 더 그런 활동들을 할 자격이 없다고 말할 수 있겠는가?"

(11) 그러자 에우튀데모스가 말했다. "소크라테스 선생님, 몸의 쾌락에 저항하지 못하는 자는 어떤 형태의 미덕에도 관여할 수 없다는 말씀인 것 같군요."

소크라테스가 말했다. "그렇다네, 에우튀데모스. 무절제한 인간은 가장 무식한 짐승과 무엇이 다르겠는가? 무엇이 가장 훌륭한 것인지 고찰하지 않고 가장 즐거운 것을 수단 방법을 가리지 않고 추구하는 인간이 가장 지각 없는 동물보다 어떻게 더 낫겠는가? 오직 자제력 있는 사람만이 무엇이 가장 훌륭한 행위인지 고찰하며, 그것을 말과 행동으로 종류별로 분류함으로써 좋은 것은 취하고 나쁜 것은 피한다네."

(12) 또한 소크라테스는 그래야만 사람들이 더없이 훌륭하고 행복해지며 토론[19]에 능해진다고 말했다. 그는 또 말하기를, 토론이라는 낱말은 사람들이 모여서 주제를 함께 심의하고 종류별로 분류하는 데서 유래했으며, 따라서 우리는 그러한 활동에 최대한 대비해야 하고 특별한 관심을 가져야 한다고 했고, 그래야만 사람들이 더없이 훌륭해지고 지도자다워지고 토론에 능해지기 때문이라고 했다.

제 6 장

(1) 나는 이번에는 소크라테스가 어떻게 제자들을 토론에 능한 인물로 만들었는지 이야기하려 한다. 소크라테스는 사물의 본성을 아는 사람은 그것을 남에게도 설명할 수 있지만, 모르는 사람은 당연히 자신도 착각하고 남도 착각하게 만든다고 믿었다. 그래서 그는 제자들과 함께 끊임없이 개별 주제의 본질을 검토했다.

소크라테스가 본질을 어떻게 규정했는지 일일이 설명하는 것은 힘든 일이다. 그래서 나는 그의 분석 방법을 보여줄 만한 것으로 생각되는 몇 가지 예만 들겠다.

(2) 먼저 경건함에 관해 소크라테스는 대충 다음과 같이 검토했다.

"말해보게, 에우튀데모스. 자네는 경건함이 어떤 거라고 생각하는가?"

"제우스에 맹세코, 더없이 고매한 것[20]이라고 생각합니다." 하고

19 dialegesthai. 이 낱말의 어근 –leg–에는 '말하다'는 뜻도 있고, '고르다' '분류하다'는 뜻도 있다.

20 kalliston.

에우튀데모스가 말했다.

"어떤 사람이 경건한지 말해줄 수 있겠나?"

"신들을 공경하는 사람인 것 같아요."

"누가 마음 내키는 대로 신들을 공경해도 될까?"

"안 됩니다. 신들을 공경하는 데도 법이 있어요."

(3) "그렇다면 이 법을 아는 사람은 신들을 어떻게 공경해야 하는지 알겠지?"

"저는 안다고 생각합니다."

"그러면 신들을 어떻게 공경해야 하는지 아는 사람은 자기가 알고 있는 것과는 다른 방법으로 신들을 공경해서는 안 된다고 생각하겠지?"

"물론입니다."

"그렇다면 자신이 마땅히 그래야 한다고 생각하는 것과 다른 방법으로 신들을 공경하는 사람이 있을까?"

(4) "없다고 생각해요."

"그러면 신들과 관련하여 무엇이 적법한지 아는 사람이 신들을 적법하게 공경하겠지?"

"물론입니다."

"신들을 적법하게 공경하는 사람이 마땅한 방법으로 신들을 공경하겠지?"

"왜 아니겠습니까?"

"그리고 마땅한 방법으로 공경하는 사람이 경건한 사람이겠지?"

"물론입니다."

"그렇다면 경건한 사람은 신들과 관련하여 무엇이 적법한지 아는 사람이라고 정의하는 것이 옳겠지?"

"제 생각에는 그렇습니다."

(5) "사람들을 대할 때는 제멋대로 해도 될까?"

"안 됩니다. 사람들과 관련해서도 적법한 것이 있어요."

"그렇다면 남을 대할 때 그런 것을 지키는 사람이 마땅한 방법으로 처신하겠지?"

"왜 아니겠습니까?"

"그렇다면 같은 인간을 올바르게 대하는 사람이 인간관계도 원만하겠지?"

"그런 것 같아요."

"그리고 법을 준수하는 사람은 올바르게 행동하겠지?"

"그야 물론입니다."

(6) "자네는 어떤 것이 올바른 것으로 불리는지 아는가?" 하고 소크라테스가 물었다.

"법이 명하는 것입니다."

"그렇다면 법이 명하는 것을 행하는 사람은 올바른 일과 반드시 해야 할 일을 행하겠지?"

"왜 아니겠습니까?"

"그리고 올바른 일을 행하는 사람이 올바른 사람이겠지?"

"저는 그렇다고 생각합니다." 하고 에우튀데모스가 말했다.

"자네는 법이 명하는 것을 모르는 사람이 법을 준수하리라 생각하는가?"

"저는 그렇게 생각하지 않습니다."

"자네는 자신이 무엇을 해야 하는지 아는 사람이 그것을 하지 않아도 된다고 생각할 수 있다고 여기는가?"

"저는 그렇게 생각하지 않습니다." 하고 에우튀데모스가 말했다.

"자네는 자신이 해야 한다고 생각하는 것이 아니라, 그와 다른 것을 행하는 사람을 알고 있는가?"

"저는 알지 못합니다."

"그러면 사람들과 관련하여 적법한 것을 아는 사람이 올바른 일을 행하겠지?"

"물론입니다."

"그리고 올바른 일을 행하는 사람이 올바른 사람이겠지?"

"그런 사람 말고 누가 올바르겠어요?"

"그렇다면 올바른 사람이란 사람들과 관련하여 무엇이 올바른지 가장 잘 아는 사람이라고 정의하는 것이 옳겠지?"

"저는 그렇다고 생각합니다." 하고 에우튀데모스가 말했다.

(7) "지혜[21]는 어떻게 정의할 수 있을까? 말해보게. 자네가 보기에 지혜로운 사람은 자신이 아는 것과 관련하여 지혜로운가, 아니면 어떤 사람은 자신이 모르는 것과 관련하여 지혜로운가?"

"분명 자신이 아는 것과 관련해서입니다." 하고 에우튀데모스가 대답했다. "왜냐하면 어떤 사람이 자신이 모르는 것과 관련하여 어떻게 지혜롭겠습니까?"

"그렇다면 지혜로운 앎 덕분에 지혜롭겠지?"

"앎 덕분이 아니라면 사람이 어떻게 지혜롭겠습니까?"

"자네는 지혜가 사람들을 지혜롭게 만드는 것 말고 다른 거라고 생각하는가?"

"저는 그렇게 생각하지 않습니다."

"그렇다면 지혜는 앎일까?"

"저는 그렇다고 생각합니다."

"그러면 자네는 존재하는 모든 것을 인간이 알 수 있다고 생각하는가?"

"아닙니다. 제우스에 맹세코, 그것의 일부조차 알지 못합니다."

"그러면 인간이 모든 것과 관련하여 지혜롭다는 것은 불가능하겠지?"

"분명 불가능합니다."

"그렇다면 모든 사람은 자기가 아는 것과 관련해서만 지혜롭겠지?"

"저는 그렇다고 생각합니다."

(8) "에우튀데모스, 우리는 좋음도 이런 식으로 찾을 수 있을까?"

"무슨 말씀이신지요?" 하고 에우튀데모스가 물었다.

"자네는 같은 것이 모든 사람에게 유익하다고 생각하는가?"

"아니요, 그렇게 생각하지 않습니다."

"어떤가? 자네는 한 사람에게 유익한 것이 때로는 다른 사람에게 해롭다고 생각하지 않는가?"

21 sophia.

"물론 그렇게 생각합니다."

"자네는 좋은 것은 유익한 것과 다른 거라고 말할 텐가?"

"아니요." 하고 에우튀데모스가 말했다.

"그렇다면 유익한 것은 그것이 유익한 사람에게는 좋은 것이겠지?"

"저는 그렇다고 생각합니다." 하고 에우튀데모스가 말했다.

(9) "우리는 아름다운 것은 다르게 정의할 수 있을까? 아니면 몸이든 그릇이든 그 밖의 다른 것이든 자네가 알기에 모든 목적을 위해 아름다운 것의 이름을 댈 수 있는가?"

"제우스에 맹세코, 저는 그럴 수 없습니다." 하고 에우튀데모스가 말했다.

"그렇다면 모든 것은 특정 목적을 위해 유익하게 사용될 때 아름답게 사용되겠지?"

"물론입니다."

"어떤 것이 아름답게 사용된다는 것 말고 다른 것과 관련해서 아름다울까?"

"다른 어떤 것과 관련해서도 아름답지 않습니다." 하고 에우튀데모스가 대답했다.

"그렇다면 유익한 것은 그것이 유익하게 사용되는 목적을 위해 아름답네."

"저도 그렇게 생각합니다."

(10) "에우튀데모스, 자네는 용기도 아름다운 것에 속한다고 생각하는가?"

"저는 용기야말로 가장 아름다운 거라고 말하고 싶어요." 하고 에우튀데모스가 대답했다.

"그렇다면 자네는 용기가 가장 하찮은 것을 위해 쓸모 있다고 생각하지는 않겠구먼?"

"제우스에 맹세코, 오히려 가장 중요한 것을 위해 쓸모 있습니다." 하고 에우튀데모스가 대답했다.

"자네는 두려운 것과 위험한 것과 관련하여 그런 것을 알지 못하는 것이 쓸모 있다고 생각하는가?"

"결코 그렇지 않습니다."

"그렇다면 그런 것이 무엇인지 알지 못하기 때문에 그런 것을 두려워하지 않는 사람은 용감한 사람이 아니겠지?"

"물론 아닙니다." 하고 에우튀데모스가 말했다. "만약 그렇다면 수많은 미치광이와 겁쟁이도 용감한 사람이 될 테니까요."

"두렵지도 않은 것을 두려워하는 사람은 어떤가?"

"제우스에 맹세코, 그런 사람은 덜 용감하겠지요." 하고 에우튀데모스가 말했다.

"그렇다면 자네는 두려움과 위험을 맞아 좋은 사람은 용감하고, 나쁜 사람은 비겁하다고 생각하는가?"

"물론입니다."

(11) "자네는 두려움과 위험에 잘 대처하는 사람 말고 누가 그런 상황에서 좋은 사람이라고 생각하는가?"

"오직 그런 사람뿐입니다."

"그런 것에 잘못 대처하는 사람 말고 누가 나쁜 사람이라고 생각하는가?”

“다른 누구겠어요?” 하고 에우튀데모스가 말했다.

“두 부류 다 자신이 마땅히 해야 한다고 생각하는 대로 행동하는 것일까?”

“어떻게 다르게 행동할 수 있겠어요?”

“그런데 잘 대처할 수 없는 사람들은 자신들이 어떻게 대처해야 하는지 알고 있을까?”

“물론 모르겠지요.” 하고 에우튀데모스가 말했다.

“그렇다면 어떻게 대처해야 하는지 아는 사람들이 대처할 수도 있겠지?”

“네, 그런 사람들만이 대처할 수 있습니다.”

“어떤가? 그런 상황에서 실수하지 않는 사람들이 그런 상황에 잘못 대처할까?”

“저는 그렇다고 생각하지 않습니다.”

“그렇다면 나쁘게 대처하는 사람들이 실수하는 것이겠지?”

“아마도 그렇겠지요.” 하고 에우튀데모스가 말했다.

“그렇다면 두려운 것과 위험한 것에 잘 대처할 줄 아는 사람이 용감한 사람들이고, 이에 실수하는 사람들이 겁쟁이겠지?”

“저는 그렇다고 생각합니다.”

(12) 소크라테스는 정체(政體)는 왕도정체와 참주정체 두 가지가 있지만 이 둘은 서로 다르다고 생각했다. 사람들의 동의를 받으며 나라의 법을 따르는 것이 왕도정체이고, 사람들의 동의를 받지 않으며 법을 따르는 것이 아니라 통치자의 뜻을 따르는 것이 참주정체라고 여겼기

때문이다. 그리고 관직이 법적 요건을 충족하는 자들로 채워지면 그곳의 정체는 귀족정체이고, 관직이 재산평가에 근거하여 채워지면 그곳의 정체는 금권정체이며, 관직이 모든 시민으로 채워지면 그곳의 정체는 민주정체라고 생각했다.

(13) 어떤 사람이 어떤 논점을 반박하지만 분명하게 설명하지 못하고 아무개가 더 지혜롭다든가, 더 유능한 정치가라든가, 더 용감하다든가 그 밖의 그런 자질을 더 타고났다고 주장하지만 증명하지 못하면 소크라테스는 대략 다음과 같이 논의 전체를 원점으로 돌리곤 했다.

(14) "자네가 칭찬하는 사람이 내가 칭찬하는 사람보다 더 훌륭한 시민이란 말인가?"

"네, 그렇다는 말입니다."

"그렇다면 왜 우리는 처음에 훌륭한 시민의 의무를 고찰하지 않았지?"

"고찰하도록 해요."

"재정(財政)에서는 국가를 더 부유하게 만드는 사람이 더 훌륭한 사람이겠지?"

"물론입니다."

"전쟁에서는 자기 나라를 경쟁국보다 더 강하게 만드는 사람이 더 훌륭한 사람이겠지?"

"왜 아니겠습니까?"

"외교에서는 적을 친구로 만드는 사람이 더 훌륭하겠지?"

"그런 것 같아요."

"정치에서는 내분을 종식시키고 화합을 이끌어내는 사람이 더 훌륭하겠지?"

"나는 그렇다고 생각합니다."

이런 식으로 논의를 원점으로 돌리면 반박하던 사람들에게도 진리가 분명해졌다.

(15) 그리고 소크라테스 자신이 논의를 전개할 때는 대다수가 동의하는 단계들을 거쳤는데, 그러는 것이 안전한 방법이라고 믿었기 때문이다. 그래서 그는 말할 때 내가 아는 그 누구보다도 청중의 동의를 더 많이 받았다. 소크라테스는 호메로스가 오뒷세우스를 '확실한 언변가'[22]라고 칭찬했다며, 그것은 오뒷세우스가 하나의 일반적으로 인정된 진리에서 출발하여 다른 진리를 향해 논의를 이끌어갈 줄 알았기 때문이라고 했다.

제 7 장

(1) 소크라테스가 자신의 판단을 제자들에게 알기 쉽게 말해주었다는 것은 내가 앞서 말한 것에서 충분히 밝혀졌으리라 생각한다. 이번에는 제자들이 자신들에게 적합한 활동을 독립적으로 할 수 있게 하려고 소크라테스가 노력했다는 점을 말하려 한다. 내가 아는 모든 사람 중에서 제자들이 저마다 알고 있는 것을 알려고 그만큼 노력하는 사람은 아무도 없었다. 소크라테스는 진실로 훌륭한 사람이 알아두어야 할 것을 자신이 아는 것이면 더없이 열심히 가르쳤고, 자신의 경험이 부족한 경우에는 제자들을 전문가에게 데리고 갔다.

(2) 또한 소크라테스는 제대로 교육받은 사람이 주어진 주제에 관해 어느 정도 알고 있어야 하는지도 가르쳤다.

예를 들어 기하학은 인수하거나 양도하거나 분할하거나 작업량을 배분하고 싶을 때 한 필지의 땅을 정확하게 측량할 수 있을 때까지 배워야 한다고 생각했다. 이것은 배우기가 쉬워 측량에 관심이 있는 사람이라면 필지의 크기를 알게 되는 동시에 측량의 원리를 습득하게 된

22 『오뒷세이아』 8권 171행 참조.

다는 것이었다.

(3) 그러나 난해한 도형들을 이해할 때까지 기하학을 공부하는 것은 반대했다. 그런 것들은 쓸모를 알 수 없기 때문이라고 했다. 그러나 그 자신은 그런 것들을 모르지 않았다. 그런 것들은 평생 동안 공부해야 하지만 그런 것들이 다른 많은 유익한 것을 배우는 데 방해가 될 수 있다고 했다.

(4) 소크라테스는 제자들이 천문학에도 친숙해지기를 권했다. 그러나 여기서도 물길 또는 바닷길로 여행을 계획하거나 경비를 세울 때, 또는 야간이나 월중(月中)이나 연중(年中)에 치러지는 다른 업무를 위해 그 여러 국면(局面)을 구별함으로써 증거로 사용할 수 있도록 밤의 시간과 달[23]의 시간과 해[24]의 시간을 알아내는 것에 그쳐야 한다고 했다. 그리고 그런 지식은 야간 사냥꾼이나 선장이나 그런 것을 알아야만 하는 다른 많은 사람에게서 쉽사리 습득할 수 있다고 했다.

(5) 그러나 소크라테스는 행성이나 혜성처럼 서로 다른 궤도로 움직이는 천체들에 대해 알 때까지 천문학을 공부하고, 그것들의 지구로부터의 거리와 그것들의 주기와 그 원인을 알아내려고 힘을 소진하는 것은 강력히 말렸다. 소크라테스는 그런 것들이 어디에 쓸모가 있는지 알지 못한다고 했다. 물론 그는 그런 것들도 모르지는 않았다. 그래서 그는 그런 공부가 한 사람의 인생을 다 차지하여 다른 많은 유익한 공부를 못하게 할 수 있다고 했다.

(6) 대체로 소크라테스는 천체 현상들과 관련하여 신이 그것들을 어떻게 조정하는지를 골똘히 생각하는 것에 반대했다. 그는 그런 것들은 인간이 알 수 없고, 신들이 밝히지 않기로 한 것을 밝혀내려는 자

는 신들의 마음에 들지 않으리라고 믿었기 때문이다. 또한 소크라테스는 그런 것들에 참견하는 자는 신들의 장치를 설명할 수 있다는 데 엄청난 자부심을 느끼는 아낙사고라스[25] 못지않게 허튼소리를 할 위험이 있다고 말했다.

(7) 아낙사고라스는 불과 해는 같은 거라고 말하면서 사람들이 불은 쉽게 바라볼 수 있지만 해는 응시할 수 없으며, 햇빛을 쬐면 살갗이 검어지지만 불빛으로는 그렇게 되지 않는다는 사실을 간과했기 때문이다. 또한 그는 땅에서 나는 어떤 식물도 햇빛 없이는 제대로 자랄 수 없지만 모든 식물이 불에 가열되면 시든다는 사실도 간과했다. 또한 해는 새빨갛게 단 돌이라고 말했을 때 아낙사고라스는 불속의 돌은 작열하지 못하고 불에 오래 저항하지도 못하지만 해는 언제나 가장 찬란하게 빛난다는 사실을 간과했다.

(8) 소크라테스는 또 산술 공부를 권했다. 여기서도 다른 학과목의 경우와 마찬가지로 그는 제자들이 아무 목적의식 없이 연구하는 것을 피하게 했고, 대화의 주제가 이론이든 확인된 사실이든 그는 유용한 것에 대화를 국한했다.

(9) 소크라테스는 또 제자들에게 건강에 유의하도록 강력히 권

23 영어로 month.

24 영어로 year.

25 Anaxagoras. 기원전 5세기에 활동한 '소크라테스 이전 철학자들' 중 한 명으로 소아시아 클라조메나이(Klazomenai)에서 태어나 오랫동안 아테나이에 머물며 페리클레스와 가까이 지냈다.

하며, 방법을 아는 사람들에게서 알아낼 수 있는 것은 다 알아내고, 개인별로 어떤 먹을거리와 어떤 마실 거리 또는 어떤 운동이 좋으며 또 그런 것들을 어떻게 이용해야 가장 건강한 삶을 살 수 있는지 알기 위해 평생 동안 자기 체질을 공부하라고 했다. 소크라테스는 또 그런 것들에 유념하는 사람은 자기 체질에 맞는 것을 의사보다도 더 잘 찾아낸다고 말했다.

(10) 인간의 지혜가 줄 수 없는 도움을 받고 싶어하는 사람이 있으면 소크라테스는 그에게 점술(占術)에 도움을 청해보라고 했다. 인간에게 일어나는 사건에 관해 신들이 인간과 의사소통을 하는 수단을 아는 사람이라면 신들의 조언을 모를 리 없기 때문이라고 했다.

제 8 장

(1) 해야 할 일과 하지 말아야 할 일을 신적 존재[26]가 자기에게 미리 알려준다는 소크라테스의 주장은 그가 배심원들에 의해 사형선고를 받은 만큼 착각이라고 생각하는 사람들이 더러 있을 것이다. 그러나 그런 사람들은 두 가지 사실을 기억해야 한다. 첫째, 소크라테스의 나이는 설령 그때 죽지 않았어도 머지않아 죽을 나이[27]였다. 둘째, 소크라테스는 누구나 사고력이 쇠퇴하여 살아가기 힘겨운 인생의 시기를 피하고, 대신 정직하고 솔직하고 고결하게 자기 변론을 하고 사형선고에 더없이 태연하고 남자답게 참고 견디는 가운데 자신의 정신력을 보여줌으로써 추가로 명성을 얻었다.

(2) 우리의 기억에 남아 있는 인물 가운데 소크라테스보다 더 고결하게 죽음을 참고 견딘 사람은 아무도 없다는 데 누구나 다 동의하기 때문이다. 그 달은 델로스 축제가 든 달이어서 그는 사형선고를 받고 나서 30일을 더 살아야 했고, 델로스에서 축제 사절단이 돌아올 때[28]까

26 '신적 존재'(to daimonion).

27 소크라테스는 70세쯤에 죽었다.

지는 공개적인 사형집행이 법으로 금지되어 있었다. 이 기간 동안 그의 친한 지인들이 보았듯이 그는 이전 생활방식 그대로 살았다. 사실 그는 그전에도 즐겁고 평온하게 살아간다고 모든 사람이 감탄했다.

(3) 이보다 더 고매하게 죽을 사람이 있을까? 어떤 죽음이 가장 고매하게 맞은 죽음보다 더 고매할까? 어떤 죽음이 가장 고매한 죽음보다 더 행복할까? 어떤 죽음이 가장 행복한 죽음보다 더 신들의 마음에 들까?

(4) 나는 소크라테스에 관해 힙포니코스의 아들 헤르모게네스[29]한테 들은 것을 전하고자 한다. 헤르모게네스는 이렇게 말했다. "멜레토스[30]가 이미 고발장을 제출했는데도 소크라테스 선생님이 다른 것만 논의할 뿐 재판에 관해서는 일절 언급하지 않자 내가 그분에게 변론할 생각을 하셔야 한다고 말했소. 소크라테스 선생님이 맨 먼저 하신 말씀은 이런 것이었소. '자네는 내가 그러기 위해 평생을 준비하고 있었다고 생각하지 않는가?' 그래서 어떻게 준비했냐고 내가 묻자 그분이 말씀하기를 자기는 오직 올바른 것과 불의한 것을 검토하고 올바른 것을 행하고 불의한 것을 멀리하는 일에 한평생을 바쳤는데, 자기는 이것이야말로 변론을 위한 최선의 준비라고 생각한다고 하셨소.

(5) 그래서 내가 말했소. '소크라테스 선생님, 아테나이의 배심원들이 고발 연설로 오도되어 죄 없는 사람을 사형에 처하고 죄지은 사람을 무죄방면하는 경우가 허다하다는 것을 보지 못하세요?' 소크라테스 선생님이 말씀하셨소. '하지만 헤르모게네스, 내가 배심원들 앞에서 변론해보려 했을 때, 신적 존재가 반대했네.'

(6) '이상한 말씀을 하시는군요.' 하고 내가 말하자 소크라테스

선생님이 말씀하셨소. '이제는 죽는 것이 나에게 더 좋겠다고 신이 결정하신다면 자네는 그 결정을 이상하다고 생각하는가? 지금까지 나보다 더 낫거나' 더 즐거운 삶을 산 사람이 있다는 것을 내가 결코 인정하지 않았다는 것을 자네는 모른단 말인가? 내가 생각하기에, 최대한 훌륭해지려고 최대한 노력하는 사람이 가장 잘 사는 사람이고, 자신이 더 나아지고 있다고 가장 잘 의식하는 사람이 가장 즐겁게 살기 때문일세.

(7) 그것이 여태까지의 내 경험이었으며, 남을 만나거나 나 자신을 남과 비교할 때 나는 자신에 관해 변함없이 같은 결론에 도달했네. 또한 나만이 아니라 내 친구들도 언제나 그런 결론에 도달했는데, 그들이 나를 사랑해서가 아니라 — 그렇다면 누군가 다른 사람을 사랑하는 사람도 자기 친구들과 관련하여 같은 결론에 도달할 테니까 — 나와 함께함으로써 그들 자신이 가장 훌륭해질 거라고 믿기 때문일세.

28 아테나이는 크레테와의 전쟁에 진 뒤 크레테 왕 미노스에게 9년마다 소년 소녀 7명씩을 우두인신의 식인 괴물 미노타우로스(Minotauros)의 먹이로 보내기로 한다. 세 번째 공물을 바칠 때 테세우스(Theseus) 왕자가 7명의 소년 가운데 한 명으로 자원해 크레테로 건너가서 자신에게 첫눈에 반한 아리아드네(Ariadne) 공주의 도움으로 괴물을 죽인 뒤 그녀가 준 실을 되감으며 밖으로 나올 수 있었다. 아테나이인들은 크레테로 가는 길에 델로스(Delos)섬에 들러 만약 일행이 미노타우로스를 제거하고 무사히 귀국하게 해주면 이를 기리기 위해 해마다 이 섬에 축제 사절단을 보내겠다고 아폴론(Apollon)에게 서약했고, 소원이 이루어지자 약속을 지켰다고 한다. 플라톤, 『크리톤』(*Kriton*) 43c~d, 『파이돈』(*Phaidon*) 58a~c 참조.

29 2권 주44 참조.

30 4권 4장 4절 참조.

(8) 그러나 내가 계속해서 산다면 노년의 벌금을 물어야 할 걸세. 시력과 청력과 사고력은 떨어지고 건망증이 심해져서 전에는 나보다 못했던 자들에게 내가 뒤지게 될 거란 말일세. 설령 내가 그런 변화를 의식하지 못한다 해도 삶은 내게 짐이 될 것이며, 만약 내가 의식한다면 더 비참하고 더 쓰라린 삶이 어찌 내 몫이 되지 않겠는가?

(9) 또한 내가 부당하게 죽임을 당한다면, 그것은 나를 부당하게 죽이는 자들에게 치욕이 될 걸세. 만약 불의를 행하는 것이 수치스러운 일이라면 불의하게 행한 것은 무엇이건 틀림없이 치욕을 안겨줄 테니까. 하지만 남이 나와 관련하여 올바로 판단하거나 행동하는 데 실패하는 것이 내게 무슨 치욕이 되겠는가?

(10) 내가 보기에 후세 사람들은 불의를 행했느냐 당했느냐에 따라 고인들을 다르게 판단할 걸세. 나는 또 내가 지금 죽는다 해도 사람들은 나를 기억하겠지만, 나를 죽인 자들을 기억하는 것과는 다르게 기억할 것임을 알고 있네. 나는 내가 누구에게도 결코 불의를 행하거나 누구를 타락시킨 적이 없고, 나와 함께하는 사람들을 더 훌륭하게 만들려고 늘 노력했다고 그들이 언제나 나를 위해 증언해줄 것임을 알고 있네.'"

(11) 이상이 소크라테스가 헤르모게네스와 그 밖의 다른 사람과 나눈 대화의 요지이다. 소크라테스가 어떤 사람인지 알고 있고 미덕을 추구한 사람은 누구나 지금도 여전히 그를 가장 아쉬워하는데, 미덕을 추구하는 데 그가 가장 큰 도움을 주었기 때문이다. 내 경험에 따르면 소크라테스는 내가 기술한 그대로 신들의 재가를 받지 않고는 아무것도 행하지 않을 만큼 경건했고, 누구에게 사소한 해도 끼치지 않고 자

기와 교제하는 사람들에게 최대의 혜택을 베풀 만큼 올발랐으며, 더 훌륭한 것 대신 더 즐거운 것을 선택한 적이 없을 만큼 자제력이 강했으며, 더 나은 것과 더 나쁜 것을 판단하는 데 실수하지 않고 남의 조언이 필요 없어 그런 것들을 판단할 때 자신의 지식에만 의존할 만큼 지혜로웠으며, 그런 것들을 설명하고 정의하는 데 능했으며, 또한 남을 시험하고 논박하며 미덕과 진정한 훌륭함[31]을 좇도록 격려하는 데도 능했다. 그런 그가 내게는 가장 훌륭하고 가장 행복한 사람으로 보였다. 이런 평가가 마음에 들지 않는 사람이 있다면 다른 사람들의 성격을 소크라테스의 이런 자질들과 비교해보고 나서 판단하시라.

31 kalokagathila.

향연

SYMPOSION

『향연』은 기원전 421년 대(大)판아테나이아 축제 때 칼리아스가 자기집에서 베풀었다는 가상의 만찬회에서 있었던 일을 크세노폰이 들려주는 이야기이다. 만찬회에 참석한 사람들은 익살꾼 필립포스와 무용수들을 데리고 다니는 쉬라쿠사이인을 제외하고는 소크라테스를 위시하여 모두 잘 알려진 실존 인물들이다. 크세노폰은 아테나이 만찬회에서 오간 대화와 유흥을 생생하게 그려 보여준다. 이때 참석자들이 주고받는 대화는 그야말로 농담 반 진담 반이다. 소크라테스도 느긋하고 소탈한 모습을 보여주고, 자신의 얼굴 생김새를 놓고 거리낌없이 유쾌한 농담을 주고받는다. 그 와중에 소크라테스는 육체적 사랑보다 정신적 사랑이 더 우월함을 역설한다.

제 1 장

(1) 나는 진실로 훌륭한 사람들[1]의 행동은 진지한 것뿐 아니라 장난삼아 한 것도 언급할 가치가 있다고 생각하는데, 어떤 경험을 했기에 내가 그런 결론에 이르렀는지 밝히고자 한다.

(2) 대(大)판아테나이아 축제[2]에서 경마 경기가 있는 날이었다. 힙포니코스의 아들 칼리아스[3]는 마침 아우톨뤼코스[4] 소년을 연동으로서 사랑하던 중이라[5] 이 소년이 팡크라티온[6]에서 우승한 것을 축하

1 '진실로 훌륭한 사람들'(hoi kaloi kai agathoi). 문맥에 따라 '신사들'로 옮길 수 있다.

2 판아테나이아(Panathenaia) 축제는 아테나이(Athenai) 시의 수호 여신 아테나(Athena)의 탄생을 기리는 대규모 여름 축제로 해마다 지금의 7월 말에 개최되었다. 이때 아테나이 시민들은 파르테논(Parthenon) 신전의 프리즈(frieze)에서 볼 수 있듯이 파르테논을 향해 행렬을 지어 올라갔고 황소를 제물로 바쳤으며 신전 안에 안치된 거대한 여신상에 새 옷(peplos)을 지어 바쳤다. 4년에 한 번씩 대규모로 개최된 대(大)판아테나이아 축제 때는 각종 경기, 경마, 시가 경연도 곁들여졌다.

3 Kallias. 힙포니코스(Hipponikos)의 아들로, 아테나이를 방문한 소피스트들은 부자인 칼리아스의 집에 머물렀다.

4 Autolykos. 나라에서 믿는 신들을 믿지 않고 젊은이들을 타락시킨다는 이유로 소크라테스를 고발한 사람 중 한 명인 뤼콘(Lykon)의 아들.

5 당시 아테나이 상류사회에서는 남자들끼리의 동성애가 유행이었다.

6 pankration. 권투와 레슬링을 합친 격투기.

해주려고 경마 경기장으로 데려와 경기를 관람하게 했다. 경마 경기가 끝나자 칼리아스는 아우톨뤼코스와 이 소년의 아버지를 데리고 페이라이에우스[7]에 있는 자기집으로 향했고, 니케라토스[8]도 그와 동행했다.

(3) 그러던 중 소크라테스, 크리토불로스, 헤르모게네스, 안티스테네스, 카르미데스[9]가 함께 있는 것이 보이자 칼리아스는 하인 가운데 한 명에게 아우톨뤼코스 일행을 위해 길을 안내하라고 이르고는 자신은 소크라테스 일행에게 다가가서 말했다.

(4) "여러분을 만나게 되어 잘됐네요. 나는 아우톨뤼코스와 그의 아버지를 위해 만찬회(晩餐會)를 열려던 참이었거든요. 나는 장군이나 기병대장이나 야심 찬 정치가들이 내 손님일 때보다 여러분처럼 혼(魂)이 정화된 분들이 자리를 빛내줄 때 내 환대가 더욱 빛을 발할 거라고 믿으니까요."

(5) 소크라테스가 말했다. "자네는 늘 우리를 놀려대는구먼. 프로타고라스와 고르기아스와 프로디코스[10]와 그 밖의 다른 많은 사람에게는 실용적 지식을 배우려고 큰돈을 지불하면서도 우리는 독학(獨學)한 철학자라고 얕잡아보면서 말일세."

(6) 그러자 칼리아스가 말했다. "사실 지금까지는 내게 유창하고 재치 있게 대화할 능력이 있다는 것을 숨겨왔지요. 하지만 이제 여러분이 우리집을 방문해주신다면 내가 아주 진지하게 대할 만한 인물이라는 것을 여러분에게 증명해 보이겠어요."

(7) 소크라테스 일행은 예상대로 처음에는 초대해주어서 고맙다고 말하면서도 만찬에 참석하겠다고 약속하지는 않았다. 하지만 자신

들이 거절하면 칼리아스가 언짢아할 것이 분명해지자 그들은 그와 동행했다. 그리하여 손님들이 그의 집에 도착했는데, 더러는 운동을 마친 뒤 몸에 올리브유를 바른 상태였고, 더러는 목욕까지 한 상태였다.

(8) 아우톨뤼코스는 아버지 옆에 자리 잡았고, 다른 사람들은 예상대로 비스듬히 기대앉았다. 이 장면을 유심히 본 사람이라면 당장 아름다움이란 지금의 아우톨뤼코스처럼 특히 그것을 소유한 사람 안에서 겸손과 절제와 결합할 때는 제왕다운 것이라는 결론에 도달했을 것이다.

(9) 첫째, 어둠 속에 타오르는 불빛이 모든 사람의 시선을 끌듯이, 아우톨뤼코스의 아름다움은 그때 그를 보도록 모든 사람을 강요했기 때문이다. 둘째, 그를 보고도 마음이 움직이지 않는 사람은 아무도 없었다. 그들 중 더러는 더 조용해졌고, 더러는 일종의 변화를 겪었다.

(10) 사실 신에 씐 사람은 누구나 주목할 만한 변화를 겪는다.

7 Peiraieus. 아테나이 구시가지에서 남서쪽으로 8킬로미터쯤 떨어져 있는 외항(外港).

8 Nikeratos. 아테나이의 장군 니키아스(Nikias)의 아들.

9 크리토불로스(Kritoboulos)는 소크라테스의 친구 크리톤(Kriton)의 아들이고, 헤르모게네스(Hermogenes)는 힙포니코스의 아들로 칼리아스의 이복형이며, 안티스테네스(Antisthenes)는 소크라테스의 제자로 훗날 견유학파(犬儒學派)를 창시했으며, 카르미데스(Charmides)는 플라톤의 외삼촌으로 기원전 404년 '30인 참주'의 일원이 되었으며 이듬해에 민주정체 지지자들과 싸우다가 죽었다.

10 프로타고라스(Protagoras)는 기원전 485년경 에게해 북쪽 기슭의 압데라(Abdera)에서 태어난 가장 유명한 소피스트이다. 고르기아스(Gorgias 기원전 485년경~380년경)는 시칠리아 레온티노이(Leontinoi) 시 출신의 소피스트로 출세하려면 무엇보다도 수사학을 배워야 한다고 주장했다. 프로디코스(Prodikos)는 케오스(Keos) 섬 출신의 소피스트로 소크라테스와 동년배이다.

하지만 다른 신들에 씐 사람은 겉모습이 더 험상궂어 보이고 말투가 더 거칠어지고 태도는 더 공격적이 된다. 그러나 건전한 에로스[11]에게 영감 받은 사람은 표정이 더 자애로워지고 목소리가 더 부드러워지고 가장 자유민답게 처신한다. 당시 칼리아스도 에로스를 통해 그런 변화를 겪었는데, 이 신의 비의(秘儀)에 입문한 사람은 누구나 알아볼 수 있었다.

(11) 그들은 마치 어떤 강력한 자가 그러라고 명령한 것처럼 조용히 식사를 했다. 그때 익살꾼 필립포스[12]가 대문을 두드리더니 자기가 누구이며 왜 안으로 들기를 원하는지 전해달라고 문지기에게 말했다. 그가 말하기를 자기는 남의 집에서 식사하는 데 필요한 것은 다 갖추고 왔으며, 자기 하인도 갖고 다닐 것이 아무것도 없고 아직 식사를 하지 못해 기진맥진하다고 했다.

(12) 이 말을 듣고 칼리아스가 말했다. "여러분, 우리가 그에게 지붕 밑으로 들어오는 것조차 거절한다면 부끄러운 일이겠지요. 그러니 안으로 들입시다." 그러면서 칼리아스는 아우톨뤼코스를 힐끔 쳐다보았는데, 분명 그가 익살을 어떻게 생각하는지 알아보기 위해서였다.

(13) 필립포스는 어느새 손님들이 식사하는 넓은 방의 문지방에 서서 말했다. "여러분도 모두 아시다시피 저는 익살꾼입니다. 그래서 저는 일부러 이곳에 왔답니다. 초대받는 것보다 초대받지 않고 여러분의 식사 자리에 오는 것이 더 익살스럽다고 생각했기 때문이죠." 칼리아스가 말했다. "그렇다면 앉게. 자네도 보다시피 여기 계신 분들은 진지함은 넘쳐나지만 익살은 조금 부족한 것 같으니까."

(14) 손님들이 식사를 계속하자 필립포스는 자기가 만찬에 초대

받은 통상의 목적을 달성하기 위해 곧바로 익살을 부리려고 했다. 그러나 웃기는 데 실패하자 그는 눈에 띄게 울적해했다. 잠시 뒤 그는 또 익살을 부리려 했지만, 이번에도 사람들이 웃지 않자 도중에 식사를 중단하고는 외투로 머리를 감싸고 의자에 드러누웠다.

(15) 그러자 칼리아스가 물었다. "필립포스, 이게 어찌된 일인가? 혹시 아프기라도 한가?" 필립포스가 끙끙대며 대답했다. "그렇습니다, 칼리아스님. 그것도 심하게 말이에요. 세상에서 웃음이 사라졌으니 저는 이제 끝장났어요. 지금까지 저는 손님들을 웃기고 즐겁게 해주었기 때문에 만찬에 초대받았어요. 하지만 이제는 무슨 목적으로 누가 저를 초대하려 하겠어요? 저는 불사(不死)할 수도 없거니와 그에 못지않게 진지해질 수도 없으며, 제게서 답례로 초대받기를 바라고 저를 초대하는 사람은 아무도 없을 거예요. 제집 만찬에 손님들을 초대한 선례가 없다는 것은 누구나 다 아니까요." 이렇게 말하고 그는 코를 풀었다. 그의 목소리로 미루어 짐작건대 그는 분명 울고 있었다.

(16) 그러자 모두 다음번에는 웃겠다고 약속하며 그를 위로했고, 식사하라고 권했다. 크리토불로스는 그의 애처로운 하소연에 웃음을 터뜨렸다. 그 순간 필립포스는 그가 웃는 소리를 듣고 외투 밑에서 머리를 드러내며 '앞으로도 만찬에 초대받아 손님들을 웃길 수 있을 테니 용기를 내야지!'라며 자기 마음을 가다듬었다.

11 '건전한 에로스'(sophron Eros). 에로스는 사랑의 신이다.

12 Philippos.

제 2 장

(1) 식탁을 내가고 손님들이 신들께 술을 바치며 찬신가를 부를 때 어떤 쉬라쿠사이[13]인이 흥을 돋우기 위해 들어왔는데, 피리를 잘 부는 소녀와 곡예에 능한 춤 잘 추는 소녀, 그리고 키타라[14] 연주와 무용에 능한 아주 잘생긴 소년 한 명씩을 데리고 왔다. 그는 이들의 놀라운 연기를 보여주고 돈을 받았다.

(2) 피리 부는 소녀는 피리를 연주하고, 소년은 키타라를 연주하여 이 두 가지 연주가 손님들을 충분히 즐겁게 해주었다고 생각되었을 때 소크라테스가 말했다. "칼리아스, 자네는 주인 노릇을 완벽하게 해냈네. 우리에게 나무랄 데 없는 만찬을 대접했을뿐더러 더없이 즐거운 볼거리와 들을 거리를 제공하니 말일세."

(3) 그러자 칼리아스가 말했다. "우리가 좋은 향기까지 맡으며 식사할 수 있도록 향수를 가져오게 하면 어떨까요?" 소크라테스가 말했다. "안 될 말일세. 여자에게 맞는 옷과 남자에게 맞는 옷이 다르듯이, 남자에게 맞는 냄새와 여자에게 맞는 냄새가 다르기 때문일세. 분명 어떤 남자도 남자를 위해 향수를 바르지는 않네. 그리고 여자들의 경우 특히 여기 있는 니케라토스나 크리토불로스의 아내처럼 새색시라면 왜 따로 향수가 필요하겠는가?

(4) 그러잖아도 향수 냄새가 나는데, 여자들에게는 체육관에서 사용하는 올리브유가 몸에 발랐을 때는 향수보다 더 즐겁고 몸에 바르지 않았을 때는 더 서운하게 느껴진다네. 사실 향수는 누가 발라도 노예건 자유민이건 즉시 똑같은 냄새가 나지만, 자유민이 체력단련을 할 때 풍기는 냄새가 즐겁고 자유민다운 것이 되려면 무엇보다도 장기간에 걸친 엄격한 훈련이 필요하네."

뤼콘이 말했다. "젊은 사람들에게는 그렇겠지요. 하지만 너무 늙어 더는 체육관에서 체력단련을 하지 못하는 우리는 어떤 냄새를 풍겨야 하나요?"

"그야 물론 진정한 훌륭함[15]의 향기를 풍겨야겠지요." 하고 소크라테스가 말했다.

"그 특별한 향기는 어디서 구할 수 있나요?"

"물론 향수 가게에서는 구할 수 없겠지요."

"그렇다면 어디서 구할 수 있나요?"

"테오그니스가 말했지요.

> 훌륭한 사람은 훌륭한 것을 가르쳐줄 것이다. 나쁜 사람과 섞이면 그대가 갖고 있는 지성마저 망칠 것이다.[16]"

13 Syrakousai. 시칠리아 동해안에 있는 큰 도시.

14 kithara. 고대 그리스의 발현악기로 뤼라(lyra)를 개량한 것이다.

15 '진정한 훌륭함'(kalokagathia). 문맥에 따라 '신사다움'으로 옮길 수도 있다.

16 테오그니스(Theognis), 35~36. 테오그니스는 기원전 6세기에 활동한 메가라(Megara) 출신의 그리스 서정시인이다.

(5) "듣고 있느냐, 내 아들아?" 하고 뤼콘이 말했다.

그러자 소크라테스가 말했다. "그는 듣고 있을뿐더러 실천에 옮기고 있어요. 아무튼 팡크라티온에서 우승하고 싶었을 때는 그대의 도움으로 〈가장 훌륭한 체육교사를 찾아내어 친하게 지냈고, 이번에는 미덕으로 나아가는 길을 배우고 싶어〉[17] 그대의 도움으로 그 분야에서 가장 훌륭해 보이는 훈련사[18]를 찾아내어 친하게 지내려 하니 말이오."

(6) 이때 여러 사람이 말문을 열었는데, 그중 한 명은 이렇게 말했다. "그 과목을 가르쳐줄 선생을 어디서 구할 수 있을까요?" 어떤 사람은 미덕은 가르칠 수 없다고 했고, 또 다른 사람은 다른 것도 배울 수 있다면 미덕도 배울 수 있다고 말했다.

(7) 그러자 소크라테스가 말했다. "이 문제는 논의의 여지가 있으니 다음 기회로 미루고, 지금은 당면한 문제부터 해결합시다. 보아하니 여기 있는 무용수 소녀는 벌써 준비 자세를 취하고 있고 누군가 그녀에게 고리를 몇 개 가져다주니 말이오."

(8) 그 순간 다른 소녀가 그녀를 위해 피리를 연주하기 시작했고, 옆에 서 있던 소년은 무용수 소녀에게 모두 열두 개를 줄 때까지 고리를 건넸다. 무용수 소녀는 고리를 받아서는 춤추며 공중에 빙글빙글 돌렸다. 리듬에 맞춰 받으려면 얼마나 높이 던져야 하는지 계산하면서 말이다.

(9) 이 광경을 보며 소크라테스가 말했다. "여러분, 다른 증거도 많지만 이 소녀의 묘기야말로 여자들이 본성적으로 남자들에게 뒤지지 않는다는 증거라오. 여자들은 판단력과 체력이 부족하다는 것 말고는 말이오. 하지만 여러분 중에 아내가 있는 사람은 아내가 알았으면 좋

겠다 싶은 것이 있으면 믿고 가르칠 수 있소."

(10) 그러자 안티스테네스가 물었다. "소크라테스 선생님, 그게 선생님의 견해라면 선생님은 왜 크산팁페[19] 사모님을 가르치는 대신, 아마도 세상에 존재하거나 존재했거나 존재할 모든 여인 중에서 가장 함께하기 어려운 아내와 사십니까?"

소크라테스가 대답했다. "내가 보기에 훌륭한 기수(騎手)가 되려는 사람은 가장 고분고분한 말이 아니라 가장 기가 센 말을 구하는데, 그런 말을 제어할 수 있으면 다른 말도 쉽게 다룰 수 있다고 믿기 때문이지. 나도 사람들과 사귀고 교제하고 싶어 그런 아내를 구한 걸세. 내가 그런 아내를 참고 견딘다면 나머지 모든 사람과도 힘들이지 않고 함께하리라는 것을 잘 알기 때문이지."

손님들이 판단하기에 이 설명이 과녁에서 멀리 벗어난 것 같지 않았다.

(11) 이어서 둘레 안쪽으로 칼날이 달린 고리 하나를 들여오자 무용수 소녀가 공중제비를 넘어 그 안으로 들어갔다가 공중제비를 넘어 다시 밖으로 나왔다. 관객들은 소녀에게 불상사라도 일어날까 봐 겁이 났으나 소녀는 두려움 없이 안전하게 묘기를 마쳤다.

(12) 그러자 소크라테스가 안티스테네스 쪽을 향해 말했다. "저

17 〈 〉 안은 필사본에서 없어진 것을 옮긴이가 문맥에 맞게 재구성해본 것이다.

18 칼리아스를 이르는 말인 것 같다.

19 Xanthippe.

소녀는 여자인데도 저토록 대담하게 칼 위를 뛰어넘거늘, 이 광경을 본 사람은 용기도 가르칠 수 있다는 것을 다시는 부인하지 못할 걸세."

(13) 이 말에 안티스테네스가 대답했다. "그러면 저 쉬라쿠사이인에게는 무용수 소녀를 아테나이 시에 보여주고 만약 아테나이인들이 돈을 준다면 그들 모두에게 창끝을 향해 돌진하는 용기를 가르쳐주겠다고 말하는 것이 가장 좋지 않을까요?"

(14) 그러자 필립포스가 끼어들었다 "아닌 게 아니라 나는 대중연설가 페이산드로스[20]가 칼날이 달린 고리 속으로 공중제비 넘는 법을 배우는 것을 구경하고 싶어요. 그는 창을 마주볼 수가 없어 군대에도 가지 않으려 하니 말입니다."

(15) 이어서 소년이 춤을 추기 시작하자 소크라테스가 말했다. "저 아름다운 소년이 가만히 서 있을 때보다 무용 동작을 취할 때 더 아름다워 보인다는 것을 여러분도 알아차렸는가?"

그러자 카르미데스가 말했다. "선생님께서는 그의 무용 교사를 칭찬하시는 것 같군요."

(16) "아닌 게 아니라 그렇다네." 하고 소크라테스가 말했다. "나는 그 밖에도 알아차린 게 있네. 춤출 때 그의 몸 어느 한 부분도 가만있지 않고, 목과 다리와 팔이 모두 함께 움직인다네. 몸이 더 유연해지기를 원하는 사람은 그렇게 춤을 추어야 하네. 쉬라쿠사이에서 온 친구여, 나는 당신에게 춤동작을 배우고 싶네."

"배워서 어디에 쓰시게요?" 하고 쉬라쿠사이인이 물었다.

"제우스에 맹세코, 나는 춤을 출 걸세."

(17) 그러자 모두가 웃었으나, 소크라테스는 아주 진지한 표정으

로 말했다. "여러분은 나를 비웃는 것인가? 그것은 내가 신체운동을 통해 더 건강하게 살고 더 맛있게 먹고 더 숙면을 취하기를 원하기 때문인가? 아니면 내가 장거리달리기 선수처럼 다리는 튼튼해지지만 어깨는 약하게 만들거나 권투선수처럼 어깨는 튼튼해지지만 다리는 약하게 만드는 그런 운동이 아니라 전신을 움직여 몸 전체를 균형 있게 만들어 줄 운동을 하려 하기 때문인가?

(18) 아니면 여러분이 비웃는 것은 내가 노인인지라 같이 운동할 동료를 구하거나 대중 앞에서 옷을 벗을[21] 필요가 없기 때문인가? 지금 이 소년에게는 여기 이 방이면 땀흘리기에 충분하듯이 내게는 침상 일곱 개가 들어갈 방이면 땀흘리기에 충분하고, 겨울에는 내가 실내에서 운동하고 날씨가 아주 더울 때는 그늘에서 운동할 것이기 때문인가?

(19) 아니면 여러분이 비웃는 것은 내가 필요 이상으로 나온 배를 정상상태로 줄이기를 원하기 때문인가? 여러분은 며칠 전 이른 아침에 내가 춤추다가 카르미데스에게 들킨 것을 모르는가?"

"아닌 게 아니라 그랬지요." 하고 카르미데스가 말했다. "처음에 저는 선생님께서 실성하신 줄 알고 놀랐고 두려웠습니다. 그러나 선생님한테서 방금 하신 말씀을 대충 듣고 나서는 집에 가서, 춤추는 법을 배운 적이 없어 춤을 추지는 않았지만 혼자서 권투 연습을 했지요. 그것은 저도 할 줄 알았으니까요."

20 Peisandros. 펠로폰네소스전쟁 때 과두정체 지지자 중 한 명으로 악명 높은 겁쟁이였다. 아리스토파네스(Aristophanes), 『새』(*Ornithes*) 1556행 이하 참조.

21 고대 그리스인들은 운동하거나 경기할 때 옷을 벗었다.

(20) 필립포스가 끼어들었다. "제우스에 맹세코, 그래서 그대의 하체는 어깨와 균형을 잘 이루는 것 같군요. 그러니 시장 감독관들이 빵 덩어리인 양 그대의 하체와 상체 각각을 저울에 달아 재본다면 그대에게 벌금을 물리지 못할 것입니다."

그러자 칼리아스가 말했다. "소크라테스님, 무용을 배우기 시작하시면 저를 불러주세요. 그대의 파트너가 되어 저도 함께 무용을 배우도록 말입니다."

(21) 필립포스가 말했다. "자, 저도 춤추도록 소녀가 저를 위해서도 피리를 불게 해주십시오."

그는 일어서더니 소년의 춤과 소녀의 춤을 세세히 흉내냈다.

(22) 소년이 우아한 춤동작을 하니 더 아름다워 보인다고 사람들이 칭찬하자 먼저 필립포스는 움직이는 자기 몸의 모든 부위가 정상보다 더 우스꽝스러워 보이게 했다. 그리고 소녀가 고리처럼 보일 때까지 몸을 뒤로 젖히자 필립포스는 몸을 앞으로 구부려 고리처럼 보이려고 했다. 끝으로 춤추며 몸의 모든 부위를 움직인다고 사람들이 소년을 칭찬하자 필립포스는 피리 부는 소녀에게 더 빠른 속도로 연주하라고 이르고는 다리와 팔과 머리를 동시에 흔들어댔다.

(23) 필립포스는 기진맥진하여 긴 의자에 기대 누우며 말했다. "여러분, 제 춤도 훌륭한 운동이 된다는 증거가 여기 있습니다. 아무튼 저는 목이 마르니 노예 소년을 시켜 저를 위해 큰 술잔을 가득 채우게 하십시오."

칼리아스가 말했다. "암, 그래야지. 자네를 보고 웃느라 우리도 목이 마르니까 말일세."

(24) 소크라테스가 말을 이었다. "여러분, 술 마시는 것에 나도 찬성일세. 술이 사람의 혼을 적시면, 진정제가 사람을 진정시키듯 고통을 잠재우고 올리브유가 불꽃을 깨우듯 삶의 기쁨을 깨우니까.

(25) 생각건대, 사람의 몸은 땅에서 자라는 식물과 같은 일을 겪는 것 같네. 신께서 일시에 너무 많은 물을 마시라고 주시면 식물은 더는 똑바로 설 수도, 신선한 공기를 들이마실 수도 없다네. 하지만 즐거울 만큼만 마시면 식물은 똑바로 자라 꽃을 피우고 풍성하게 열매를 맺는다네.

(26) 그와 같이 우리도 한꺼번에 너무 많이 마시면 몸도 마음도 비틀거려 숨 쉴 수도 말을 할 수도 없네. 하지만 고르기아스[22]의 말처럼 하인들이 작은 잔으로 자주 술을 따라주면 우리는 억지로 취하는 것이 아니라 부드럽게 설득되어 기분이 더 유쾌해질 걸세."

(27) 이 제안에 모두 찬동했다. 술 따르는 하인들은 능숙한 마부를 흉내내어 잔을 더 빨리 돌려야 할 거라고 필립포스가 토를 달자, 술 따르는 하인들이 그렇게 했다.

22 주 10 참조.

제 3 장

(1) 이어서 소년이 자신의 뤼라를 피리에 맞게 조율하여 연주하며 노래하니 모두가 갈채를 보냈다. 그러자 카르미데스가 말했다. "여러분, 내가 보기에 소크라테스 선생님이 술에 관해 말씀하셨듯이, 소년의 아름다움과 노랫소리가 이렇게 결합하니 고통을 잠재우고 사랑[23]의 생각을 일깨우는 것 같습니다."

(2) 그러자 소크라테스가 다시 말을 이었다. "여러분, 이 사람들은 우리를 즐겁게 해줄 능력이 있다는 것을 보여주었네. 하지만 우리는 이들보다 우리가 더 우수하다고 믿네. 그러니 이렇게 함께하면서 우리가 서로를 이롭게 하거나 즐겁게 하려 하지 않는다면 부끄러운 일이 아니겠는가?"

참석자들이 이구동성으로 말했다. "그러기 위해서 우리가 어떤 주제에 관해 논의하는 것이 가장 좋겠는지 선생님께서 말씀해주세요."

(3) 소크라테스가 대답했다. "나로서는 칼리아스가 약속을 지켜주면 가장 좋겠네. 그는 우리가 함께 식사를 하면 자신이 지혜로운 인물이라는 것을 증명해 보이겠다고 말했으니 말일세."

칼리아스가 말했다. "그러겠소. 여러분도 모두 저마다 알고 있는 탁월한 지식을 이 자리에 모인 사람들에게 알려주시겠다면 말이오."

소크라테스가 말했다. "각자가 자신의 가장 값진 지식이라고 생각하는 것을 말하는 것에 이의를 제기하는 사람은 아무도 없는 것 같네."

(4) "좋아요." 하고 칼리아스가 말했다. "그렇다면 내가 무엇을 가장 자랑으로 여기는지 여러분에게 말씀드리겠소. 그것은 내가 사람들을 더 훌륭하게 만들 수 있다고 믿는 것이오."

그러자 안티스테네스가 물었다. "어떻게 그럴 수 있다는 거죠? 어떤 손재주를 가르침으로써 그런다는 거요, 아니면 진정한 훌륭함을 가르침으로써 그런다는 거요?"

"후자이지요. '진정한 훌륭함'이 올바름[24]과 같다면 말이오."

안티스테네스가 말했다. "제우스에 맹세코, 의심할 여지 없이 같소. 용기와 지혜는 친구나 국가에 해롭다고 생각될 때도 있지만, 올바름과 올바르지 못함[25]은 전혀 공통점이 없으니까요."

(5) 칼리아스가 말했다. "여러분 각자가 어떤 이익을 줄 수 있는지 말한다면 나도 내가 이익을 줄 수 있는 기술을 여러분에게 거리낌없이 말하겠소. 니케라토스, 이번은 그대 차례요. 그대는 어떤 지식을 자랑으로 여기는지 말해보시오."

니케라토스가 말했다. "우리 아버지는 아들이 훌륭한 사람이 되

23 Aphrodite. 아프로디테는 그리스신화에서 여성미와 성애(性愛)의 여신이다.

24 dikaiosyne. 또는 '정의'.

25 adikia. 또는 '불의'.

기를 열망한 나머지 호메로스의 시행을 모두 암기하게 했어요. 그래서 나는 지금도 『일리아스』와 『오뒷세이아』를 모두 암송할 수 있답니다."

(6) 안티스테네스가 물었다. "그대는 음유시인[26]도 모두 이들 서사시를 알고 있다는 것을 잊었나 보군요."

니케라토스가 대답했다. "어떻게 잊을 수 있겠소? 나는 그들이 음송하는 것을 날마다 듣다시피 하는데 말이오."

"그대는 음유시인보다도 더 멍청한 족속을 알고 있나요?" 하고 안티스테네스가 물었다.

"제우스에 맹세코, 나는 안다고 생각하지 않아요." 하고 니케라토스가 대답했다.

소크라테스가 말했다. "그것은 분명 그들이 이들 시의 참뜻을 모르기 때문일세. 하지만 자네는 스테심브로토스와 아낙시만드로스[27]와 그 밖의 다른 많은 사람에게 큰돈을 냈고, 그래서 그들이 가진 값진 것을 하나도 놓치지 않았네.

(7) 어떤가, 크리스토불로스? 자네는 무엇을 가장 자랑으로 여기는가?"

"잘생긴 것입니다." 하고 크리스토불로스가 대답했다.

소크라테스가 말했다. "자네는 정말로 자네가 잘생긴 것으로 우리를 더 훌륭하게 만들 수 있다고 주장하려는 겐가?"

"그렇지 않으면 저는 분명 하찮은 인간으로 보이겠지요."

(8) "안티스테네스, 자네는 무엇을 자랑으로 여기는가?" 하고 소크라테스가 물었다.

"제가 부자라는 것입니다." 하고 안티스테네스가 대답했다.

헤르모게네스가 그에게 돈을 얼마나 많이 갖고 있느냐고 묻자, 그는 1오볼로스[28]도 가진 게 없다고 맹세했다.

"그렇다면 자네는 토지를 많이 소유하고 있는가?"

헤르모게네스가 말했다. "여기 있는 아우톨뤼코스가 땅에 뒹굴며 몸을 비빌 수 있을 만큼은 될 걸요."

(9) 소크라테스가 말을 이었다. "자네 말도 들어보아야 할 것 같네. 카르미데스, 자네는 무엇을 자랑으로 여기는가?"

카르미데스가 말했다. "저는 제가 가난하다는 것을 큰 자랑으로 여깁니다."

소크라테스가 말했다. "자네는 정말 대단한 것을 자랑으로 여기는구먼. 가난보다 시기심이나 경쟁심을 덜 불러일으키는 것은 아무것도 없고, 가난은 보호받지 않아도 안전하고, 돌보지 않아도 더 강해지니 말일세."

(10) 칼리아스가 말했다. "어떠세요, 소크라테스님? 그대는 무엇을 자랑으로 여기세요?"

소크라테스가 아주 엄숙한 표정을 지으며 대답했다. "내 중매 기

26 rhapsodos. 서사시 특히 호메로스의 시를 직업적으로 암송하던 사람.

27 스테심브로토스(Stesimbrotos)는 에게해 북쪽에 있는 타소스(Thasos) 섬 출신의 전기(傳記) 작가이고, 여기 나오는 아낙시만드로스(Anaximandros)에 관해서는 달리 알려진 것이 없다.

28 오볼로스(obolos)는 고대 그리스의 화폐단위이다. 고대 그리스의 화폐단위에 관해서는 『소크라테스 회상록』 1권 주 34 참조.

술일세."

다른 사람들이 웃자, 소크라테스가 말했다. "자네들은 웃게. 하지만 나는 그 일에 종사하면 큰돈을 벌 수 있다는 것을 알고 있네."

(11) 뤼콘이 필립포스를 보고 말했다. "자네는 분명 남을 웃기는 것을 자랑으로 여길 테지."

필립포스가 대답했다. "많은 관객을 울릴 수 있다고 해서 우쭐대는 배우 칼립피데스[29] 보다도 더 그럴 만하다고 생각합니다."

(12) 안티스테네스가 말했다. "뤼콘, 그대도 무엇을 자랑으로 여기는지 말해주겠소?"

뤼콘이 대답했다. "여기 있는 아들을 내가 자랑으로 여기는 것은 여러분도 다 아실 텐데요."

누군가 말했다. "그리고 그의 아들은 분명 팡크라티온 경기에서 우승한 것을 자랑으로 여길 것이고."

그러자 아우톨뤼코스가 얼굴을 붉히며 말했다. "제우스에 맹세코, 그렇지 않습니다."

(13) 모두들 그가 말하는 소리를 듣고 좋아서 그를 바라보는데 누군가 물었다. "그러면 아우톨뤼코스, 자네는 무엇을 자랑으로 여기는가?" 그러자 아우톨뤼코스가 "우리 아버지요."라고 대답하며 아버지에게 착 달라붙었다.

그것을 보고 칼리아스가 말했다. "뤼콘, 그대가 세상에서 제일가는 부자라는 것을 알겠소?"

"아니, 나는 모르오." 하고 뤼콘이 말했다.

"그대는 페르시아 왕의 부를 다 준다 해도 그대의 아들과 바꾸지 않을 것이라는 것을 모르시겠단 말이오?"

뤼콘이 말했다. "꼼짝없이 붙잡혔네요. 내가 세상에서 제일가는 부자인 것 같아요."

(14) 니케라토스가 말했다. "헤르모게네스, 자네가 가장 즐기는 것은 무엇인가?"

헤르모게네스가 대답했다. "친구들의 미덕과 영향력일세. 그리고 그런 자질을 가진 사람들이 나를 돌봐준다는 사실일세."

그러자 모든 사람의 시선이 헤르모게네스를 향했고, 그들이 누군지 말해줄 수 있겠느냐고 여럿이 동시에 물었다. 헤르모게네스는 기꺼이 그러겠다고 대답했다.

29 Kallippides. 기원전 5세기의 유명 비극배우로 과장해서 연기한다고 해서 특히 희극에서 조롱거리가 되었다.

제 4 장

(1) 소크라테스가 말했다. "이제 우리 각자가 갖고 있다고 주장한 것이 실제로 큰 가치가 있다는 것을 증명하는 일이 남았네."

"먼저 내 말을 들어보세요." 하고 칼리아스가 말했다. "여러분이 올바름이 무엇인지에 관해 어리둥절해하며 말하는 것을 듣는 동안 나는 실제로 사람들을 더 올바르게 만들고 있으니까요."

"여보게, 어떻게 그런단 말인가?" 하고 소크라테스가 물었다.

"제우스에 맹세코, 그들에게 돈을 줌으로써 그렇게 하지요."

(2) 그러자 안티스테네스가 일어서더니 신문하듯 물었다. "칼리아스, 자네는 사람들이 어디에 자기의 올바름을 간직한다고 생각하는가? 혼 안인가, 아니면 지갑 안인가?"

"혼 안일세." 하고 칼리아스가 대답했다.

"그렇다면 자네는 지갑에 돈을 넣어줌으로써 그들의 혼을 더 올바르게 만든다는 말인가?"

"그렇다네."

"어떻게 말인가?"

"자신들이 필요한 것을 구매할 수단을 갖고 있음을 알기에 그들은 위험을 무릅쓰고 범죄를 저지르려 하지 않기 때문이지."

(3) 안티스테네스가 물었다. "사람들은 자네에게 받은 돈을 갚는가?"

"제우스에 맹세코, 그러지는 않네." 하고 칼리아스가 대답했다.

"어떤가? 그들은 돈을 갚는 대신 고마워하기라도 하는가?"

"제우스에 맹세코, 그것도 아닐세." 하고 칼리아스가 말했다. "오히려 그들 중 더러는 돈을 받기 전보다 내게 더 적대적일세."

안티스테네스가 그를 논박했다는 듯이 응시하며 말했다. "그들이 남에게는 올바르게 행동하게 할 수 있어도 자네 자신에게는 올바르게 행동하게 할 수 없다면 이상하지 않은가!"

(4) "그게 뭐가 그리 이상한가?" 하고 칼리아스가 물었다. "자네는 목수나 건축가가 다른 많은 사람에게는 집을 지어주면서도 자신을 위해서는 그럴 수 없어 셋집에서 산다는 것을 모르는가? 그러니 이 궤변가 양반아, 논박당한 것은 자네라는 것을 인정하게."

(5) 소크라테스가 말했다. "제우스에 맹세코, 안티스테네스는 인정해야 할 걸세. 사람들이 말하기를, 점쟁이도 남의 미래는 예언하지만 자기에게 무슨 일이 닥칠지는 예언하지 못한다니 말일세."

이 주제에 관한 논의는 여기서 끝났다.

(6) 이어서 니케라토스가 말했다. "여러분이 나와 함께하면 어떻게 더 훌륭한 인물이 될지 들어보십시오. 여러분도 분명 아시겠지만 현자 중의 현자인 호메로스는 사실상 인생의 제반사에 관해 작시했습니다. 그러니 여러분 중에 훌륭한 재산관리인이나 정치가나 장군이 되고 싶거나 아킬레우스나 아이아스나 네스토르나 오뒷세우스[30] 같은 인물이 되고 싶은 사람은 내 비위를 맞추어야 할 것이오. 나는 이 모든 것을

알고 있으니까요."

안티스테네스가 말했다. "그렇다면 자네는 왕으로서 다스리는 법도 알고 있겠구먼. 자네도 알다시피 호메로스는 아가멤논을 '훌륭한 왕이자 강력한 창수(槍手)'[31] 라고 칭찬했으니 말일세."

니케라토스가 말했다. "그야 물론이지. 나는 또 전차를 몰 때는 기둥에 바싹 붙여 반환점을 돌아야 한다고 그가 말한다는 것도 알고 있네.

> 너 자신은 잘 엮은 전차 위에서 말들의 왼쪽으로
> 몸을 살짝 기울여라. 그리고 오른쪽 말에게는
> 소리치고 채찍질하며 고삐를 늦춰주어라.[32]"

(7) "나는 또 다른 것도 알고 있는데 여러분은 곧바로 시험할 수 있소. 호메로스는 어딘가에서 '양파는 술맛을 돋운다'[33] 고 말했지요. 그러니 누가 양파를 가져오면 여러분은 곧바로 그 혜택을 볼 것이오. 술맛이 더 날 테니까요."

(8) 그러자 카르미데스가 말했다. "여러분, 니케라토스는 양파 냄새를 풍기며 집에 가고 싶은가 봅니다. 아무도 그와 입맞춤할 엄두를 못 낸다고 그의 아내가 믿게 하려고 말이오."

소크라테스가 말했다. "그럴 테지. 하지만 우리는 자칫 우스꽝스러워 보일 수도 있네. 양파는 음식맛을 돋우고 술맛도 돋우는 만큼 정말로 별미인 것처럼 보이지만, 식후에도 그것을 우적우적 씹어 먹는다면 우리가 칼리아스의 집을 방문하여 먹는 즐거움에 탐닉했다는 말을 듣지 않도록 조심해야 할 걸세."

(9) 카르미데스가 말했다. "그런 일은 결코 일어나지 않을 거예요, 소크라테스 선생님. 싸우러 가는 전사는 양파를 씹어 먹는 것이 좋겠지요. 마치 싸움 붙이기 전 수탉에게 마늘을 먹이듯 말입니다. 그러나 우리가 원하는 것은 아마도 누군가[34]를 예뻐해주려는 것이지 그와 싸우자는 것은 아니겠지요."

이 논의도 이렇게 끝나가고 있었다.

(10) 그때 크리토불로스가 말했다. "이번에는 내가 왜 잘생긴 것을 자랑으로 여기는지 말할까요?"

"말해보게." 하고 사람들이 말했다.

"만약 내가 내 생각처럼 미남이 아니라면 여러분은 사기죄로 고소되어야 마땅합니다. 누가 강요하지 않는데도 여러분은 내가 미남이라고 단언하니까요. 그리고 나는 여러분을 진실로 훌륭한 사람이라고 여기기에 여러분을 믿습니다.

(11) 하지만 내가 정말로 미남이고, 내가 미남이라고 여기는 사람

30 Achilleus, Aias, Nestor, Odysseus. 아킬레우스는 트로이아전쟁 때 그리스군에서 으뜸가는 장수이고, 아이아스는 버금가는 장수이고, 네스토르는 웅변과 조언에 능한 노장이고, 오뒷세우스는 지장(智將)이다.

31 『일리아스』 3권 179행. 아가멤논(Agamemnon)은 트로이아전쟁 때 그리스 연합군 총사령관이다.

32 『일리아스』 23권 335~337행.

33 『일리아스』 11권 630행.

34 아우톨뤼코스를 말하는 듯하다.

에게 느끼는 것과 같은 감정을 여러분이 내게 느낀다면, 모든 신에 맹세코 나는 페르시아 제국을 준다 해도 내가 미남인 것과 바꾸지 않을 겁니다.

(12) 지금 나는 세상의 모든 다른 아름다운 것보다도 클레이니아스[35]를 보는 것이 더 즐거우니 말이오. 그래서 나는 이 한 사람 클레이니아스를 보지 못하느니 모든 것을 보지 못하는 편이 더 낫겠어요. 나는 밤이 싫고 잠이 싫어요. 그를 볼 수 없으니까요. 나는 낮과 해가 참으로 고마워요. 그를 보여주니까요.

(13) 우리들 잘생긴 사람이 자부심을 가질 또 한 가지 이유가 있지요. 힘센 사람은 원하는 좋은 것을 얻으려면 노력해야 하고, 용감한 사람은 위험을 무릅써야 하며, 지혜로운 사람은 말을 해야 하지만 잘생긴 사람은 가만있어도 원하는 것을 모두 가질 수 있어요.

(14) 나는 돈이 좋다는 것을 모르지 않지만 다른 사람한테서 더 받느니 클레이니아스에게 내가 가진 것을 다 주고 싶어요. 나는 또 자유민이 되느니 노예가 되고 싶어요. 클레이니아스가 내 주인이 되고 싶다면 말이오. 내게는 쉬는 것보다 그를 위해 노력하는 것이 더 쉽고, 안전하게 사는 것보다 그를 위해 위험을 무릅쓰는 것이 더 즐거우니 말이오.

(15) 그러니 칼리아스여, 만약 그대가 사람들을 더 올바르게 만들 수 있는 그대 능력에 자부심을 가진다면, 그대 못지않게 내게도 사람들을 온갖 미덕으로 인도할 수 있다고 주장할 권리가 있다오. 우리들 잘생긴 사람이 불어넣는 영감은 우리를 연모하는 사람들이 돈과 관련하여 더 후하게 만들고, 위험에 처해서는 노고를 더 잘 견디고 영광을

더 추구하도록 만드는가 하면 더 겸손하고 자제력 있게 만들기도 해요. 그들은 자신들이 가장 원하는 것에 경외감을 느끼니까요.

(16) 잘생긴 사람을 장군으로 선출하지 않는 사람들은 제정신이 아니지요. 나는 클레이니아스와 함께라면 불속에라도 뛰어들 것이며, 여러분도 나와 함께라면 그러리라는 것을 알아요. 그러니 소크라테스 선생님, 제가 잘생긴 것이 사람들을 이롭게 할지 이롭게 하지 않을지 더 이상 의심하지 마세요.

(17) 또한 아름다움은 금세 시들어버린다고 해서 업신여겨서는 안 돼요. 소년이 아름다울 수 있듯이, 청년도 성인도 노인도 아름다울 수 있으니까요. 여기 그 증거가 있어요. 말하자면 아테나[36] 여신에게 바칠 올리브 가지를 운반하기 위해 잘생긴 노인들을 선발하는데, 이것은 아름다움이 모든 연령대에 수반된다는 것을 보여줘요.

(18) 또한 내가 원하는 것을 상대방이 자진하여 이루어주는 것이 즐거운 일이라면, 나는 지금 이 자리에서 아무 말 않고도, 소크라테스 선생님, 선생님보다 더 빨리 여기 이 소년 또는 소녀를 설득해 내게 입맞추게 할 수 있다고 확신해요. 선생님께서 지혜로운 말씀을 아무리 많이 하신다 해도 말이에요."

(19) "이건 또 무슨 소리인가?" 하고 소크라테스가 말했다. "자네

35 Kleinias. 알키비아데스의 미남 아들(『소크라테스 회상록』 1권 3장 8절 참조) 또는 악시오코스(Axiochos)의 아들로 알키비아데스의 손아래 사촌.

36 Athena. 아테나이 시의 수호 여신.

가 당연히 나보다 잘생겼다고 뻐기는 건가?"

"물론이죠." 하고 크리토불로스가 말했다. "그러지 않는다면 저는 사튀로스극[37]에 나오는 세일레노스[38] 가운데서 가장 못생겼겠지요."

[소크라테스는 실제로 세일레노스를 닮았다.][39]

(20) 소크라테스가 말했다. "자, 그렇다면 잊지 말고 지금의 논의가 일단락되고 나면 우리 둘 중 누가 더 아름다운지 겨루기로 하세. 그리고 프리아모스의 아들 알렉산드로스[40]가 아니라, 자네가 입맞춤 받기를 원하는 바로 이들이 우리 심판관이 되게 하세."

(21) 크리토불로스가 말했다. "소크라테스 선생님, 이 문제를 클레이니아스에게 맡길 수 있나요?"

그러자 소크라테스가 말했다. "이제 클레이니아스 생각은 그만둘 수 없겠나?"

"제가 그의 이름을 들먹이지 않으면 그를 덜 생각할 거라고 보세요? 저의 마음속에 그의 상(像)이 뚜렷이 새겨져 있기에 만약 제가 조각가나 화가라면 제가 그를 실제로 보는 것처럼 그 상을 본떠 모상(模像)을 만들 수 있다는 것을 모르세요?"

(22) 소크라테스가 대답했다. "자네가 그토록 실물에 가까운 그의 상을 갖고 있다면, 어째서 나를 번거롭게 하며 그를 볼 수 있는 곳으로 끌고 다니려 하는가?"

"소크라테스 선생님, 클레이니아스를 실제로 보는 것은 저를 행복하게 해주지만, 그의 상을 보는 것은 즐거움은 주지 않고 그리움만 낳기 때문이죠."

(23) 그러자 헤르모게네스가 말했다. "소크라테스 선생님, 저렇게 상사병에 걸린 크리토불로스의 상태를 묵인하는 것은 선생님답지 않은 것 같아요."

소크라테스가 말했다. "자네는 그가 내 영향을 받아 이렇게 되었다고 생각하는가?"

"그러면 언제 그렇게 되었지요?"

"크리토불로스는 솜털 같은 구레나룻이 두 귀 옆을 지나 아래로

37 사튀로스극(Satyros劇)은 형식은 비극과 비슷하지만, 소재는 전설 가운데 그로테스크한 부분을 택하거나 전설을 그로테스크하게 다루는 드라마를 말한다. 이 드라마의 코로스가 디오뉘소스 신의 종자들인 사튀로스로 분장한 까닭에 사튀로스극이라고 불린다. 사튀로스들은 그리스신화에서 반인반수(半人半獸)의 음탕한 괴물로 주신(酒神) 디오뉘소스의 종자들이다.

38 Seilenos. 그리스신화에 나오는 숲의 정령으로 기원전 6세기까지 사튀로스들과 동일시되었다. 이들은 앗티케(Attike)의 도자기들에 말의 귀와 때로는 말의 다리와 꼬리를 가진 것으로 그려지곤 했다. 기원전 5세기에 그중 한 명이 개성을 갖게 되는데 그가 바로 세일레노스이다. 그는 배불뚝이 대머리에 큰 귀와 사자코를 가진 유쾌한 노인으로 사튀로스들의 우두머리이고 주신(酒神) 디오뉘소스의 개인 교사이다. 세일레노스는 늘 취해 있지만 지혜롭기로 유명했다. 프뤼기아(Phrygia) 왕 미다스(Midas)가 자신의 정원을 찾아오곤 하던 세일레노스를 샘물에 포도주를 타서 취하게 한 다음 사로잡아 그의 지혜를 떠보았을 때 그는 인간은 아예 태어나지 않는 것이 최선이고 일단 태어났으면 되도록 빨리 죽는 것이 차선이라고 대답했다고 한다.

39 [ ] 안은 훗날 덧붙인 것으로 추정된다. 소크라테스가 세일레노스를 닮았다는 내용과 관련해서는 플라톤의 『향연』 215a~216e 참조.

40 프리아모스(Priamos)는 트로이아의 마지막 왕이고, 알렉산드로스(Alexandros)는 프리아모스의 아들 파리스(Paris)를 달리 부르는 이름이다. 파리스는 헤라와 아테나와 아프로디테가 아름다움을 다투는 자리에서 아프로디테에게 유리한 판결을 내려줘 절세미인 헬레네를 아내로 삼았으나 다른 두 여신의 미움을 사 트로이아가 멸망하게 만든다.

내려오기 시작하지만, 클레이니아스는 솜털이 지금 목덜미를 타고 올라오는 것이 보이지 않는가? 크리토불로스는 클레이니아스와 같은 학교에 다니기 시작했을 때 격렬한 사랑에 불탔던 걸세.

(24) 그래서 그의 아버지[41]가 이를 알아채고 내가 무슨 도움이 될까 해서 그를 내게 맡겼다네. 그리고 실제로 그는 많이 나아졌네. 전에는 클레이니아스를 보고는 고르고 자매[42]를 보는 사람처럼 돌처럼 굳어져 클레이니아스의 곁을 결코 떠나지 않았지만, 요즘은 그가 눈을 깜빡거리는 것을 내가 보았으니 말일세."

(25) 소크라테스가 말을 이었다. "여러분, 내가 보기에 그는 우리끼리 하는 말이지만 클레이니아스와 틀림없이 입맞춤도 한 것 같은데, 그보다 빨리 정욕에 불을 붙이는 것은 아무것도 없다네. 입맞춤은 만족할 줄 모르고 달콤한 희망을 갖게 하니까.

(26) 그래서 나는 절제 있게 행동하기를 원하는 사람은 한창때의 젊은이와 입맞추기를 삼가야 한다고 말하는 걸세."

(27) 그러자 카르미데스가 말했다. "그런데 소크라테스 선생님, 선생님은 도대체 무슨 이유로 친구인 우리를 이처럼 겁주어 잘생긴 사람들에게서 떼어놓으려 하세요? 아폴론에 맹세코, 저는 두 분이 교실에 앉아 같은 책에서 무엇인가를 찾고 있었을 때 선생님께서 자신의 맨 어깨를 크리토불로스의 맨 어깨에 기댄 채 그와 머리를 맞대고 앉아 있는 것을 보았는데 말이에요."

(28) 그러자 소크라테스가 말했다. "아아, 그래서 나는 야수에게 물린 것 같았지. 그리고 닷새 이상 어깨에 통증을 느꼈고 심장이 무엇에 찔린 듯 아팠다네. 크리토불로스, 내 이제 이 모든 증인 앞에서 자네

에게 경고하겠는데, 자네의 턱수염이 자네의 머리털만큼 길어질 때까지는 내 몸에 손대지 말게."

이처럼 그들의 대화는 농담 반 진담 반이었다.

(29) 이번에는 칼리아스가 말했다. "카르미데스, 왜 가난을 자랑으로 여기는지 자네가 말할 차례일세."

카르미데스가 말했다. "자신만만한 것이 겁내는 것보다 더 낫고, 자유로운 것이 노예가 되는 것보다 더 낫고, 남을 시중드는 것보다 남의 시중을 받는 것이 더 낫고, 조국의 신임을 받는 것이 신임을 받지 못하는 것보다 더 낫다는 데는 누구나 다 동의해요.

(30) 내가 이 나라에서 부자였을 때는 첫째, 누가 우리집으로 굴

41 크리톤.

42 고르고 자매들(Gorgones 단수형 Gorgo 또는 Gorgon)은 모두 세 명으로, 스텐노(Sthenno '힘센 여자')와 에우뤼알레(Euryale '멀리 떠돌아다니는 여자')와 메두사(Medousa 라/Medusa '여왕')가 그들이다. 그중 메두사만이 죽을 운명을 타고났으며, 고르고라고 하면 보통 메두사를 말한다. 그들의 머리털은 뱀이고 몸은 용의 비늘로 덮였으며 날카로운 눈길로 노려보면 누구나 돌로 변했다. 영웅 페르세우스(Perseus)가 아테나 여신이 준 청동거울을 이용해 메두사를 직접 보지 않고 그녀의 목을 베었을 때 포세이돈의 아이를 밴 그녀의 몸에서 천마(天馬) 페가소스(Pegasos)와 거한(巨漢) 크뤼사오르(Chrysaor '황금 칼')가 튀어나온다. 페르세우스는 페가소스를 타고 다른 두 고르고 자매의 추격을 피해 달아나다가 바다 괴물의 제물로 바쳐진 안드로메다(Andromeda)가 바위에 묶여 있는 것을 보고는 메두사의 머리로 괴물을 돌로 변하게 하고 안드로메다와 결혼한다. 메두사는 처음에는 옛 신들에 속하는 괴물이었지만 헬레니즘(Hellenism) 시대(기원전 323~31년)에는 변신(變身)의 희생자가 되었다. 아름다운 소녀였으나 아테나 여신과 아름다움을 다투려 하자 그녀가 특히 자랑하던 머리털을 여신이 뱀 떼로 바꿔버렸다고 한다. 또 일설에 따르면 포세이돈이 아테나의 신전에서 메두사를 겁탈한 것을 응징하기 위해 여신이 메두사를 괴물로 만들었다고 한다.

을 파고 들어와 내 돈을 훔쳐가고 나를 해코지할까 두려웠고 둘째, 무고꾼[43]들의 비위를 맞춰주어야 했지요. 그들보다는 내가 더 상처받기 쉽다는 것을 알았으니까요. 그 밖에도 나는 정부로부터 이런저런 비용을 대라는 명령을 받았고 도시를 떠나 나라밖으로 여행할 수도 없었소.

(31) 하지만 나라밖 재산을 빼앗기고 국내 재산에서 아무 수익도 올리지 못하고 살림살이를 처분한[44] 지금은 발 뻗고 푹 잔답니다. 나는 국가의 신임을 얻고, 더이상 위협당하지 않고 오히려 내가 남에게 위협이 되며, 도시를 떠나건 도시에 머물건 그건 내 자유랍니다. 지금은 부자들이 내게 자리를 양보하고 거리에서 만나면 나에게 길을 비켜줘요.

(32) 지금은 내가 참주(僭主)[45]와 같지만, 그때는 분명 노예였어요. 그리고 그때는 내가 민중[46]에게 공물을 바쳤지만 지금은 국가가 그 세입으로 나를 지원해준답니다.[47] 또한 내가 부자였을 때는 소크라테스와 함께한다고 사람들이 나를 비난했으나, 내가 가난해진 지금은 아무도 더는 그 일에 관심을 갖지 않아요. 또한 재산이 많았을 때 나는 국가 또는 악운 때문에 늘 그중 일부를 잃었지만, 지금은 아무것도 잃지 않아요. 잃을 게 아무것도 없고 늘 무엇인가를 얻을 거라고 기대하니까요."

(33) 칼리아스가 물었다. "그러면 자네는 결코 부자가 되게 해달라고 기도하지 않고, 좋은 꿈이라도 꾸면 재앙을 막아주는 신들에게 제물을 바치겠구먼?"

카르미데스가 대답했다. "아닐세, 그러지는 않네. 오히려 어디선가 무엇이 생길 성싶으면 용감하게 참고 기다린다네."

(34) 소크라테스가 말했다. "자, 안티스테네스, 이제 자네 차례일

세. 그렇게 가진 것이 적으면서 어떻게 자네가 부자라는 것에 자부심을 느끼는지 말해보게."

"여러분, 그것은 내가 사람들의 가난과 부가 한집안의 재산이 아니라 마음에 있다고 믿기 때문이오.

(35) 많은 돈을 가진 많은 사인(私人)이 자신을 가난하다고 여기고는 더 많은 돈을 갖기 위해 온갖 노고와 위험을 무릅쓰는 것을 보기에 하는 말이오. 또 나는 유산을 똑같이 물려받았는데, 한 명은 지출을 충당하고도 남을 만큼 충분히 갖고 있지만 다른 한 명은 모든 것이 부족한 두 형제를 알아요.

(36) 또 나는 어떤 참주들은 돈을 바라는 욕구 때문에 극빈자보다도 더 끔찍한 범죄를 저지르는 것을 봅니다. 극빈자가 훔치고 주거침입을 하고 노예무역을 하는 것은 궁핍하기 때문이지만, 참주 중에 더러는 돈 때문에 온 가정을 파괴하고 집단학살을 하고 가끔은 주민 전체를 노예로 팔아버려요.

(37) 나는 나쁜 질병을 앓는 그들에게 심한 연민의 정을 느껴요. 나는 그들이 많이 갖고 있고 많이 먹지만 만족할 줄 모르는 사람과 같

43 sykophantes.

44 재판비용을 대기 위해.

45 tyrannos. 일종의 군사독재자.

46 demos.

47 아테나이에 민주제가 도입되자 민회(民會)에 참석하거나 배심원으로 제비 뽑힌 시민들은 일당을 지급받았다.

은 고통을 당한다고 보니까요. 나로 말하자면 손수 다 찾아낼 수 없을 만큼 나름대로 재산이 많지만, 허기를 느끼지 않을 때까지 먹을 수 있고, 갈증을 느끼지 않을 때까지 마실 수 있으며, 집밖에서는 여기 있는 백만장자 칼리아스보다 더 추위를 타지 않을 정도로 옷을 입을 수 있답니다.

(38) 그리고 집에 들어가면 내 집의 벽은 포근한 셔츠 같고, 지붕은 두꺼운 외투 같고, 침구는 아주 만족스러워 나를 깨우는 것이 쉬운 일이 아니랍니다. 내 몸이 성욕을 느낄 때면 나는 가까이 있는 아무 여인에 만족하기에 내가 찾는 이들 여인은 나를 진심으로 반기지요. 다른 사람은 아무도 그들을 찾지 않으니까요.

(39) 한마디로 이 모든 것이 나에게는 너무나 즐거워, 그런 것을 하나하나 행할 때 즐거움을 더 느끼는 쪽이 아니라 오히려 덜 느끼게 해 달라고 기도하고 싶어요. 그중 어떤 것은 유익하다기보다는 더 즐겁다고 여겨지니까요.

(40) 그러나 나의 부 가운데 가장 귀중한 재물은, 내가 지금 가진 것을 빼앗긴다면 어떤 직업도 내게 충분한 생계수단을 대주지 못할 만큼 천하다고 생각하지 않는다는 것이라오.

(41) 호사를 부리고 싶을 때면 나는 시장에서 가장 좋은 물건을 사지 않고—그런 것은 비싸니까요—마음속으로 점찍어둔 것을 꺼내지요. 필요할 때까지 기다렸다가 즐기는 것과, 갈증을 느끼지 않는데도 기회가 닿아 마시게 된 이 타소스[48]산(産) 포도주처럼 어떤 가장 좋은 물건을 즐기는 것은 큰 차이가 있지요.

(42) 그 밖에 돈을 버는 일보다 절약하는 일에 더 관심이 많은 사

람일수록 아마도 더 정직할 겁니다. 자신이 가진 것으로 가장 만족하는 사람이 남의 것을 가장 덜 탐낼 테니까요.

(43) 그런 종류의 부는 사람들을 후하게 만든다는 점도 명심해둘 필요가 있어요. 예를 들어 내게 이런 부를 주신 여기 계신 소크라테스 선생님은 수를 세거나 무게를 달아서 주지 않고 내가 가져갈 수 있을 만큼 주세요. 그래서 나는 지금 아무도 시새우지 않고 내 후함을 모든 친구에게 과시하며 원하는 사람은 누구에게나 내 마음속의 부를 나눠준답니다.

(44) 또한 여러분도 보시다시피 내게는 여가라는 더없이 훌륭한 재산이 있어 볼 가치가 있는 것만 보고 들을 가치가 있는 것만 들으며 온종일 소크라테스 선생님과 함께 한가로이 시간을 보낼 수 있는데, 나는 이것을 가장 높이 평가합니다. 그리고 소크라테스 선생님도 돈을 가장 많이 모은 사람들을 우러러보지 않고 마음에 드는 사람들과 시간을 보내십니다."

(45) 안티스테네스는 그렇게 말했다. 그러자 칼리아스가 말했다. "헤라에 맹세코, 나는 두 가지 이유에서 자네의 부가 부럽네. 첫째, 국가가 노역을 부과하여 자네를 노예로 다루지 않기 때문이고 둘째, 자네가 돈을 빌려주지 않아도 사람들이 화내지 않기 때문일세."

니케라토스가 말했다. "아닐세. 그를 부러워하지 말게. 나는 그에게서 빌리려 하니까. 자족하는 그의 능력 말일세. 나는 호메로스에게서

48 Thasos. 에게해 북쪽 기슭에 있는 섬으로 포도주 산지로 유명하다.

세는 법을 배웠다네.

> 아직 불길이 닿지 않은 세발솥이 일곱 개, 황금 열 탈란톤,
> 번쩍이는 가마솥 스무 개, 말 열두 필.[49]

무게를 달고 수를 세며 말일세. 그처럼 나는 멈추지 않고 최대한 많이 갖기를 열망했고, 그래서 사람들은 아마도 나를 돈을 밝히는 사람으로 여겼을 걸세."

그러자 그가 사실을 말한 줄 알고 모두들 웃음을 터뜨렸다.

(46) 이어서 누군가 말했다. "헤르모게네스, 이번은 자네 차례일세. 누가 자네 친구들인지 말하고 그들이 큰 영향력을 발휘하며 자네를 돌봐준다는 것을 입증해보게. 그래야만 자네가 그들을 자랑으로 여기는 것이 정당화될 테니까."

(47) "그리함세. 첫째, 헬라스인들도 이민족도 분명 신들은 현재사와 미래사를 모두 안다고 믿네. 아무튼 모든 국가와 모든 종족이 점술을 통해 자신들이 무엇을 해야 하고 무엇을 하지 말아야 하는지 신들에게 조언을 구한다네. 둘째, 우리는 분명 신들이 우리에게 좋게도 할 수 있고 나쁘게도 할 수 있다고 믿네. 아무튼 모든 사람이 악을 물리치고 복을 내려달라고 신들에게 기도하네.

(48) 그런데 이들 전지전능한 신은 내게 우호적이어서 내가 어디로 가든 무슨 일을 하든 밤낮 나를 예의 주시한다네. 또한 신들은 모든 행위가 어떤 결과를 낳는다는 것을 미리 알기에 목소리나 꿈이나 새를 전조로 보내[50] 내가 무엇을 해야 하고 무엇을 하지 말아야 하는지 지시

해준다네. 그리고 내가 거기에 복종할 때는 후회한 적이 없고, 내가 그것들을 믿지 않았을 때는 벌을 받았다네."

(49) 그러자 소크라테스가 말했다. "자네의 그 말에는 믿기지 않는 데가 하나도 없네. 하지만 내가 정작 알고 싶은 것은 자네가 어떻게 섬기기에 신들이 자네에게 우호적이냐는 것일세."

헤르모게네스가 말했다. "아주 경제적으로 섬기지요. 저는 신들을 찬양하는데, 거기에는 전혀 비용이 들지 않아요. 저는 늘 그분들이 주신 것의 일부를 그분들에게 돌려드리고, 할 수 있는 한 경건하게 말하고, 그분들을 증인으로 부를 때는 고의로 거짓말을 하지 않는답니다."

소크라테스가 말했다. "제우스에 맹세코, 만약 자네의 그러한 처신 덕분에 신들과의 우의가 유지된다면, 신들도 자네의 그 진정한 훌륭함을 기뻐할 걸세."

이 논의는 이렇듯 진지하게 진행되었다.

(50) 필립포스 차례가 되었을 때 그들은 그에게 어떤 점에서 익살을 부리는 일을 자랑으로 여기는지 물었다.

필립포스가 대답했다. "어찌 자랑으로 여기지 않겠어요? 모두들 내가 익살꾼이라는 것을 알고 좋은 일이 있을 때면 저를 기꺼이 초빙하

49 『일리아스』 9권 122~123행 또는 264~265행.

50 고대 그리스인들은 사람이 우연히 하는 말이나, 새가 날아가는 방향이나, 꿈을 통해 무엇을 하고 무엇을 하지 말아야 하는지 점쳤다.

고, 궂은일이 있을 때면 본의 아니게 웃게 될까 봐 두려워서 뒤도 안 돌아보고 달아나는데 말입니다."

(51) 그러자 니케라토스가 말했다. "제우스에 맹세코, 자네가 자랑으로 여기는 것은 당연하네. 내 경우는 정반대일세. 내 친구 중 잘나가는 자들은 나를 피하고, 불행을 당한 자들은 나와 촌수(寸數)를 따지며 내 곁을 떠나지 않는다네."

(52) 카르미데스가 말했다. "그럴 테지. 쉬라쿠사이인이여, 자네는 무엇을 자랑으로 여기는가? 분명 자네의 소년을 자랑으로 여기겠지?"

쉬라쿠사이인이 대답했다. "정반대입니다. 저 애가 몹시 걱정되기는 하지만 말이에요. 저 애를 파멸시킬 궁리를 하는 자들이 있다는 것을 아니까요."

(53) 이 말을 듣고 소크라테스가 말했다. "맙소사. 얼마나 큰 불의를 당했다고 믿기에 그들이 소년을 죽이고 싶어한단 말인가?"

쉬라쿠사이인이 말했다. "그들은 저 애를 죽이고 싶어하는 것이 아니라, 동침하자고 설득하고 싶어한답니다."

"자네는 그런 일이 일어나면 저 애가 파멸한다고 생각하는 것 같구먼."

쉬라쿠사이인이 말했다. "그렇습니다. 그것도 완전히 말입니다."

(54) 소크라테스가 말했다. "그러면 자네도 저 애와 동침하지 않는가?"

"저야 동침하지요. 밤새도록 그리고 밤마다." 하고 쉬라쿠사이인이 말했다.

소크라테스가 말했다. "헤라에 맹세코, 자네만이 동침하는 사람을 파멸시키지 않는다니 그런 몸을 타고난 자네야말로 행운아일세. 그렇다면 자네는 다른 것은 몰라도 자네 몸을 자랑으로 여길 자격이 있네."

(55) 쉬라쿠사이인이 말했다. "하지만 제가 자랑으로 여기는 것은 그게 아닙니다."

"그렇다면 자랑으로 여기는 게 무엇인가?"

"멍청한 자들입니다. 그들은 제 꼭두각시들을 보러 옴으로써 저를 먹여 살리니까요."

필립포스가 말했다. "아, 나는 자네가 일전에 어디에 있건 그곳에 곡식은 풍년이 들고 분별력은 기근이 들게 해달라고 신들에게 기도하는 것을 들었는데 이제야 그 뜻을 알겠구먼."

(56) "좋아." 하고 칼리아스가 말했다. "소크라테스님, 이제 그대는 앞서 언급하신 명예롭지 못한 직업[51]을 자랑으로 여긴다는 것을 어떤 말로 정당화하실 수 있을까요?"

그러자 소크라테스가 말했다. "먼저 중매인이 하는 일이 무엇인지 규정하도록 하세. 내가 묻는 모든 질문에 망설이지 말고 대답해주게. 우리가 어디까지 의견이 일치하는지 알도록 말일세. 동의하는가?"

모두들 대답했다. "물론입니다." 그리고 그들은 한 번 '물론입니다'라고 말한 뒤 이후의 모든 질문에 같은 대답을 했다.

51 중매인.

(57) 소크라테스가 말했다. "자네들은 좋은 중매인이 하는 일이란 자신이 중매하려는 남자 또는 여자가 상대방에게 매력적으로 보이게 하는 거라고 생각하는가?"

"물론입니다."

"매력적으로 보이게 하는 수단 중 하나는 머리털과 옷매무시를 단정하게 하는 것이겠지?"

"물론입니다."

(58) "우리가 알기에 같은 사람의 같은 두 눈이라도 우의를 나타낼 수도 있고, 적의를 나타낼 수도 있겠지?"

"물론입니다."

"어떤가? 같은 목소리로도 겸손하게 말할 수도 있고, 건방지게 말할 수도 있겠지?"

"물론입니다."

"어떤가? 어떤 말은 미움을 사지만, 어떤 말은 환심을 사겠지?"

"물론입니다."

(59) "좋은 중매인은 환심을 살 만한 것들만 가르쳐주겠지?"

"물론입니다."

"어느 쪽 중매인이 더 나은가?" 하고 소크라테스가 말을 이었다. "의뢰인이 한 사람의 환심을 사게 하는 쪽인가, 아니면 많은 사람의 환심을 사게 하는 쪽인가?"

여기서 그들은 두 패로 갈렸다. 더러는 "당연히 최대한 많은 사람의 환심을 사게 하는 쪽이지요."라고 대답했고, 더러는 그저 "물론입니다."라고만 대답했다.

(60) 소크라테스는 그들은 이 점에도 의견을 같이하는 거라고 단언하고 나서 말을 이었다. "의뢰인이 도시 전체의 환심을 사게 하는 사람이 있다면 그야말로 훌륭한 중매인이 아닐까?"

"제우스에 맹세코, 확실히 그렇습니다." 하고 그들 모두가 말했다.

"그러니 의뢰인을 그런 사람으로 만들 수 있는 사람이 있다면 그는 자기 직업에 자부심을 느끼며 많은 보수를 받을 자격이 있겠지?"

(61) 이 점에도 모두 동의하자 소크라테스가 말을 이었다. "내가 보기에, 여기 있는 안티스테네스가 바로 그런 사람인 것 같네."

그러자 안티스테네스가 말했다. "소크라테스 선생님, 선생님의 직업을 제게 물려주시는 겁니까?"

"물론이지." 하고 소크라테스가 말했다. "보아하니 자네는 거기에 수반하는 기술을 완전히 연마한 것 같으니까."

"그게 무슨 기술이죠?"

"중매인 노릇하는 기술 말일세."

(62) 그러자 안티스테네스가 몹시 언짢아하며 물었다. "소크라테스 선생님, 제가 그런 짓을 했다는 것을 어떻게 아시죠?"

소크라테스가 대답했다. "여기 있는 칼리아스는 철학과 사랑에 빠져 있고 프로디코스는 돈이 필요하다는 것을 보았을 때 나는 자네가 칼리아스를 지혜로운 프로디코스에게 소개한 것을 알고 있네. 나는 또 자네가 칼리아스를 엘리스 출신 힙피아스[52]에게 소개해서, 칼리아스

52 『소크라테스 회상록』 4권 주 15 참조.

가 그에게서 암기 기술을 배운 것도 알고 있네. 그 뒤로 칼리아스는 자신이 본 아름다운 것을 잊지 못해 더욱더 사랑에 빠졌지.

(63) 그리고 일전에는 헤라클레이아에서 온 손님[53]을 칭찬하며 관심을 갖게 하더니 내게 소개해주었네. 그래서 나는 자네가 진심으로 고맙네. 그는 진실로 훌륭한 사람 같으니까. 자네는 또 내게는 플레이우스[54]의 아이스킬로스를 칭찬하고 그에게는 나를 칭찬함으로써 우리가 자네 말 덕분에 서로 사모하게 되어 사냥개처럼 서로를 찾아다니게 하지 않았던가?

(64) 나는 자네가 이런 일을 처리할 줄 아는 것을 보고는 자네를 훌륭한 중매인이라고 여기는 걸세. 서로에게 도움이 되는 사람들을 알아보고 그들이 서로를 원하도록 할 수 있는 사람이라면 국가들이 서로 친구가 되게 하고 어울리는 결혼을 주선할 것이며, 국가에도 친구에게도 동맹군에도 아주 소중한 재산이 될 걸세. 하지만 자네야말로 훌륭한 중매인이라고 내가 말했을 때 자네는 모욕이라도 당한 양 분개하더군."

이번 논의는 그렇게 마무리되었다.

제 5 장

(1) 이번에는 칼리아스가 말했다. "크리토불로스, 자네는 소크라테스님과 겨룰 미남 선발 대회를 포기할 참인가?"

소크라테스가 말했다. "틀림없이 포기할 걸세. 중매인이 배심원들 사이에서 인기가 높다는 것은 그도 알 테니까."

(2) 크리토불로스가 말했다. "그러더라도 저는 선발 대회에서 물러서지 않겠어요. 그럴듯한 논거가 있다면 어째서 선생님이 저보다 더 미남인지 설명해보세요. 다만 램프를 더 가까이 가져오게 하세요."

소크라테스가 말했다. "먼저 내 자네를 예비심사할 테니 내가 묻는 말에 대답하게."

"물으세요."

(3) "자네는 아름다움이 사람에게만 있다고 생각하는가, 아니면 다른 것에도 있다고 생각하는가?"

53 화가 제욱시스(Zeuxis). 플라톤, 『프로타고라스』 318b~c 참조.

54 Phleious. 펠로폰네소스반도 북동부에 있는 도시. 여기 나오는 아이스퀼로스(Aischylos)에 관해서는 달리 알려진 것이 없다.

"물론 후자입니다. 저는 말과 소와 몇몇 무생물에도 아름다움이 있다고 믿으니까요. 아무튼 제가 알기에 방패도 칼도 창도 아름답습니다."

(4) 소크라테스가 말했다. "서로 닮은 데가 하나도 없는데 어떻게 그런 것이 모두 아름답지?"

"우리가 그것을 획득할 때 생각하는 각각의 기능에 맞도록 잘 만들어지거나, 우리의 필요에 맞도록 자연에 따라 잘 구성된 것들은 아름다운 법이지요." 하고 크리토불로스가 말했다.

(5) "자네는 우리에게 눈이 왜 필요한지 아는가?" 하고 소크라테스가 물었다.

크리토불로스가 대답했다. "그야 보기 위해서죠."

"그렇다면 그것만으로도 내 눈이 자네 눈보다 더 아름답네."

"어째서 그렇습니까?"

"자네 눈은 앞만 보지만 내 눈은 퉁방울눈이라 옆도 볼 수 있기 때문이지."

크리토불로스가 물었다. "게가 다른 어떤 동물보다 더 훌륭한 눈이 있다는 말씀인가요?"

"물론이지. 게의 눈은 시력도 뛰어나니까." 하고 소크라테스가 대답했다.

(6) 크리토불로스가 말했다. "좋습니다. 코는 누구 코가 더 아름답습니까? 선생님 코입니까, 아니면 제 코입니까?"

소크라테스가 말했다. "나는 내 코라고 생각하네. 냄새 맡으라고 신들이 우리에게 코를 만들어주셨다면 말일세. 자네 콧구멍은 대지를 향하고 있지만 내 콧구멍은 사방의 냄새를 맡을 수 있도록 활짝 열려 있으니 말일세."

"어째서 들창코가 곧은 코보다 더 아름답다고 할 수 있죠?"

소크라테스가 말했다. "들창코는 두 눈 사이에 장벽을 쌓지 않고 눈이 원하는 것이면 무엇이든 방해받지 않고 볼 수 있게 해주지만, 높은 코는 거만해 보이고 두 눈 사이에 장벽을 쌓기 때문이지."

(7) 크리토불로스가 말했다. "입에 관해서라면 그 점은 제가 선생님께 동의하겠습니다. 입이 음식을 베어먹으라고 만들어진 것이라면 선생님 입은 제 입보다 더 많이 베어먹을 수 있으니까요. 또한 선생님은 입술이 두툼한 까닭에 선생님의 입맞춤이 더 부드러울 거라고 생각하지 않으세요?"

소크라테스가 말했다. "자네 말대로라면 내 입은 당나귀 입보다 더 보기 흉한 것 같구먼. 하지만 물의 요정들[55]이 여신들이면서도 자네보다 나를 더 닮은 세일레노스를 낳는다는 것은 자네보다 내가 더 아름답다는 증거라고 생각하지 않는가?"

(8) 그러자 크리토불로스가 말했다. "선생님에게는 더이상 반론을 제기할 수 없군요. 이제 저들이 투표하게 합시다. 제가 어떤 벌을 받아야 하는지 아니면 어떤 벌금을 물어야 하는지 되도록 빨리 알도록 말이에요. 다만" 하고 그는 말을 이었다. "비밀투표를 하게 합시다. 저는 선생님과 안티스테네스의 '부'(富)가 저를 압도해버릴까 두려우니까요."

55 Naides(단수형 Nais). 강 또는 샘의 요정들.

(9) 그래서 소녀와 소년이 비밀투표에 들어갔다. 한편 소크라테스는 심사위원들이 속지 않도록 크리토불로스 앞에 램프를 갖다 놓게 했고, 심사위원들은 승자에게 화관이 아니라 입맞춤을 상으로 줄 것을 요구했다.

(10) 투표용 조약돌이 항아리 밖으로 나오고 크리토불로스가 만장일치로 승자임이 밝혀지자 소크라테스가 소리쳤다. "맙소사. 크리토불로스, 자네 돈은 칼리아스의 돈을 닮지 않은 것 같군그래. 그의 돈은 사람들을 올바르게 만드는데, 자네 돈은 대부분의 다른 돈과 마찬가지로 배심원과 심사위원을 타락시키는 힘이 있으니 말일세."

제 6 장

(1) 이어서 더러는 크리토불로스에게 승리의 대가로 입맞춤을 받으라 했고, 더러는 무용수들의 주인[56]의 승낙을 받으라 했으며, 더러는 다른 농담을 했다. 그러나 그럴 때도 헤르모게네스만이 잠자코 있자 소크라테스가 그의 이름을 부르며 말했다. "헤르모게네스, 자네는 우리에게 주사(酒邪)가 무엇인지 말해줄 수 있겠나?"

헤르모게네스가 대답했다. "주사가 무엇인지 물으신다면 저는 그것이 무엇인지 모릅니다. 그러나 제가 주사를 무엇이라고 생각하는지는 말할 수 있어요."

"자네가 무엇이라고 생각하는지 그걸 말해주게." 하고 소크라테스가 말했다.

(2) "저는 주사를 술에 취해 자리를 같이한 사람들을 괴롭히는 거라고 정의합니다."

소크라테스가 말했다. "자네는 지금 침묵함으로써 우리를 괴롭힌다는 것을 아는가?"

56 쉬라쿠사이인.

"여러분이 말하는 동안에도 그런가요?" 하고 헤르모게네스가 물었다.

"아니, 우리가 말하다가 잠시 쉴 때 그렇다네."

"여러분이 말할 때는 그사이에 낱말은 고사하고 머리카락 하나 집어넣을 틈이 없었다는 것을 선생님은 모르셨나요?"

(3) 그러자 소크라테스가 말했다. "칼리아스, 이리 와서 답변이 궁한 사람을 도와줄 수 있겠나?"

"그러죠. 피리가 연주될 때면 우리는 완전히 침묵을 지키니까요." 라고 칼리아스가 말했다.

헤르모게네스가 말했다. "여러분은 배우 니코스트라토스[57]가 피리 반주에 맞춰 4절운율[58] 시행을 읊듯이, 내가 피리 반주에 맞춰 여러분과 대화하기를 원하시오?"

(4) 그러자 소크라테스가 말했다. "신들에 맹세코 그렇게 해주게, 헤르모게네스. 피리가 반주하면 노래가 더 즐겁듯이, 자네가 하는 말도 음악이 따르면 더 즐거울 것으로 생각되니 말일세. 특히 자네가 피리 부는 소녀처럼, 하는 말에 맞게 동작을 취한다면 말일세."

(5) 이번에는 칼리아스가 물었다. "여기 있는 안티스테네스가 연회에 참석한 누군가를 논박한다면 어떤 곡이어야 하지요?"

그러자 안티스테네스가 대답했다. "논박당한 자에게 알맞은 곡은 쉿 소리를 내는 것이겠지요."

(6) 대화가 그렇게 진행되자 쉬라쿠사이인은 그들이 자기가 제공하는 볼거리에는 주의를 기울이지 않고 저들끼리 희희낙락하는 것을 보고 소크라테스에게 분개하며 말했다. "소크라테스 선생, 선생이 이른

바 '사상가'[59] 인가요?"

"그게 '생각 없는 사람'이라 불리는 것보다 더 낫지 않은가?" 하고 소크라테스가 대답했다.

"낫겠지요. 선생께서 '천상의 일들'[60]에 관한 사상가라고 여겨지지 않는다면 말입니다."

(7) 소크라테스가 물었다. "자네는 신들보다 더 천상적인 존재를 아는가?"

"제우스에 맹세코, 알지 못합니다. 하지만 사람들이 말하기를 선생의 관심사는 신들이 아니라 아무짝에도 쓸모없는 일들이라 하더군요." 하고 쉬라쿠사이인이 대답했다.

소크라테스가 말했다. "그렇다 하더라도 신들은 여전히 내 관심사일세. 신들은 하늘에서 비를 내려주고 빛을 보내줌으로써 우리를 이롭게 하니까. 내 답변이 냉랭하다면 그 책임은 나를 괴롭히는 자네에게 있네."

(8) 쉬라쿠사이인이 말했다. "됐고요. 대신 벼룩의 발로 우리 사이의 거리가 얼마나 되는지 말해주세요. 사람들이 말하기를 선생께서는 그런 것을 잰다 하니 말입니다."

그러자 안티스테네스가 끼어들었다. "필립포스, 자네는 비교하는

57 Nikostratos.

58 tetrametron.

59 phrontistes. 아리스토파네스(Aristophanes), 『구름』 266·414행 참조.

60 여기서는 천문학과 탁상공론의 탐구 대상을 말한다.

데는 아주 능한데, 자네가 보기에 여기 이 친구는 남을 비방하려는 사람 같지 않은가?"

필립포스가 대답했다. "정말 그렇군요. 그 밖에도 그는 여러 사람을 닮은 것 같아요."

(9) 그러자 소크라테스가 말했다. "하지만 비교하지는 말게. 그럴 경우 자네도 비방하는 사람을 닮게 될 걸세."

"하지만 제가 저 친구를 진실로 훌륭한 사람과 비교한다면, 누군가 저를 비방자가 아니라 칭찬하는 사람과 비교하는 것은 당연한 일이겠군요."

"자네는 지금 비방하는 사람을 닮은 것 같네. 모든 사람이 저 친구보다 더 훌륭하다고 말한다면 말일세."

(10) "그렇다면 제가 저 친구를 더 나쁜 사람과 비교하기를 원하세요?"

"아니, 더 나쁜 사람과 비교하는 것도 원치 않네."

"그렇다면 누구와도 비교하지 않기를 원하세요?"

"그를 누구와도, 어떤 방법으로도 비교하지 말게."

"하지만 제가 아무 말도 하지 않는다면 어떻게 밥값을 해야 할지 모르겠는걸요."

"그건 쉬운 일일세. 말하지 말아야 할 것에 침묵한다면 말일세." 하고 소크라테스가 말했다.

그렇게 해서 이번 주사(酒邪)는 진정되었다.

제 7 장

(1) 이때 손님 중 더러는 필립포스에게 비교하는 일을 계속하라고 했고, 더러는 그러지 못하게 막으려 했다. 떠들썩한 가운데 소크라테스가 다시 말을 이었다. "우리 모두가 말하기를 열망하니 지금이야말로 우리가 함께 노래 부를 적기인 것 같으이."

(2) 이렇게 말하자마자 소크라테스가 노래하기 시작했다. 노래가 끝나자 무용수 소녀를 위해 도공(陶工)의 돌림판이 안으로 운반되었는데, 그 위에서 소녀가 묘기를 보일 참이었다.

이때 소크라테스가 말했다. "쉬라쿠사이인이여, 나는 자네 말처럼 정말로 '사상가'인 것 같네. 아무튼 나는 여기 있는 자네의 소년과 소녀가 어떻게 하면 노력을 되도록 적게 기울이고, 우리는 어떻게 하면 저들을 보는 것이 가장 즐거울지—나는 그것이 자네의 의도라고 확신하네—궁리하는 중일세.

(3) 내가 보기에 칼날 위에서 공중제비를 넘는 것은 위험한 연기인 것 같고 향연과도 전혀 맞지 않네. 또한 빙글빙글 도는 돌림판 위에서 쓰고 읽는 것은 분명 묘기이겠지만, 나는 그것이 어떤 즐거움을 주는지 알 수 없네. 아름다운 젊은이들이 몸을 말아 고리를 흉내내는 모습을 보는 것이 그들이 쉬고 있는 모습을 보는 것보다 더 즐겁지도 않

다네.

(4) 또한 놀라운 일과 마주치는 것은 드물지 않네. 원하기만 한다면 말일세. 사실 우리 눈앞에도 놀라운 일이 있다네. 예를 들어 램프는 밝은 불꽃을 갖고 있기에 빛을 주는데 어째서 청동거울은 밝지만 빛을 주지 않고 거기에 나타난 다른 것의 영상(映像)을 보여줄까? 또는 기름은 액체이지만 불꽃을 키우는데 어째서 물은 액체이기에 불을 끄는 것일까?

(5) 하지만 이런 의문은 음주의 목적에 부합하지 않네. 그러나 젊은이들이 피리 반주에 맞춰 춤추며 카리테스 여신들과 호라이 여신들과 요정들[61]의 동작을 묘사한다면, 저들도 훨씬 힘이 덜 들고 연회도 훨씬 즐거울 거라고 나는 믿네."

그러자 쉬라쿠사이인이 말했다. "소크라테스님, 참으로 옳은 말씀입니다. 여러분이 즐길 만한 볼거리를 보여드릴게요."

제 8 장

(1) 그리하여 쉬라쿠사이인이 박수갈채를 받으며 퇴장하자, 소크라테스가 다시 새로운 논의를 시작했다. "여러분, 나이는 영원히 사는 신들과 같지만 외모는 가장 젊으며, 크기는 우주를 포괄하지만 인간의 혼 안에 자리잡고 있는 위대한 정령[62]인 에로스[63]가 우리와 함께하시는 만큼 우리는 그분을 무시해서는 안 될 걸세. 무엇보다도 우리는 모두 그분의 추종자이니까.

(2) 나는 내가 누군가와 사랑에 빠지지 않았던 때를 생각해낼 수 없으며, 내가 알기로 여기 있는 카르미데스에게 연인[64]이 여럿 있었고 그 자신도 몇 명과 사랑에 빠진 적이 있네. 크리토불로스도 아직은 연동[65]이지만 이미 남과 사랑에 빠지기 시작했네.

61 카리테스(Charites)는 우미(優美)의 여신들이고, 호라이(Horai)는 계절의 여신들이다. 요정들(Nymphai 단수형 Nymphe)은 젊고 아름다운 여성으로 영원히 살지는 않지만 장수하는 것으로 여겨졌으며, 산의 요정, 나무의 요정, 샘 또는 호수 또는 강의 요정으로 나뉜다.

62 daimon.

63 Eros. 사랑의 신.

64 erastes. 남자끼리의 동성애에서 능동적 역할을 하는 손위 남자.

(3) 듣자 하니, 니케라토스도 아내를 사랑하고 아내에게 사랑받는다고 하더군. 헤르모게네스도 진정한 훌륭함이 무엇이든 거기에 푹 빠져 기운이 소진되고 있음을 우리 모두 알고 있지 않은가? 여러분은 그의 이마에 얼마나 진지함이 서려 있으며, 그의 시선이 얼마나 확고부동하며, 그의 말이 얼마나 절제 있으며, 그의 목소리가 얼마나 점잖으며, 그의 성격이 얼마나 쾌활한지 알지 않는가? 그는 가장 존엄한 신들의 친구이면서도 우리 인간을 낮춰 보지 않는다는 것이 보이지 않는가? 안티스테네스, 자네만은 누구와도 사랑에 빠지지 않는 것인가?"

(4) 안티스테네스가 말했다. "신들에 맹세코, 저는 격렬한 사랑에 빠져 있답니다. 선생님과 말이에요."

그러자 소크라테스가 부끄러운 듯이 농담조로 말했다. "지금은 귀찮게 졸라대지 마세요. 보다시피 나는 다른 일로 바쁘니까요."

(5) 그러자 안티스테네스가 말했다. "선생님은 자신의 매력을 위해 중매인 노릇을 하며, 늘 드러내놓고 이런 짓을 하시는군요. 말하자면 어떤 때는 신적인 계시를 핑계 삼아 제게 말하기를 거부하고, 어떤 때는 누군가 다른 사람에게 끌린다는 이유로 그러시니 말이에요."

(6) 그러자 소크라테스가 말했다. "안티스테네스, 제발 부탁일세. 나를 묵사발 내지는 말아주게. 나는 자네의 다른 고약한 성질을 참고 있으며, 앞으로도 친구답게 참겠네. 하지만 나를 향한 자네의 사랑은 비밀로 해주게. 그것은 내 혼이 아니라 내 잘생긴 외모로 인한 것이니까.

(7) 칼리아스, 자네가 아우톨뤼코스를 사랑한다는 것은 온 도시가 알고, 많은 외지인도 알 거라고 나는 생각하네. 자네들은 둘 다 명망 높은 아버지의 아들이고 자신들도 유명하기 때문일세.

(8) 나는 늘 자네의 성격에 감탄했으나 지금은 더더욱 감탄하네. 보아하니 자네가 사랑하는 사람은 사치에 찌든 유약한 응석둥이가 아니라 세상 사람에게 체력과 끈기와 용기와 절제를 과시하니 말일세. 이런 것을 사랑하는 것은 연인의 성격을 말해준다네.

(9) 아프로디테가 한 분인지 아니면 '천상의'[66] 아프로디테와 '범속한'[67] 아프로디테 두 분인지 나는 알지 못하네. 제우스도 한 분이지만 이름은 여럿이니까. 하지만 각각의 아프로디테에게 제단과 신전과 제물이 따로 있는데, '범속한' 아프로디테를 위한 것은 평범하지만 '천상의' 아프로디테를 위한 것은 더 성스럽다는 것은 나도 아네.

(10) 짐작하겠지만 '범속한' 아프로디테는 육체적 사랑을 고취하고, '천상의' 아프로디테는 혼과 우정과 고매한 행동을 향한 사랑을 고취하네. 칼리아스, 자네의 마음을 사로잡은 것은 두 번째 종류의 사랑인 것 같으이.

(11) 나는 자네 연동의 진정한 훌륭함을 보고, 그리고 자네들이 함께하는 자리에 그의 아버지를 초대하는 것을 보고 그렇게 추론한다네. 진실로 훌륭한 연인은 둘 사이의 관계를 연동의 아버지에게 숨기지 않는 법이니까."

(12) 그러자 헤르모게네스가 말했다. "소크라테스 선생님, 헤라에 맹세코 저는 많은 점에서 선생님을 찬탄하지만 지금은 더더욱 그렇

65 eromenos. 남자끼리의 동성애에서 수동적 역할을 하는 손아래 남자.

66 ourania. '우라노스(Ouranos '하늘')의' '하늘의'란 뜻이다.

67 pandemos. '만백성의'란 뜻이다. 플라톤, 『향연』 180d6 이하 참조.

습니다. 선생님께서는 칼리아스에게 듣기 좋은 말을 하면서도 그가 어떻게 행동해야 하는지 가르치시니 말이에요."

소크라테스가 말했다. "맞는 말일세. 그리고 그가 더 기뻐하도록 나는 혼을 사랑하는 마음이 몸을 사랑하는 마음보다 훨씬 더 우월하다는 것을 입증하려 하네.

(13) 우리 모두가 알다시피 우정 없이는 이렇다 할 교제란 존재하지 않기에 하는 말일세. 아무튼 품성을 찬탄하는 자들의 우정은 즐겁고 자발적인 속박이라고 불리지만, 몸을 욕구하는 자들은 대부분 연동의 성격을 비난하고 싫어한다네.

(14) 혼과 몸 둘 다 사랑하더라도 젊음의 꽃이 금세 한창때를 넘겨 시들기 시작하면 우정도 따라서 시들기 마련일세. 그러나 혼은 지혜를 향해 나아갈수록 더 사랑스러워진다네.

(15) 또한 몸의 아름다움을 즐기는 데는 포만감이란 것이 있네. 그래서 배가 부르면 음식을 바라는 욕구가 사라지듯 연동을 바라는 욕구도 사라질 수밖에 없네. 하지만 혼을 향한 우정은 순수하기에 포만감을 덜 느끼며, 그런다고 해서 아프로디테 여신의 은총을 덜 받는 것도 아닐세. 어떤 사람은 그렇게 생각할지 몰라도. 오히려 우리의 말과 행동에 우아함을 불어넣어달라는 우리의 기도를 아프로디테 여신께서 분명히 이루어주실 걸세.

(16) 자유민다운 외모와 겸손하고 고매한 품성을 갖고 꽃피기 시작하며, 처음부터 동년배들 사이에서 지도력을 발휘하면서도 마음씨가 상냥한 혼은 연동을 아끼고 사랑하리라는 것은 더이상 설명할 필요가 없을 걸세. 그런 연인은 연동에게 베푼 사랑을 돌려받는다는 것을

증명하겠네.

(17) 첫째, 자신을 진실로 훌륭한 사람이라고 여기는 사람을 그런 줄 알면서도 누가 미워하며 둘째, 자신에게 즐거운 것보다 연동에게 좋은 것을 더 중시하는 것을 눈으로 보고 자신이 젊음을 잃거나 병이 들어 보기 흉해지더라도 우정이 식지 않을 거라고 믿게 되는 사람을 누가 미워하겠는가?

(18) 우정을 나누는 사람들은 필연적으로 서로 마주보며 좋아하고, 다정하게 대화를 나누고, 서로 신뢰하고, 서로 배려하고, 성공하면 기쁨을 나누고, 실패하면 슬픔을 나누지 않을까? 또한 그런 사람들은 필연적으로 건강하게 함께하는 한 언제까지나 행복하게 살고, 어느 한 쪽이 병이 들면 더욱더 함께하고, 함께할 때보다 떨어져 있을 때 서로를 더 걱정하지 않을까? 이 모든 것이 아프로디테의 은총이 가진 특징 아닐까? 그렇게 행동함으로써 사람들은 계속해서 서로 사랑하고 노년이 될 때까지 그런 사랑을 즐긴다네.

(19) 하지만 연인이 몸만 밝히는 경우 연동이 왜 그의 사랑을 돌려주어야 하나? 연인이 자기에게는 자기가 원하는 것을 배정하고 연동에게는 가장 수치스러운 역을 배정하기 때문인가? 아니면 연인이 요구하는 호의가 연동을 친족과 친구에게서 완전히 떼어놓기 때문인가?

(20) 연인은 강요하지 않고 설득하기에 더더욱 혐오스럽네. 성폭력범은 자신의 비열성을 드러낼 뿐이지만, 유혹하는 자는 유혹당한 자의 혼을 타락시키기 때문일세.

(21) 또한 돈을 받고 젊음을 파는 자가 시장의 소매상보다도 구매자를 더 사랑할 성싶은가? 그는 사랑의 감정을 느끼지 못할 걸세. 자신

은 젊지만 상대방은 젊지 않고, 자신은 아름답지만 상대방은 더이상 아름답지 않고, 상대방은 사랑하지만 자신은 사랑하지 않으니까. 소년은 여자와는 달리 남자와 성교의 즐거움을 나누지 않고, 사랑에 도취된 남자를 맑은 정신으로 지켜본다네.

(22) 따라서 연동이 연인을 무시하더라도 놀랄 일이 아닐세. 그렇게 검토해보면 품성 때문에 서로 사랑하는 사람들끼리는 아무 어려움도 없지만 파렴치한 교제로부터는 불경한 행위가 이미 수없이 생겨났네.

(23) 나는 또 혼보다는 몸을 사랑하는 사람에게는 연동과의 교제가 자유민답지 못함을 증명해 보이겠네. 올바로 말하는 법과 올바로 행동하는 법을 가르치는 사람은 케이론과 포이닉스[68]가 아킬레우스에게 존경받듯 존경받아 마땅하지만, 몸만 밝히는 자는 언제나 연동을 귀찮게 따라다니며 입맞춤하거나 애무하게 해달라고 간청하고 사정하니 거지 취급을 받아 마땅하네.

(24) 내가 더 솔직히 말하더라도 놀라지들 말게. 나는 거나하게 취한 데다 언제나 나와 함께하는 사랑[69]이 자기와 반대되는 사랑에 관해 솔직히 말하도록 나를 부추기기 때문일세.

(25) 내가 보기에 외모에만 골몰하는 자는 소작농과도 같네. 그의 관심사는 땅의 가치를 높이는 것이 아니라 빌린 땅에서 되도록 많은 수확을 올리는 것일세. 반대로 우정을 추구하는 사람은 자작농을 더 닮았네. 그는 끌어올 수 있는 모든 자원을 이용하여 자기 연동의 가치를 높이려 하네.

(26) 또한 연동 가운데 외모를 과시하기만 하면 연인을 지배할 수

있다고 생각하는 자는 십중팔구 다른 자질에는 신경쓰지 않을 걸세. 하지만 자신도 진실로 훌륭한 사람이 되지 않으면 우정을 계속 유지할 수 없다는 것을 아는 자는 미덕에 관심을 갖지 않을 수 없네.

(27) 그러나 자기가 좋아하는 사람을 훌륭한 친구로 삼으려고 노력하는 사람이 누리는 가장 큰 좋음은 자신도 미덕을 연마하지 않을 수 없다는 것일세. 그런 사람은 자신이 사악하여 함께하는 사람을 훌륭하게 만들 수 없고, 자신이 파렴치하고 무절제하여 자기가 사랑하는 사람을 자제력 있고 부끄러움을 알도록 만들 수 없다네."

(28) 소크라테스가 말을 이었다. "칼리아스, 나는 또 자네에게 인간뿐 아니라 신들과 영웅도 몸을 사랑하는 마음보다는 혼을 사랑하는 마음을 더 높이 평가한다는 것을 보여주는 신화를 들려줄까 하네.

(29) 제우스는 몸이 아름다워서 사랑했던 여인은 모두 성관계를 가진 뒤에는 필멸의 존재로 남겨두었지만, 혼이 아름다워 사랑했던 이들은 모두 불사의 존재로 만들었네. 여기에는 헤라클레스와 디오스쿠로이[70]가 포함되며, 전하는 이야기에 따르면 다른 사람도 포함된다네.

68 케이론(Cheiron)과 포이닉스(Phoinix)는 토로이아 전쟁 때 그리스군의 으뜸가는 장수 아킬레우스(Achilleus)의 개인 교사이다.

69 Eros.

70 그리스 신화의 대표적 영웅 헤라클레스는 제우스와 알크메네의 아들로 그의 '12고역'이 말해주듯 인류를 위협하는 수많은 괴물을 퇴치한 공로로 죽은 뒤에 신격화되었다. 디오스쿠로이(Dioskouroi 라/Dioscuri '제우스의 아들들')란 제우스와 스파르테 왕비 레다(Leda) 사이에서 태어난 쌍둥이 형제 카스토르(Kastor 라/Castor)와 폴뤼데우케스(Polydeukes 라/Pollux)를 말하는데, 이들은 죽은 뒤 쌍둥이자리(Gemini)가 되었다.

(30) 단언컨대 제우스가 가뉘메데스[71]를 올륌포스[72]로 데려간 것도 그의 몸 때문이 아니라 그의 혼 때문일세. 그의 이름이 그 증거일세. 알다시피 호메로스에는 이런 구절이 있네.

그는 듣고 기뻐한다.[73]

이는 곧 '그는 듣기를 좋아한다'는 뜻일세. 또 어딘가에는 '마음속에 빈틈없는 생각을 품고 있는'[74]이라는 구절이 있는데, 이는 곧 '마음속에 현명한 조언을 품고 있는'이란 뜻일세. 이 두 요소[75]를 종합해보면 가뉘메데스는 몸의 매력이 아니라 혼의 매력 때문에 신들 사이에서 높이 평가받았음을 알 수 있네.

(31) 또한 니케라토스, 호메로스는 아킬레우스가 파트로클로스[76]를 연동이 아니라 전우로 보아 그의 죽음에 가장 눈에 띄게 복수하게 하는 걸세.[77] 오레스테스와 퓔라데스, 테세우스와 페이리투스,[78] 그 밖의 다른 많은 가장 위대한 영웅이 함께 가장 영광스러운 업적을 남겼다고 노래로 칭송받는 것도 그들이 동침했기 때문이 아니라 서로 존경했기 때문일세.

(32) 어떤가? 이번에는 오늘날의 고매한 업적을 살펴보기로 하세. 그런 업적은 모두 영광보다 쾌락을 택하는 버릇이 있는 자보다는 영광을 위해서라면 노고와 위협도 감수할 용의가 있는 사람에 의해 이루어진다는 것을 알 수 있지 않은가? 그런데도 시인 아가톤의 연인인 파우사니아스는 방탕 속에서 함께 뒹구는 자들을 변호하기 위하여 연동과 연인으로 구성된 군대가 가장 용감한 군대가 될 거라고 말했네.[79]

(33) 그것은 이들이 서로를 버리고 도망치는 것을 누구보다도 부끄럽게 여기기 때문이라고 말했네. 하지만 남의 비난을 무시하고 서로에게 부끄러운 짓을 하는 버릇이 있는 자들이 수치스러운 짓을 하는 것은 누구보다 부끄러워할 거라고 말한다면 이상한 주장이 아닐 수 없네.

(34) 그리고 파우사니아스는 그 증거로 테바이와 엘리스의 정책을 예로 들며, 아무튼 그곳 사람들은 사랑하는 사람끼리 잠자리를 같이해도 전투 때 이들을 같은 전투 대열에 나란히 배치한다고 말했네.[80] 하지만 그것은 잘못된 유추일세. 그런 관행은 그들 사이에서는 정상일

71 Ganymedes. 트로이아 왕 트로스(Tros)의 미남 아들로 하늘로 납치되어 제우스의 술 따르는 시종이 되었다. 호메로스, 『일리아스』 20권 231행 이하 참조.

72 Olympos. 그리스 텟살리아 지방과 마케도니아 지방 사이에 있는 높은 산으로 고대 그리스인들은 자신들의 유명 신들이 그곳의 궁전에서 산다고 믿었다.

73 ganytai de t'akouon. 이 구절은 현존 판본에는 나오지 않는다.

74 이 구절 역시 현존 판본에는 나오지 않는다.

75 ganymai('기뻐하다' '좋아하다')와 medea('생각' '계획')를 말한다.

76 Patroklos. 아킬레우스의 죽마고우.

77 『일리아스』 16~24권 참조.

78 오레스테스(Orestes)는 아가멤논의 아들로, 귀국하는 아버지를 살해한 어머니 클뤼타임네스트라(Klytaimnestra)를 살해할 때 절친한 친구인 퓔라데스(Pylades)의 도움을 받는다. 아테나이의 영웅 테세우스(Theseus)와 라피타이족(Lapithai)의 왕 페이리투스(Peirithous 또는 Peirithoos)도 절친한 친구 사이로, 힘을 모아 반인반마(半人半馬)인 켄타우로스(Kentauros)들을 격퇴했으며, 제우스의 딸로 저승의 신 하데스(Hades)의 아내가 된 페르세포네(Persephone)를 납치해 오기 위해 함께 저승으로 내려가기도 했다.

79 Agathon, Pausanias. 플라톤의 『향연』(178e3~179a8)에서 이런 주장을 하는 이는 파이드로스(Phaidros)이다.

80 300명의 동성애자로 구성된 테바이의 이른바 '신성 부대'는 기원전 378년경부터 338년까지 존속했다. 엘리스의 동성애자 부대에 관해서는 자세히 확인할 길이 없다.

지 몰라도 우리 사이에서는 비난거리이니 말일세. 또 내 생각에는 전투 대열을 그렇게 구성하는 사람은 연동이 혼자 있게 되면 용감하게 임무를 수행하지 못하지 않을까 의심할 걸세.

(35) 이와는 달리 육체적 욕구를 강하게 느끼는 자는 진정한 훌륭함은 아무것도 얻을 수 없다고 믿고 라케다이몬인들은 자신들의 연동들을 용감무쌍하도록 훈련시켜, 그들이 외지인과 함께 정렬하더라도 그리고 연인들과 같은 전투 대열에 배치되지 않는다 하더라도 역시 전우를 버리고 도망치는 것을 부끄럽게 여기도록 만든다네. 그들이 믿는 신은 파렴치가 아니라 염치이니까.

(36) 우리가 다음과 같은 관점에서 검토하면 우리 주제에 관해 합의에 이를 것으로 생각되네. 서로 다른 방법으로 사랑받는 두 소년 가운데 어느 쪽을 더 믿고 돈이나 자식이나 호의에 대한 빚을 맡기고 싶을까? 내 생각에는 연동의 외모를 밝히는 자라도 혼이 사랑스러운 쪽에게 이 모두를 맡길 것 같네.

(37) 칼리아스, 자네는 아우톨뤼코스를 사랑하도록 해준 신들에게 감사해야 할 걸세. 아우톨뤼코스는 틀림없이 영광을 열망하고 있네. 팡크라티온 경기에서 우승자로 선포되기 위해 그는 수많은 노고와 괴로움을 감내했으니까.

(38) 그런데 만약 그가 자신과 아버지의 명예를 드높일뿐더러 자신의 남자다운 탁월함에 힘입어 친구들을 도울 수 있고 적군에게 이겨 전승비를 세움으로써 조국의 위신을 세우고, 그리하여 모든 사람이 우러러보는 가운데 헬라스인들과 이민족[81] 사이에서 유명해진다고 생각한다면, 이렇게 되는 데 가장 훌륭한 조력자라고 생각하는 사람을 그

가 진심으로 존경할 거라고 어찌 생각하지 않겠는가?

(39) 그러니 자네가 아우톨뤼코스에게 잘 보이자면 테미스토클레스가 어떤 것을 알았기에 헬라스를 해방할 수 있었으며, 페리클레스가 어떤 것을 알았기에 나라의 가장 훌륭한 조언자라고 인정받으며, 솔론이 어떻게 철학 공부를 했기에 나라를 위해 더없이 훌륭한 법률을 제정할 수 있었는지 고찰해보아야 하네.[82] 자네는 또 라케다이몬인들이 어떤 자질을 연마했기에 가장 탁월한 지휘관으로 인정받는지 알아보아야 하네. 자네는 그들의 현지인 영사[83]이고, 그들 중 중요한 사람은 언제나 자네 집으로 안내되기 때문일세.

(40) 자네가 원한다면 나라가 곧바로 자신을 자네에게 맡길 거라고 확신해도 좋네. 자네는 충분히 그럴 자격이 있으니까. 자네는 가문이 좋고, 에렉테우스[84]가 모셨으며 이악코스[85]의 지휘 아래 이민족[86]을 향해 출진했던 신들[87]의 사제이며, 오늘의 축제에서 선조보다 더 사제다

81 barbaros.

82 테미스토클레스(Themistokles)는 아테나이의 유명한 장군이자 정치가로 기원전 480년 살라미스(Salamis) 해전에서 페르시아 함대를 대파한다. 페리클레스(Perikles)는 아테나이의 유명 정치가이자 장군으로 아테나이의 직접민주주의를 반석 위에 올려놓는다. 솔론(Solon)은 아테나이의 입법자이자 시인이다.

83 proxenos. 여기서는 아테나이인이면서 스파르테의 이익을 대변하는 사람이란 뜻이다. 당시에는 현지인 영사가 되는 것을 자랑으로 여겼다.

84 Erechtheus. 아테나이의 전설적 왕.

85 Iakchos. 주신 박코스(Bakchos)의 딴 이름인 것 같으나 확실치 않다.

86 여기서는 페르시아인들을 말한다.

87 헤로도토스, 『역사』 8권 65장 참조.

운 모습을 보여주니 말일세.[88] 자네의 몸 또한 도시에서 가장 볼 만하고 노고를 능히 참고 견딜 수 있네.

(41) 자네들 보기에 내 말이 술자리에서 하는 얘기로는 너무 진지하다는 느낌이 들더라도 놀라지 말게. 본성이 훌륭하고 미덕을 야심만만하게 추구하는 사람을 우리 도시가 사랑하는 만큼이나 나도 늘 사랑했으니까."

(42) 다른 사람들은 소크라테스가 말한 것을 논의하기 시작했으나, 아우톨뤼코스는 칼리아스를 응시했다. 그러자 칼리아스가 소년에게 곁눈을 주며 소크라테스에게 말했다. "그러면 소크라테스 선생님, 저와 나라 사이에서 중매인 노릇을 해주시겠다는 말씀인가요? 제가 정계에 입문하여 늘 국가에 잘 보이도록 말입니다."

(43) 소크라테스가 대답했다. "물론이지. 만약 자네가 미덕에 관심이 있다는 것이 가식이 아니라 사실로 드러난다면 말일세. 거짓된 명성은 검증해보면 곧바로 드러나지만, 신이 훼방 놓지 않는 한 진정한 남자다움은 행동으로 옮길 경우 언제나 더 찬란한 영광을 안겨주기에 하는 말일세."

제 9 장

(1) 이 논의는 여기서 끝났다. 아우톨뤼코스는 집으로 돌아가려고 자리에서 일어섰다. 그럴 시간이 되었기 때문이다. 그러자 그의 아버지 뤼콘도 함께 자리를 뜨다가 뒤돌아서서 말했다. "소크라테스 선생, 당신이야말로 진실로 훌륭한 사람인 것 같소."

(2) 이어서 옥좌 같은 것이 방안에 놓이자 쉬라쿠사이인이 들어오며 이렇게 말했다. "여러분, 아리아드네가 자신과 디오뉘소스의 침실로 들어올 겁니다. 그러면 디오뉘소스가 신들과 술자리를 같이한 터라 거나하게 취해서 들어와 그녀에게 다가가 서로 희롱하며 놀 겁니다."[89]

(3) 그러자 먼저 아리아드네가 신부로 치장하고 들어와서 옥좌에 앉았다. 디오뉘소스는 아직 나타나지 않는데 박코스[90]적인 곡이 피리

88 엘레우시스(Eleusis) 비의 때 횃불을 들고 행렬을 선도하는 역은 칼리아스 집안에서 대대로 도맡았다.

89 7장 5절에서 약속한 것을 이행하겠다는 뜻이다. 아테나이의 영웅 테세우스는 크레테섬으로 가서 아리아드네(Ariadne) 공주의 도움으로 식인 괴물 미노타우로스(Minotauros)를 죽인 뒤 미궁에서 탈출한다. 그러나 귀향 도중 아리아드네를 낙소스(Naxos)섬에 버리고 떠나자 주신 디오뉘소스가 그녀를 발견하고 아내로 삼는다.

90 Bakchos. 디오뉘소스의 별칭.

로 연주되었다. 그러자 안무가에게 찬사가 쏟아졌다. 아리아드네가 그 곡을 듣자마자 그 곡을 좋아한다는 것을 누구나 알 수 있도록 행동했기 때문이다. 그녀는 디오뉘소스를 만나러 가지도 않고 자리에서 일어서지도 않았지만 간신히 평정을 유지하고 있음이 분명했다.

(4) 그러나 디오뉘소스는 그녀를 보자 춤추며 다가가서 더없이 다정하게 그녀의 무릎에 앉아 그녀를 껴안고 입맞추었다. 그녀는 수줍어하는 것 같았지만 그의 포옹에 애정으로 화답했다.

(5) 손님들은 이 광경을 보고 박수를 치며 "재청이요!" 하고 소리쳤다. 그러자 디오뉘소스가 일어서서 아리아드네도 일어서도록 도와주었고, 둘이서 입맞추고 애무하며 춤추는 동작을 볼 수 있었다. 디오뉘소스가 정말로 미남이고 아리아드네가 한창때이며, 둘이 입맞춤하는 척하지 않고 입술을 대고 정말로 입맞추자 그 광경을 보고 손님들은 넋을 잃었다.

(6) 그들은 디오뉘소스가 아리아드네에게 자기를 사랑하느냐고 묻자 그녀가 사랑한다고 맹세하는 것을 들었는데, 너무나 진지하게 맹세한 까닭에 디오뉘소스뿐 아니라 구경꾼들도 모두 소년과 소녀가 틀림없이 서로 사랑한다고 한목소리로 맹세했을 것이다. 둘은 배워서 동작을 연출하는 것이 아니라 오래전부터 품고 있던 욕구를 충족해도 좋다는 허락을 받은 사람들 같았다.

(7) 마침내 둘이 서로 껴안고 분명 결혼 침대로 향하는 것을 보고 손님 가운데 미혼자들은 결혼하겠다고 맹세했고, 기혼자들은 자신들도 그러려고 말을 타고 아내 곁으로 달려갔다. 소크라테스와 뒤에 남은 다른 사람들은 뤼콘 부자와 함께 걷기 위해 칼리아스와 함께 밖으로

나갔다.

그날 저녁의 향연은 그렇게 끝났다.

소크라테스의 변론

APOLOGIA SOKRATOUS

크세노폰의 『소크라테스의 변론』은 기원전 399년
소크라테스가 아뉘토스(Anytos)와 멜레토스(Meletos)와 뤼콘(Lykon)에
의해 나라의 신들을 믿지 않고 새로운 신들을 들여오고 있으며
젊은이들을 타락시킨다는 이유로 고발되어 배심원들 앞에서
재판받는 장면을 요약해서 그린 것이다. 이때의 일은
플라톤의 『소크라테스의 변론』, 『크리톤』, 『파이돈』에
자세히 그려져 있다. 크세노폰은 이때 아테나이를 떠나
소아시아에 가 있었던 터라 소크라테스의 제자들,
특히 플라톤의 『파이돈』에서 소크라테스가 임종할 때
그 자리에 있었다는 헤르모게네스(Hermogenes)한테서
이때의 일을 나중에 전해 들은 것 같다.
크세노폰은 법정에서 소크라테스가 잘난 체하는 말투로
배심원들의 반감을 사 죽음을 자초하다시피 한 것은
노년의 힘들고 괴로운 삶을 피하기 위해서였다고 주장한다.

(1) 소크라테스가 법정 출두 명령을 받았을 때 자신의 변론과 삶의 종말에 대해 어떻게 생각했느냐 하는 것도 내 생각에는 회고해볼 만한 가치가 있는 것 같다. 이에 관해서는 다른 사람들도 글을 썼는데, 그들은 모두 그의 잘난 체하는 말투에 관해 언급하고 있다.[1] 그로 미루어 소크라테스는 실제로 그런 투로 말했음이 분명하다. 하지만 그들이 밝히지 않은 것이 있으니, 그것은 그가 이미 자신에게는 삶보다 죽음이 더 바람직하다고 생각했다는 것이다. 그것을 밝히지 않으면 그의 잘난 체하는 말투는 어리석어 보일 수밖에 없을 것이다.

(2) 힙포니코스의 아들 헤르모게네스는 소크라테스의 제자였는데, 그가 의도적으로 잘난 체하는 말투를 썼음을 보여주는 비밀을 누설했다. 헤르모게네스에 따르면 자신은 소크라테스가 다른 모든 것에 관해 논의하면서도 재판에 관해서는 언급하지 않는 것을 보고 이렇게 물었다고 한다. "소크라테스 선생님, 선생님께서는 어떻게 변론해야 할지도 생각해보아야 하지 않나요?"

1 플라톤, 『소크라테스의 변론』 35e~38b 참조.

(3) 그러자 소크라테스가 처음에는 이렇게 대답했다고 한다. “자네는 내 인생 전체가 변론을 위한 준비였다고 생각하지 않나?”

그래서 헤르모게네스가 물었다고 한다. “어째서 그렇습니까?”

“나는 불의한 짓이라고는 아무것도 행하지 않고 살아왔으니, 그것이야말로 변론을 위한 가장 훌륭한 준비라고 생각하기 때문일세.”

(4) 그래서 헤르모게네스가 다시 물었다고 한다. “아테나이 배심원들이 언변에 휘둘려 때로는 죄짓지 않은 사람을 사형에 처하는가 하면, 때로는 죄지은 자가 그럴듯한 말로 동정을 사서 무죄방면되는 것도 보이지 않으세요?”

그러자 소크라테스가 말했다고 한다. “제우스에 맹세코, 그건 사실일세. 그래서 나는 벌써 두 번이나 변론할 생각을 해보았으나 신적 존재[2]가 말리더군.”

(5) 헤르모게네스가 “참 놀라운 말씀이군요.”라고 말하자 소크라테스가 대답했다고 한다. “신들도 내가 지금 죽는 것이 더 낫다고 생각하신다면 자네는 그걸 정말로 놀라운 일이라고 생각하는가? 자네는 지금까지 내가 나보다 훌륭한 삶을 산 사람이 있다고 인정한 적이 없다는 것을 모르는가? 내가 알기에 나는 삶 전체를 경건하고 올바르게 살았는데, 이보다 더 큰 즐거움이 어디 있겠는가! 그래서 나는 나 자신을 매우 자랑스럽게 생각하고, 내 동료들도 나에게 같은 감정을 품고 있다는 것을 알았네.

(6) 하지만 이제 나이가 많아지다 보니 노령의 세금을 내야 할 것 같으이. 시력과 청력은 약해지고, 느리게 배우고 배운 것은 쉬 잊어버리고. 내가 쇠퇴하고 있고 나 자신이 불만스러운데 더 오래 사는 것이 어

떻게 즐겁겠는가?"

(7) 소크라테스가 말을 이었다고 한다. "아마도 신은 자비로우시니 나를 위해 가장 적절한 나이에 가장 편안하게 생을 마감하게 해주실 걸세. 만약 내가 지금 유죄판결을 받는다면, 이 업무를 관장하는 이들[3]은 내가 가장 편안할뿐더러 친구들에게 가장 덜 괴로우며 고인을 가장 덜 아쉬워할 방법으로 죽게 할 것이 분명하기에 하는 말일세. 어떤 사람이 주위 사람의 마음에 꼴사납거나 불쾌한 어떤 것도 남기지 않고 아직도 건강한 몸과 친절을 베풀 수 있는 마음을 가진 채 사라져버린다면, 어찌 그런 사람을 아쉬워하지 않겠는가?

(8) 어떻게든 무죄방면될 방법을 찾아야 한다고 생각되었을 때 변론하겠다는 내 생각에 신들이 반대하신 것은 옳았네. 그런 방법을 모색했더라면 나는 분명 지금 이대로 생을 마감하는 대신 질병과 노령으로 괴로운 삶을 살다 죽게 될 걸세. 노령은 온갖 힘들고 불편한 것이 흘러드는 하수구라네."

(9) 소크라테스가 말을 이었다고 한다. "헤르모게네스, 제우스에 맹세코, 나는 결코 그러고 싶지 않네. 오히려 내가 신들과 인간한테서 받았다고 믿는 온갖 혜택과 나 자신을 보여주는 내 의견을 드러내는 것이 배심원들을 성나게 한다면, 자유민답지 않게 목숨을 이어가며 아주

2 '신적 존재'(daimonion). 크세노폰, 『소크라테스 회상록』 1권 1장 2절 이하, 4권 8장 1장 이하; 플라톤, 『국가』 496c; 플라톤, 『소크라테스의 변론』 27c~e, 31d, 40a; 플라톤, 『테아게스』(*Theages*) 128d 참조.

3 사형집행인들을 말하는 듯하다.

하찮은 삶을 사느니 차라리 죽음을 택하겠네."

(10) 헤르모게네스에 따르면, 나라에서 믿는 신들을 믿지 않고 새로운 신들을 들여오고 젊은이들을 타락시킨다는 이유로 고발인들이 자신을 고발했을 때 소크라테스는 그런 마음가짐으로 배심원들 앞으로 나가 말했다고 한다.

(11) "여러분, 나는 무엇보다도 멜레토스[4]가 대관절 무슨 증거로 나라에서 믿는 신들을 내가 믿지 않는다고 주장하는지 어리둥절합니다. 그 자리에 있던 사람들은 차치하고라도 멜레토스 자신도 원했다면 내가 공동체의 축제 때나 공공 제단에서 제물을 바치는 것을 볼 수 있었을 겁니다.

(12) '새로운 신들을 들여오는 것'에 관해 말하자면, 어떤 신의 목소리가 나타나 내게 무엇을 해야 하는지 일러준다고 내가 주장한다고 해서 그것만으로 어찌 내가 그런 과오를 범한다고 하겠소? 다른 사람들도 목소리를 듣고 짐작합니다. 더러는 새의 울음소리를, 더러는 사람이 하는 말을 듣고 말이오.[5] 천둥이 목소리를 갖고 있다거나 천둥은 매우 중요한 전조라는 것을 의심할 사람이 있을까요? 퓌토[6]의 여사제도 세발솥 위에 앉아 목소리를 통해 신의 뜻을 알리지 않나요?

(13) 신은 미래사를 알고 있고 자기가 원하는 사람들에게 미리 경고해준다는 것 또한 단언컨대 보편적인 주장이자 믿음이오. 그들과 나의 유일한 차이점이라면 그들은 자신들에게 미리 경고해주는 것을 '새', '말씀', '우연한 만남', '예언자'라고 부르는데 나는 '신적 존재'라고 부른다는 것이오. 그리고 나는 신들의 힘을 새에게 돌리는 자보다 그렇게 부르는 내가 더 정확하고 더 경건하게 말한다고 생각하오. 내가 신을 두

고 거짓말을 하지 않는다는 또 다른 증거가 있소. 나는 수많은 친구에게 신이 내게 준 조언을 알려주었으나 한 번도 거짓말한 것으로 드러난 적이 없다는 것이오."

(14) 헤르모게네스에 따르면, 이 말을 듣고 배심원들이 더러는 그의 말이 믿기지 않아서, 더러는 그가 자신들보다 신들에게 더 사랑받는다는 것이 샘이 나서 요란스레 떠들어댔을 때, 소크라테스는 이렇게 말을 이었다고 한다. "들어보시오. 여러분 가운데 신들이 나를 더 존중했다는 것이 믿기지 않는 사람이 있다면, 내가 여러분의 불신을 키우도록 더 말하게 해주시오. 한번은 카이레폰[7]이 델포이에서 나에 관해 물었을 때, 나보다 더 자유민답고 더 올바르고 더 지혜로운 사람은 아무도 없다고 아폴론께서 여러 사람의 면전에서 대답하셨소."

(15) 이 말을 듣고 당연한 일이지만 배심원들이 더 요란스레 떠들어대자 소크라테스는 이렇게 말을 이었다고 한다. "하지만 여러분, 신께서는 라케다이몬인들의 입법자 뤼쿠르고스에 관해서는 나에 관해 말한 것보다 더 큰 신탁을 말씀하셨소. 전하는 이야기에 따르면 뤼쿠르고스가 신전 안으로 들어가자 신께서 그에게 '나는 그대를 신이라고 불러야 할지 인간이라고 불러야 할지 숙고 중이라오.'라고 말씀하셨다고

4 Meletos.

5 고대 그리스인들은 새의 울음소리나 날아가는 방향을 보고 점을 치기도 하고, 예언자에게 묻기도 했다.

6 Pytho. 아폴론의 신탁으로 유명한 델포이(Delphoi)의 옛 이름.

7 Chairephon. 소크라테스의 친구이자 제자.

하니 말이오. 아폴론께서는 내가 다른 사람보다는 훨씬 낫다고 생각했지만 나를 신에 비기지는 않으셨소. 하지만 신의 이 말씀도 곧이곧대로 믿을 것이 아니라, 신께서 하신 말씀을 세세히 검토해보아야 하오.

(16) 여러분은 몸의 욕구 면에서 나보다 더 노예 같지 않은 사람을 아시오? 여러분은 나보다 더 자유로운 사람을 아시오? 나는 누구한테서도 선물이나 품삯을 받지 않으니 말이오. 여러분이 지금 가진 것에 잘 적응하여 더이상 남이 가진 것을 필요로 하지 않는 사람보다 누군가를 더 올바르다고 여긴다면 온당할까요? 누군가 나를 지혜로운 사람이라고 부른다면 온당하지 않을까요? 나는 말을 알아듣기 시작한 때부터 좋은 것이면 무엇이든 탐구하고 배우기를 멈추지 않았으니 말이오.

(17) 미덕을 추구하는 수많은 아테나이 시민과 수많은 외지인이 어느 누구보다도 나와 사귀기를 택했다는 사실로 보아 여러분은 내 노력이 헛되지 않았음이 입증되었다고 생각하지 않으시오? 나야말로 돈을 갚을 능력이 없다는 것을 누구나 다 알지만 많은 사람이 내게 선물하고 싶어하지요. 우리는 이 사실을 어떻게 설명해야 할까요? 신세진 것을 갚으라고 내게 요구하는 사람은 한 명도 없는데, 내게 신세를 졌다고 많은 사람이 인정하는 사실은 또 어떻게 설명해야 하지요?

(18) 아테나이가 포위되었을 때[8] 다른 사람은 신세타령을 했지만 나는 도시가 가장 행복했을 때보다 더 곤경에 처하지 않은 사실은 또 어떻게 설명해야 하나요? 남들은 시장에서 고가의 사치품을 구입하는데 나는 돈 한 푼 들이지 않고도 더 즐거운 정신적 사치품을 마련하는 것은 또 어떻게 설명하지요? 그리고 내가 나 자신에 관해 말한 것이 모두 반박할 수 없는 사실이라면 나는 신들과 인간에게 칭찬받아 마땅하

지 않나요?

(19) 그런데도 멜레토스, 그대는 내가 그럼으로써 젊은이들을 타락시킨다고 주장하오. 우리는 젊은이들의 타락이 어떤 것인지 잘 알고 있소. 내 영향을 받아 경건하다가 불경해졌거나, 겸손하다가 거만해졌거나, 절약하다가 낭비벽이 생겼거나, 적당히 마시다가 주정뱅이가 되었거나, 노고를 사랑하다가 유약해졌거나, 다른 저급한 쾌락에 빠진 사람을 그대가 알고 있다면 말해보시오."

(20) 멜레토스가 말했다. "하지만 제우스에 맹세코, 나는 그대가 그들의 부모보다 그대에게 복종하도록 설득한 사람들을 알고 있소."

헤르모게네스에 따르면 소크라테스는 이렇게 대답했다고 한다. "교육과 관련해서라면 나는 그것이 사실임을 인정하오. 사람들도 알고 있겠지만 교육은 내 관심사라오. 그런데 건강과 관련해서는 사람들은 부모보다 의사의 말에 따르지요. 그리고 민회에서 모든 아테나이인은 친족보다 가장 사리에 맞게 말하는 사람의 말에 귀를 기울이오. 또한 여러분은 여러분의 아버지나 형제보다도, 아니 여러분 자신보다도 오히려 군사 일에 가장 밝다고 생각되는 사람을 장군[9]으로 선출하지 않나요?"

그러자 멜레토스가 말했다고 한다. "맞습니다, 소크라테스님. 그러는 것이 우리에게 이롭기도 하고 관행이기도 하니까요."

8 펠로폰네소스전쟁 말기인 기원전 405~404년에 아테나이는 스파르테군에 포위된다.
9 기원전 5세기 아테나이에서는 해마다 10명의 장군이 민회에서 선출되었다.

(21) 그러자 소크라테스가 말했다고 한다. "그렇다면 다른 활동 영역에서는 가장 탁월한 사람이 같은 대접을 받는 데 그치지 않고 우대받기까지 하는데, 나를 인류 최대의 축복인 교육 분야의 전문가라고 여기는 사람이 있다고 해서 나를 사형에 처하라고 그대가 고발하는 것은 놀랍다고 생각하지 않소?"

(22) 물론 소크라테스도, 그를 위해 변론하는 친구들도 분명 이보다 더 많은 말을 했을 것이다. 하지만 나는 재판에 관해 세세히 보고하는 데는 관심이 없고, 그때 소크라테스는 무엇보다도 자신이 신들에게 불경하지 않고 인간들에게 불의하지 않다는 인상을 주려고 최대한 노력하면서도 배심원들에게 목숨을 구걸해서는 안 된다고 생각했음을 밝히는 것으로 만족한다. 오히려 소크라테스는 이제 자기가 죽을 때가 되었다고 믿었다.

(23) 소크라테스가 이렇게 확신했다는 것은 그가 유죄판결을 받았을 때 더 명백해졌다. 첫째, 대안 형벌[10]을 제안하라는 말을 들었을 때 그는 자신도 제안하지 않고 친구들도 제안하지 못하게 하면서, 대안 형벌을 제안하는 것은 유죄를 인정하는 거라고 말했다. 둘째, 친구들이 몰래 탈옥시키려 했을 때, 그는 앗티케 국경 너머에 죽음이 접근할 수 없는 지역을 알고 있는지 물음으로써 친구들을 놀리는 것처럼 보였다.

(24) 재판이 끝나자 소크라테스는 이렇게 말했다고 한다. "여러분, 선서하고서라도 나를 두고 거짓증언을 하도록 증인을 부추긴 자들도, 그들이 시킨 대로 한 자들도 분명히 큰 불경과 불의를 저질렀다는 죄책감을 느낄 것이오. 하지만 나는 고발장에 적시된 범죄를 하나도 저지르지 않았음이 밝혀졌는데, 왜 유죄판결을 받기 전보다 지금 더 기

가 죽어야 하죠? 나는 제우스와 헤라와 이분들과 함께하는 신들 대신 새로운 신들에게 제물을 바치거나 그들의 이름으로 맹세하거나 그들의 이름을 부른 것으로 입증되지 않았는데 말이오.

(25) 또한 참고 절약하는 습관을 들여서 내가 어떻게 젊은이들을 타락시킬 수 있단 말이오? 신전털이, 주거침입, 노예사냥, 반역 같은 범행에는 법이 사형을 규정하고 있지만, 내 고발인들조차도 그중 어떤 범행을 저질렀다고 나를 고발하지 않았소. 그래서 내가 사형에 해당하는 죄를 저질렀다고 여러분이 어떻게 확신하게 되었는지 놀라울 따름이오.

(26) 부당하게 죽는다고 해서 내가 기 죽을 필요는 없소. 그것은 내가 아니라 내게 유죄판결을 내린 자들에게 치욕이기 때문이오. 나와 비슷하게 죽은 팔라메데스[11]도 내게는 위로가 되오. 지금도 팔라메데스가 그를 부당하게 죽인 오뒷세우스보다 훨씬 더 훌륭한 노랫말을 제공하니 말이오. 그래서 나는 과거가 그랬듯이 미래도 내가 누구를 해코지하거나 더 사악하게 만들기는커녕 내가 할 수 있는 모든 좋은 것을 무료로 가르침으로써 나와 대화를 나눈 사람들을 이롭게 했다고 증언해 주리라고 믿어 의심치 않소이다."

(27) 소크라테스는 그렇게 말하고 방금 자신이 한 말에 걸맞게 명랑한 눈빛과 자세와 걸음걸이로 그곳을 떠났고, 자기를 따르는 사람

10 소크라테스의 경우 배심원단은 고발하는 쪽과 변호하는 쪽이 제시하는 형벌 중에서 하나를 선택하게 되어 있었다.

11 팔라메데스와 오뒷세우스의 악연에 대해서는 『소크라테스 회상록』 4권 주 6 참조.

들이 눈물을 흘리는 것을 보자 이렇게 말했다고 한다. "이게 뭔가? 자네들은 지금 울고 있는 겐가? 자네들은 내가 태어난 순간부터 자연의 이치에 따라 죽는다는 것을 오래전부터 알지 않았던가? 축복이 쏟아지는데 때가 되기도 전에 죽는다면 그건 분명 내게도 내가 잘되기를 바라는 사람들에게도 슬픈 일이겠지. 하지만 어려움만 예상될 때 내가 생을 마감한다면, 자네들은 내 행운을 기뻐해야 한다고 생각하네."

(28) 그 자리에는 아폴로도로스[12]란 사람이 있었는데, 소크라테스의 열렬한 추종자였으나 순진한 편이었다. "소크라테스 선생님, 선생님께서 부당하게 사형당하는 것을 보는 것이 제게는 가장 견디기 어려워요." 하고 그가 말하자 소크라테스가 그의 머리를 쓰다듬으며 전하는 바에 따르면 "더없이 사랑하는 아폴로도로스여, 자네는 내가 정당하게 사형당하는 것을 보고 싶은가, 아니면 부당하게 사형당하는 것을 보고 싶은가?"라고 물었고, 그렇게 물으며 미소 지었다고 한다.

(29) 또한 소크라테스는 아뉘토스[13]가 지나가는 것을 보고 이렇게 말했다고 한다. "저기 한 사내가 거드름을 피우며 걸어가고 있군. 그가 최고위직에 취임할 자격이 있다고 국가가 판단하는 것을 보았을 때 내가 그에게 아들에게는 무두질[14]만 가르쳐서는 안 될 거라고 말했다고 해서 나를 죽임으로써 무슨 대단한 일이라도 해낸 것처럼 말일세. 그는 얼마나 하찮은 인간인가! 우리 둘 중 보다 더 유익하고 더 고매한 일을 해낸 자가 승자이고 영원히 승자로 남으리라는 것도 모르는 듯하니 말일세."

(30) 소크라테스는 이렇게 말을 이었다고 한다. "호메로스에 따르면[15] 어떤 사람은 생을 마감하는 순간 미래를 예견하는 능력이 생

긴다더군. 나도 뭔가 예언하고 싶네. 아뉘토스의 아들과 잠시 사귀었을 때 나는 그를 지적 능력이 있는 사람이라고 생각했네. 그래서 예언하는데, 그는 아버지가 마련해준 노예 같은 직업에 계속해서 종사하지 않을 것이며, 건전한 조언자가 없어 수치스러운 욕구에 굴복하며 타락의 길로 멀리 나아갈 걸세."

(31) 소크라테스의 예언은 정확히 들어맞았다. 젊은이는 술꾼이 되어 밤낮을 가리지 않고 술을 퍼마시다가 결국 나라에도 친구에게도 그 자신에게도 아무 쓸모없는 인간이 되었다. 그리하여 아뉘토스는 아들을 잘못 교육하고 자신은 판단력이 부족했던 탓에 죽은 뒤에도 평판이 나빴다.

(32) 소크라테스는 법정에서 굴복하지 않고 자신의 의견을 내세워서 배심원들의 반감을 산 탓에 자신의 유죄판결을 더 확실하게 만들었다. 지금 생각해보면 그는 신들에게 사랑받는 사람에게 걸맞은 운명을 맞은 것 같다. 인생의 가장 힘든 부분은 피하고 가장 쉬운 죽음을 만났으니 말이다.

(33) 또한 소크라테스는 자신의 혼이 지닌 힘을 보여주었다. 더 사는 것보다 죽는 것이 더 낫다고 일단 결정하자 죽음 앞에서도 유약해

12 Apollodoros.

13 Anytos. 소크라테스를 고발한 세 사람 가운데 사회적 영향력이 가장 컸으며 기원전 409년에는 장군으로 선출되기도 했다.

14 아뉘토스 가족은 가죽 제품 사업으로 부자가 되었다고 한다. 플라톤, 『메논』(*Menon*) 90a 참조.

15 이를테면 『일리아스』 16권 851~861행 참조.

지지 않고—마치 그가 좋은 일도 외면한 적이 없었던 것처럼—죽음을 기다릴 때도 죽을 때도 쾌활했으니 말이다.

(34) 그래서 나는 그의 지혜와 고결함을 생각하면 그를 회고할 수밖에 없고, 그를 회고하면 그를 칭찬할 수밖에 없다. 그리고 미덕을 추구하는 사람 가운데 소크라테스보다 더 도움이 되는 이를 만난 사람이 있다면, 나는 그런 사람이야말로 최고의 행운아라고 불릴 자격이 있다고 생각한다.

참고문헌

크세노폰의 '소크라테스에 관한 저술들'의 상세한 문헌은 D. R. Morrison, *Bibliography of Editions, Translations and Commentary on Xenophon's Socratics Writings, 1600~Present* (Pittsburgh 1988)와 T. J. Saunders (ed.), Plato, *Early Socratic Dialogues* (Penguin 1987) 참조.

R. C. Bartlett, *Xenophon, The Shorter Socratic Writings: Apology of Socrates to the Jury, Oeconomicus and Symposium*, Cornell University Press 2006.

A. L. Bonnette, *Xenophon, Memorabilia,* Cornell University Press 2001.

H. R. Breitenbach, "Xenophon von Athen" In *Realenzyklopädie der Klassischen Altertumswissenschaft IX A*^{3}, ed., by August Pauly et al., Stuttgart 1967.

J. Dillery, *Xenophon and the History of His Times*, London 1995.

V. J. Gray (ed.), *Xenophon* [Oxford Readings in Classical Studies] Oxford 2010.

W. K. C. Guthrie, *Socrates*, Cambridge 1971.

D. R. Morrison, *The Cambridge Companion to Socrates*, Cambridge 2010.

L. Strauss, *Xenophon's Socrates*, New York 1972.